人文社科
高校学术研究论著丛刊

改革与创新——新时代高等教育发展研究

余晖 著

中国书籍出版社
China Book Press

图书在版编目(CIP)数据

改革与创新：新时代高等教育发展研究 / 余晖著. —
北京：中国书籍出版社，2019.6
ISBN 978-7-5068-7324-6

Ⅰ. ①改… Ⅱ. ①余… Ⅲ. ①高等教育－发展－
研究－中国 Ⅳ. ①G649.21

中国版本图书馆 CIP 数据核字(2019)第 112720 号

改革与创新——新时代高等教育发展研究

余 晖 著

丛书策划	谭 鹏 武 斌
责任编辑	李 新
责任印制	孙马飞 马 芝
封面设计	东方美迪
出版发行	中国书籍出版社
地 址	北京市丰台区三路居路 97 号(邮编：100073)
电 话	(010)52257143(总编室) (010)52257140(发行部)
电子邮箱	chinabp@vip.sina.com
经 销	全国新华书店
印 刷	三河市铭浩彩色印装有限公司
开 本	710 毫米×1000 毫米 1/16
印 张	16.25
字 数	211 千字
版 次	2020 年 7 月第 1 版 2020 年 7 月第 1 次印刷
书 号	ISBN 978-7-5068-7324-6
定 价	76.00 元

版权所有　翻印必究

目 录

第一章　高等教育基础理论 ……………………………… 1
 第一节　高等教育的社会地位 …………………………… 1
 第二节　高等教育的功能和结构 ………………………… 12
 第三节　高等教育的目的和培养目标 …………………… 28

第二章　高等教育发展的历史考察 ……………………… 36
 第一节　中国古代高等教育的发展 ……………………… 36
 第二节　中国近代高等教育的发展 ……………………… 47
 第三节　外国高等教育的发展历史 ……………………… 56

第三章　新时代高等教育教学发展与创新 ……………… 70
 第一节　高等教育教学过程 ……………………………… 70
 第二节　高等教育教学原则 ……………………………… 75
 第三节　新时代高等教育教学模式创新——信息化
    教学 ……………………………………………… 86

第四章　新时代高等教育教师队伍建设 ………………… 103
 第一节　新时代高校教师的作用和职能 ………………… 103
 第二节　新时代高校教师的素质和能力要求 …………… 111
 第三节　新时代高校教师队伍的发展建设 ……………… 120

第五章　新时代高等教育国际化发展 …………………… 142
 第一节　高等教育国际化的内涵和动因 ………………… 142
 第二节　国外高等教育国际化的实践 …………………… 157
 第三节　新时代中国高等教育国际化发展的机遇和
    挑战 ……………………………………………… 166

第六章 高等教育大众化向普及化发展 …………… 171
第一节 高等教育普及化是时代发展的要求 ………… 171
第二节 高等教育普及化的现实基础 ………………… 183
第三节 加速高等教育大众化向普及化进军 ………… 194

第七章 向新时代高等教育强国迈进 ………………… 211
第一节 建设新时代高等教育强国的意义 …………… 212
第二节 国外高等教育强国建设的经验 ……………… 223
第三节 新时代高等教育强国的建设路径 …………… 233

参考文献 ……………………………………………… 248

第一章 高等教育基础理论

高等教育学是教育学的一门分支学科。它以高等教育为研究对象,是一门揭示高等教育活动规律的科学。就高等教育的科学体系而言,它是一门综合性学科。它的分支有高等教育经济学、高等教育管理学、高等教育心理学、高等教育哲学、高等教育各科教学法、比较高等教育学、高等教育发展史等,而高等教育学则是这些学科体系的基础。

第一节 高等教育的社会地位

高等教育是一种社会现象,是社会大系统中的一个子系统,是社会系统的一个组成部分。在社会系统中除了教育系统外还有其他子系统,如政治、经济、科技、文化等。教育作为一个子系统,必然与其他子系统之间存在着一定的联系。大学的职能是培养专门人才,服务社会,推动科技的创新与发展。大学对社会经济与国家发展起着重要的推动作用,高等学校教育越来越受到整个社会的重视。

一、高等教育概述

(一)高等教育的概念

什么是高等教育?在不同的历史时期、不同的国家,不同的学者对这个问题的答案是不同的。

1. 不同历史时期高等教育概念的演变

高等教育的概念并不是一成不变的，它会随着高等教育的不断发展而有所变化，其形式与职能也随着时代的发展在不断地丰富与多样化。所以，高等教育的内涵与外延始终在变化之中。

中世纪大学通常被视为现代高等教育的起源，它最初是模仿行会组织的形式建立的，是由师生组成一种专门的、独立的学术与教育机构，基本上建立了系统的教育活动体系。中世纪大学所建立的组织形式、管理制度、教学方式等一直沿用至现代。在中世纪，高等教育只存在于大学校园之中，因此高等教育概念基本可以等同于"大学教育"。中世纪大学的课程包含了学科领域资深专家学者对知识的传授，主要包括文、法、神、医四科。在四科中，文科是大学教育的基础科，其主要的学习内容包括文法、修辞、逻辑、算术、几何、天文、音乐等七艺；法、神、医是高级学科，以文科为基础才开设。所以可以看出，中世纪大学的教育核心是学科、专业教育。资产阶级革命以后，特别是工业革命阶段，欧洲地区各个国家内部的教育制度基本确立，中等教育经过发展渐渐地与高等教育接轨起来，一部分中等学校成为培养大学入门学生的预备教育机构，其教育目标即是将优秀学生送入大学接受高等教育。如此一来，大学教育有了中等教育作为奠基，建设得越来越制度化、正规化。

产业革命对人们的生产与生活方式产生了重大的影响，到19世纪后半期，高等教育逐渐衍生出新的变化，由美国开始的种种新变化持续至第二次世界大战之后，从而高等教育的概念出现了创新与拓展。这些创新与拓展主要表现为以下两个方面。一是高等教育的层次多样化，高等教育由大学、学院之外，派生出了专科学校、社区学院，本科教学之上又派生出了研究生教育。如在美国大学又分为一般大学、文理学院、社区学院等。尤其是第二次世界大战结束以后，短期专科教育在全球各地发展得越来越蓬勃，并被纳入了高等教育的范畴，在高等教育中占据了越来越大的比重,除此之外,研究生教育也取得了较好的发展,教育规模也越来越大。二是高等教育的形式复杂化,除了正规大学教育,"函授大学""成人大学"等"非正规大学"也取得较好发展,并被纳入了高等教育的范畴。可以看出,此阶段高等教育的内涵已经不同于中世纪高等教育的内涵,所以国际上出现了"中等后教育"和"第三级教育"等新的高等教育概念。

高等教育概念的变化所带来的是高等教育服务对象的拓展与普及,高等教育在中世纪是典型的"英才教育""尖子教育",第二次世界大战以后这一概念逐步演变为"大众化""普及化"的高等教育。

2. 不同国家对高等教育概念的不同界定

在世界范围内,因为国家及地区的政治、历史、文化等之间的差异,高等教育的概念也存在一定程度上的差别。举例来说,美国将中等教育之后的教育系统都称为高等教育,但是在欧洲大部分国家,则对高等教育定义得较为严格。

首先谈一下《简明不列颠百科全书》中关于高等教育概念的界定。该百科全书首先引用1962年联合国教科文组织在非洲召开44国高教会议时对高等教育的补充解释:"各国对各级教育机构命名不一,教育体制各不相同,这个解释必然不够全面。世界各国除建立高等教育机构外,又以各种不同方式对那些不能或不拟进入高校,但又愿意继续接受教育的年满18岁的成年人提供接受高等教育的机会。一般说来,这种学习与正式大学相比,其学程较短,学习要求也不严格,这种学习以归入成人教育为宜。"显然,这一理解较为强调正规的高等教育。

《苏联百科词典》中关于高等教育概念的界定如下:"高等教育是继中学教育后在高等学校里所获得的专门教育,是国民经济、科学和文化各部门中具有高等技能的专家所必备的教育。"

《中国大百科全书》中关于高等教育概念的界定如下:"高等教育是建立在中等教育基础之上的各种专业教育。在程度上一般分为专修科、本科和研究生班。教学组织和形式有全日制的和业余的、面授的和非面授的、学校形式的和非学校形式的等等。高等教育一般担负着培养各种专门人才和开展科学研究的双重任务。按各国的传统习惯,实施高等教育的机构通常是大学、学院和专科学校。"

《中华人民共和国高等教育法》第二条对高等教育这一概念进行了规定:"本法所称高等教育,是指完成高级中等教育基础上实施的教育。"

3. 不同学者对高等教育概念的理解

自20世纪80年代我国高等教育研究广泛开展以来,已相继出版了一批高等教育学教材和专著,其中都对高等教育这一概念进行了明确的界定,反映了不同学者对高等教育概念的不同理解,但在总体上还是较一致和接近的。

在我国出版的第一本《高等教育学》中,潘懋元教授认为:"高等教育是建立在普通教育基础上的专业教育,以培养专门人才为目标,一般全日制大学本科生的年龄是20岁左右的青年,他们的身心发展已趋成熟。"

这一概念从高等教育在整个学制系统中的地位及高等教育的性质两个方面进行了界定。在此后出版的多种高等教育学专著或教材中基本上也都是从这两个方面来界定高等教育的概念,认为高等教育在学制系统中是第三个阶段,是建立于中等教育基础之上的专业教育。

1995年,胡建华等出版了《高等教育学新论》一书,书中对高等教育概念的理解发生了变化。胡建华等在《高等教育学新论》中对高等教育概念的理解是:"高等教育是在完全中等教育基础上进行的各种学术性、专业性教育。"具体来说包含以下几层含义:其一,以中等教育毕业水平为起点是衡量是否属于高等教育的基本尺度;其二,只要是在中等教育毕业水平之上的学术性、专业性教育,无论其形式如何,都属于高等教育的概念范畴;其三,高等教育不仅是一种专业教育,还是一种学术教育。显然,这一定义对高等教育的性质作了学术性与专业性的区分。

我认为,高等教育概念应从两个方面进行界定:一是高等教育在整个学制体系中的位置;二是高等教育的性质。

从高等教育在整个学制体系中的位置看,高等教育是初等教育、中等教育、高等教育三级学制体系中的最高阶段,它是建立在完整的中等教育基础之上的教育。

从高等教育的性质看,高等教育是一种专业教育,是依据专业分工培养高级人才的活动。由于专门人才的类型是多样的,既有学术型、研究型,也有应用型、技术型,因而高等教育作为一种专业教育,既可以是学术性专业教育,也可以是职业性专业教育。为此高等教育的概念可界定为:高等教育是在完全的中等教育基础上进行的专业教育,是培养各类高级专门人才的社会活动。

(二)高等教育的内涵

1. 高等教育是一门科学

和其他科学一样,高等教育有它独特的规律,这些规律是不以人的意志为转移的,而高等教育学就是研究和揭示高等教育规律的科学。只有认识到高等教育是科学,才能以科学的态度去对待它。我国高校中仍有相当数量的教师和行政管理人员缺乏教育学、心理学、教学论、高等教育管理等学科的相关专业知识,这种状况十分不利于我国高等教育的发展。

2. 高等教育属于学校教育体系中的一个特定阶段

我们所说的高等教育是高等学校教育,主要是指大学阶段的教育(继续教育中也有一部分属于高等教育的范畴)。大学作为职前教育的最后阶段,是青年学生社会化的重要阶段。学生将从这里开始走向社会,成为真正意义上的独立的人。在高等教育阶段,学生的思维模式逐渐定型,自我意识和独立意识急速提升,开始形成独立的人生观和世界观,并在体现自我价值的意念驱动下,产生强烈的求知欲望。因此,高等教育要一方面为学生提供历史的知识和经验,另一方面要为未来的"雄鹰们"提供更为广阔的天地,让他们了解社会,让他们了解科学的前沿,陶冶他们的情操,并培养他们的爱国主义精神、科学精神和人文主义精神,使他们能够顺利地起飞。

3. 高等教育是培养特定人才的社会实践活动

社会化是教育的目的之一,在高等教育阶段,其社会化的要求和方向更为明确。高等教育为社会服务的功能比其他任何层次的教育都更为直接和有效。专业教育是高等教育不同于普通教育的一大特征。每一个大学生都有自己的专业,专业的划分通常是以科学为参照,同时兼顾行业的分类。因此,高等教育对每一位学生来说都有很明确的指向性。高等教育的要求也比其他教育更高,是以培养高级人才为目的的。因此,高等教育无论是在培养目标、培养层次,还是培养方向上都有其特殊性。

4. 高等教育是创造和传播优秀文化和先进生产力的社会文化活动

大学作为最高学府也是社会文化的中心,代表本地域人类的先进文化在这里被创造、沉淀、积累,在这里被传播、推广、升华。高等教育正是通过先进文化来完成其教育过程,并以此扩大其影响力并确立它独特的社会地位。

(三)高等教育的特征

我国著名高等教育学家潘懋元认为,在诸多教育规律中,有两条规律是最基本的:一条是关于教育与社会发展的规律,称为教育的外部关系基本规律;一条是教育和人的发展关系的规律,称为教育的内部关系基本规律。

教育的外部关系基本规律表现为教育受政治、经济、文化等社会因素的影响和制约,同时又对其发生相应的作用。教育的外部关系基本规律在高等教育中表现得尤为突出。

教育的内部关系基本规律是指在教育过程中,各种教育因素之间的关系和联系,例如教育者、受教育者和社会影响之间的关系,德育、智育、体育、美育之间的关系,教育与人的身心发展阶段之间的关系,各阶段教育之间的关系和衔接等。

教育的外部关系基本规律虽然能够影响和制约内部关系基本规律的发展,但是教育的外部关系基本规律只能通过内部关系基本规律来实现。[1]

在教育的外部关系基本规律和内部关系基本规律的影响下,大学教育呈现以下几点特征。

1. 大学既是教育机构,又是研究机构

大学作为高等教育机构,教育理所当然地是大学的首要任务。大学是传播最前沿知识的场所,是培养高级人才的基地。现代大学除了是教育基地外,还是重要的科研中心,现代大学的发展和繁荣离不开大学的科研活动。因此,大学教师应该不单是优秀的教育工作者,还应该是杰出的科研工作者。

2. 教育过程以自主学习和研究型学习为主

20 岁左右的大学生们处于身心成熟的精力旺盛阶段,有着极其强烈的求知欲,仅凭教师上课传授的知识远远不能满足青年们的好奇心。青年们心智的发展水平使得他们经常体现出强烈的自我意识。所以,在学习上以自主学习为主。大学教育不是以知识的灌输为目的,而是尽可能地向学生们展现各学科领域的发展水平和发展前景,并以培养各领域的专家为目的,因此,研究型的学习在大学阶段必不可少,是培养创新人才的必要手段之一。

3. 大学教育是一种社会活动

教育是一种社会活动,高等教育更是与社会经济、政治、文化

---

[1] 王伟廉. 高等教育学[M]. 福州:福建教育出版社,2001:33.

的发展紧密相连,大学主要通过培养人才为社会服务。现代大学的社会性在不断地增强,大学要适应社会的发展和变化,不能为了追求"稳"而停滞不前。世界上事物的稳定是相对的,发展变化是绝对的,大学同样如此。

从资源配置上来说,大学教育既不是公共产品也不是私人产品,而是准公共产品。由此,大学也具有社会公益性,必须为社会的物质文明和精神文明建设服务。大学是为社会各行各业培养人才的,社会方方面面都应该支持和帮助大学的发展。大学教育投资巨大,不可能完全依赖国家投资,必须实行办学主体多元化、经费来源多元化。因此,大学要充分依靠社会,利用社会力量办学。

4. 大学教育是时代的反映

大学教育有着鲜明的时代性。大学一定要不断地改革,不断地适应时代的潮流,才能得到生存和发展。从中世纪大学的"七艺",到柏林大学的纯理论研究,到美国的农工科大学的诞生,直至今天大型的综合研究型大学的产生,大学在顺应时代的需求中不断地进行自我变革,并在一连串的变革中发展壮大。

英国教育家阿什比曾经说过,任何类型的大学都是遗传与环境的产物。大学不可能脱离时代孤立地发展,它需要随着时代的变化不断被赋予新的内涵,从而具有历史常新的活力。同时,现代大学是人类众多新思想、新科学的发源地,因此大学教育的时代性还体现在思想的适度超前上。

二、高等教育在现代社会中的地位

(一)为国家培养专门人才

大学产生伊始,其功能即为向社会培养专门人才,中世纪的大学就把培养专门人才视作其中心职能。不管大学怎样发展,培养专门人才这一职能是其永恒的功能,这是大学之所以能被称为大学的最根本原因。因此,从这个意义上来说,培养专门人才是大学最根本的职能,是大学一切工作与教育活动的出发点,也是高校教育工作人员的工作中心,是高校教育工作展开的最终目的。

高校最根本的永恒的职能是持久地向社会输送优秀的专门人才。不过随着历史进程的发展,其内涵在不断地发生着变化,具体到特定的某个历史阶段、某个特定的国家,其高校培养的专门人才在目标、规格、内容、质量等标准上皆存在一定的差别。举例来说,英国大学在发展历史中始终以文化为中心,将学术当作学生发展自身的方式,其目标是培育贵族和绅士。德国大学则更加注重学术,将学术视为大学最本质的追求,为各专业领域输送高质量学者。美国大学将重点放在服务上,认为学术是服务社会的工具,因此其大学的最终目标是向社会输送能够提供服务的公民。另外,中世纪的大学脱离于实际的生产和生活之外,专门为统治阶级输送各类人才,其毕业生有的进入上流社会成为绅士,也有的散布到社会自由职业者的队伍之中。

当前科学信息技术迅猛发展,人们生产及生活的各个领域都离不开科技,大学承担着为社会输送各种专业人才的重任。现代高等教育的教育层次主要包括专科、本科、硕士、博士等多种层次,其类型主要有理论型、技术型、应用型,等等。我们当前正处在中国特色社会主义初级阶段,需要一大批德、智、体、美、劳全面发展的高级专门人才。因此,中国高等学校必须面向现代化,面向世界,面向未来,为培养一大批合格的社会主义现代化建设人才不断努力。

(二)为社会发展科学技术

大学中的科研活动承担着发展科学技术的重任。各个高校进行科研活动,一方面是为科学领域培养专门人才,另一方面也是科技、社会、经济不断发展的要求。在培养科技专门人才方面,高等教育科研活动起着越来越重要的作用。第一,科研活动的开展能够在一定程度上提升高校教学质量,能够保证高校专业教育内容一直与该领域前沿知识接轨。第二,科研活动的开展能够促进教师不断提升教学水平。第三,科研活动能够更加刺激学生在智力方面的发展,不断提升学生的研究能力、学习能力和实践能力,实现理论与实践相结合。

高等教育的开展需要集中众多学科领域的理论专家与实践专家,其专业设置要保证科类齐全,配置当前较为先进的高端科学仪器,整理收藏大量的基础文献资料,收集来自外界的大量资讯,创造高等教育活动顺利开展必需的浓厚的学术研究氛围,这些基础条件为开展科学研究、发展科学创造准备了有利的条件。于是,高校自然而然就成为科学研究的主力军或重要方面军。如美国60%的基础研究、15%的应用研究是在大学中进行的。我国高校也是我国发展科学的重要方面军,大学科研已经不仅仅具有高校开展教育活动的辅助功能,更是为社会科学技术的发展起到了极大的推动作用。因此,实施科学技术研究和创新已经成了现代高校教育的重要职能。

进入21世纪,国际竞争愈来愈烈,而国家综合国力的竞争很大程度上就是科学技术的竞争,这也凸显了高等教育在经济社会发展中的战略地位。纵观各国高等教育所进行的改革内容及其特点,最重要的一点就是要实现产、学、研三者的无缝式结合。企业和大学要力争在适应经济社会发展需要的竞争中,发挥各自的优势,弥补自身的不足,以求得在竞争中得以生存和发展,从互补的需要中产生双赢的结果。

进入20世纪90年代,大学为了开展和扩大科研,维持教师队伍和教学水平,积极发挥自身科研和教学人才资源的优势,主动与企业联系,以期获得企业的资金。而企业则为了加快新技术发展的步伐以满足市场经济生存和发展的需要,也乐于向企业提供资金资助。于是大学和企业出于各自的需要逐渐由项目的结合、人才的培训而建立起合作中心。

(三)为社会提供多种服务

为社会输送专门人才,推动科学技术的发展,从广泛意义上来说,这都是高校为社会提供的服务。不过高校教育还通过多种形式为社会提供直接服务。

大学以服务社会为职能,向社会输送各种社会服务,这一做法起源于19世纪末20世纪初的美国,当时只有美国州立大学以此为特色来开展高等教育。第二次世界大战之后,大学在推动国家科学事业发展、促进经济增长及推动社会发展方面所起到的重要作用,逐渐被人们意识到,人们指出高校要合理发挥其优势与功能,向社会提供高质量的直接服务,特别是在经济、文化等领域。

高校直接为社会服务是社会的客观需要,高校作为社会文化科学的中心,在社会文化、科学技术等领域所取得的成就领先于其他组织,其自身具备相应能力,能对社会各个领域工作的展开提供一定的指导与咨询,以帮助人们更加深刻地认识社会各领域发展过程中所遇到的理论及实际问题。

为社会提供直接服务也能够在一定程度上促进高校自身的不断发展。在为社会提供服务的过程中,高校能够更加了解当前社会各领域人才状况及科技的发展状况,有助于高校调整人才培养方向,使其更加符合社会各领域对人才与科技的需求。除此之外,为社会提供直接服务的过程,也是高校将理论应用于实践的过程,这一实践过程有助于高校不断吸收与更新教学内容,从而实现教学质量与水平的提升。另外,为社会服务的过程,也是高校向社会输出科研成果的机会,有助于高校取得良好的社会效益及经济效益,最终使高校教育实现更好的发展。

当前大学向社会输送的服务涉及多个领域,几乎涵盖了人们生产与生活的各个方面,例如经济、文化、科技、教育等等。其服务的对象类型也较为多样,其中有政府、企业等。当前大学社会服务的范围还在持续地扩大,其提供服务的形式也越来越多样,大体可以分为下面几种。一是教学服务。大学通过委托培养、推广教育、技术人才培训等形式为社会提供专业的教学服务。二是科技服务。大学向社会提供科技服务的形式主要包括科技成果转让、技术咨询、思想理念输出等。三是信息服务。大学向社会提供的信息服务形式主要有高校数据库、图书资料等。四是装备服务。大学通过向社会公众开放其实验室、测试中心、电教中心、计算机中心等形式为社会提供装备服务。总而言之,高校为社会提供的直接服务主要有教育推广、人力培训、决策咨询、技术转让等多种形式。

上述现代高校的培养人才、发展科学、服务社会三项职能,是相互联系、相互渗透的,共同构成了现代高校的职能体系。其中培养专门人才仍然是现代高校的最基本的职能,不管高校处于何种层次,属于何种类型,其最终目的都是为社会培养高质量的专门人才。发展科学是高校的重要职能,它直接关系到高校培养人才的质量和学术水平的高低。服务社会是高校培养人才、发展科学职能的进一步延伸,否则高校培养人才、发展科学的活动就会脱离社会需求。但不同时期、不同层次的高校,职能发挥的重点是不一样的,任何高校都应根据自身特点,以培养人才为中心处理好三者的关系。

第二节 高等教育的功能和结构

当前社会经济形势发展较快,国内高等教育面临的一个重大问题是,如何更积极灵活地适应经济、科技及社会发展的需要。为了解决这一问题,在资源紧张的条件下充分实现高等教育投资的最佳效益,要处理好高等教育与教育系统内部的基础教育、职业技术教育发展的关系。这些问题受到人类社会环境与高等教育自身发展的限制,进一步正确认识高等教育的功能与结构,对于我国高等教育的改革与创新以及深化高等教育研究,都具有重要的意义。

第一章　高等教育基础理论

一、高等教育的功能

(一)个体功能

高等教育作为培养高级专门人才的社会实践活动,在促进个人发展上起到了丰富个人知识、提高个人能力、培养完整人格、加强个人素质以及改变个人地位的作用。

1. 传授知识

教育的基本功能就是传授知识,高等教育在传授知识上所起的作用特别重要。传授知识是大学最基本的功能,包括人文基础知识、专业基础知识、专业知识,以及与专业有关的基本技能等。大学要把人类积累的科学知识择其精华,根据社会和学科、专业的需要,传授给受教育者。世界上的知识如同浩瀚的海洋,取之不尽,用之不竭,是任何一所大学或个人都不能穷尽的,每一所大学要从实际出发,做好知识的选择和编辑工作。

尤其是随着科学技术的发展,社会十分需要一些掌握专门知识技能的人才,仅仅掌握基础的文化知识已不能适应社会的发展,因此受过高等教育的人受到越来越多的重视。

2. 提高能力

教育不仅要传授知识,更要促进个人能力的提高。这包括学习能力、研究能力和实践能力。

学习能力是一种"学会学习"的能力。很多人读完书参加工作以后,学习的东西也基本遗忘,很多有用的知识也来不及付诸实践。在高等教育阶段,由于经历了长期的专业学习和经验总结,个人往往掌握了适合自己的学习方法和策略,具有较强的学习和思考能力,对知识有较强的学习和吸收能力。学生可以通过选择自己需要的知识,将其运用到研究和社会实践,在离开学校进入社会后,同样也能不断地学习、不断地吸收该领域的新知识,补充能量。

研究能力,这是高等教育区别于其他普通教育的最大特征之一。大学带有科学研究的性质,使学生学会创造创新,而不是简单地模仿和复制。学生不仅要掌握知识和技能,同时也要培养其研究和创新的能力。通过研究,培养学生勇于创新、大胆尝试的精神,而不是一味地学习书本知识,模仿和复制。研究能力的培养有助于学生创造性思维和"学以致用"观念的形成。在大学,研究生和博士这一层次的学习相对本科具有较强的研究性。这些人才往往可以深入到科研、高新技术等领域,对社会发展进步起着巨大的作用。

实践能力,这是学习能力和研究能力在现实中的运用。学生走出校园进入社会,如何应用自己所学知识,发挥自己的能力,是高等教育需要解决的问题。因此,大学或其他高等教育机构不仅要使学生掌握一定的知识技能,也要积极培养学生的实践能力,使学生能尽快将学到的知识转换为社会进步的生产力。大学开展的各种社会实践活动是提高学生实践能力的有效方法,可以培养学生的实践能力,能有效缩短学生进入社会的适应期。

3. 提升思想道德水平

人格的培养是教育的重要使命,高等教育对完善个人人格、培养大学生健康的道德信念、遵守道德规范、促进人格自由发展等方面起着巨大的作用。当前高等教育一方面要向学生传授基本的学科知识,培养其成为优秀的专门人才;另一方面也要培养学生良好的人格,教会学生怎样做人。因此,高等教育应培养学生具备明确的学习目标,对社会和事业具备高度的责任感,能够坚定地为推动社会的发展与人类的进步而不断奋斗,最终成长为德才兼备的优秀人才。

当前的社会环境是复杂多变的,且各种思潮涌现并存,其中有积极的、科学的、正能量的思潮,也有消极的、错误的、腐朽的思潮,这些思潮或多或少在高校学生学习及生活中发挥着影响。而每一个大学生的成长环境、教育背景各不相同,其个人素质及个性特征也各有千秋,其在世界观的塑造和选择上可能存在极大的差异。因此,高校要承担起提升学生综合素质的重任,教育学生形成积极、科学、正能量的世界观,修正学生身上所表现出的缺点及消极个性。

要塑造完整的人格,高校教育首先要培养学生们具备积极向上的人生态度和"青春是用来奋斗的"进取精神,这样才能保证其在以后的人生历程中砥砺前行,拥有持续不断向前的学习动力,最终实现较好的学习效果,进入社会之后为中国特色社会主义伟大建设事业作出应有的贡献。社会各界对大学的最终评价,很大程度上取决于其毕业生进入社会之后为国家、社会及人类所作出的贡献。所以,在高校教育中,"要坚持把立德树人作为中心环节,把思想政治工作贯穿教育教学全过程,实现全程育人、全方位育人",要注重将传授知识与思想政治教育结合起来,如四川美术学院所致力打造的"思政+艺术"的独特育人路径就实现了二者的有机结合。

高等学校通过良好的环境和氛围,开展各种教育活动,使学生具备正确的道德品质和理想信念,推进大学生对社会主义核心价值体系由内化信仰转向外显践行。当然,发展个性也是教育长期追求的目标,高等教育并不抑制学生个性的发展,而是为个人个性的发展提供动力、条件、时间和空间,这对培养个性鲜明、思想解放和人格独立的现代公民具有重要作用。

(二)社会功能

在我国各级各类学校都要认真贯彻执行教育为社会主义事业服务、教育与社会实践相结合的教育方针。大学,作为国家最高学历的教育机构,是培养攀登科学文化高峰的国家队队员的最高学府,必须根据国家的需求来培养人才,必须从学校的实际出发,从社会的需要出发,主动承担科研攻关、知识创新的任务,以推动社会前进。大学如果脱离社会,将成为无源之水、无本之木,是不会有生命力的。

1. 政治功能

现代教育(包括高等教育)具有生产力和上层建筑的双重社会属性。在阶级社会,学校教育从一出现就反映了统治阶级的意志,高等教育具有鲜明的阶级性和政治倾向性。学校教育尤其是高等教育通过传授统治阶级的意识形态,培养为统治阶级服务的人以及统治者。

高等教育的政治功能包括以下三个方面。

(1)促进政治民主化的功能。民主问题是现代教育与政治关系的核心。高等教育位于教育的最高层次,不仅向学生传播科学知识,而且宣扬民主、法制、自由、平等的观念,从而培养了学生的政治民主素质。此外,教育民主化本身也是政治民主化的重要组成部分,全球教育平等和教育参与的趋势体现了政治民主化的进程。

(2)培养政治领袖和政治、法律人才的功能。一个社会的政治、法律制度不仅需要有物质力量的保障,还需要有思想、意识的支撑。高等学校不仅拥有良好的文化氛围,而且时刻保持对政治的洞察力,注重对政治人才的培养。

(3)促进受教育者的公民意识和政治社会化。高等教育有目的、有计划、有组织地开展各种活动和课程,高等学校的学生具有高昂的政治热情和敏锐的政治观察力,关心人民的生活和国家的命运。因此,高等学校往往成为新观念的摇篮,是政治理论的发源地。

2. 经济功能

当代经济发展已由过去单纯依靠物质、资金的物力增长模式转变为依靠人力素质和知识的智力增长模式,教育在经济增长中的作用越来越显著。高等教育对提高国民的人力素质、促进生产力的发展起着巨大的作用。高等教育的经济功能包括以下两个方面。

(1)为经济部门输送专门人才的功能。社会上有各种各样的行业,需要各种各样的人才,大学教育应满足社会对各类人才的需求,不能仅培养一种规格、一个模式的人才。一方面,人的特长、兴趣爱好是不一样的,发展方向也是不一样的。相对其他教育而言,高等教育学科门类繁多,种类齐全,专业性强,不仅传播基础知识,而且以传授更深层次的专业知识技能以及培养专业实践能力为主。大学教育应从个人的兴趣选择出发,使他们的个性和专长得到充分发展,使他们的潜力得到充分发掘。另一方面,大学是为培养学生而办的,大学最根本的任务是促进学生的全面发展和个性的充分发挥,使他们成为社会有用之才。

经济社会的发展,对劳动者掌握的知识技能与素质提出了更高的要求,高等教育培养出来的人才不仅有扎实的知识基础,而且拥有高素质、高技术,具备科学研究和创新的能力,掌握着先进的生产方法和技术,是各行各业的领军人物。所以,高等教育是推动经济发展的重要动力。

(2)提供科学知识、技术手段的功能。大学具有培养人才、科学研究和服务社会相结合的职能。高等学校拥有先进的科学仪器设备和优秀的人才,这为科学研究提供了良好的物质和精神条件。高等教育不仅传播原有的科学知识,而且能产生新的科学技术。大学应充分利用自身的智力优势,把社会作为大舞台,要从社会舞台的幕后走向前台,直接面向"观众",为"观众"服务。无论是理工院校、医学院校,还是文科院校、艺术院校等,都有各自的舞台、各自的服务对象。各类学校应做好定位,选准目标,确立服务的项目和内容。

教育是科学技术转化为生产力的中间环节。高等教育将其科研成果转化为现实的生产力,促进了科学技术向生产力的转化,促进了社会经济的发展。21世纪是知识经济时代,高等教育的经济功能将得到进一步加强。

3. 文化功能

文化功能是高等教育的基础功能。与经济、政治相比,文化与高等教育有更深层次的联系。文化是人类的创造物,高等教育对人类文化起着传递、保存、选择、交流的功能。

(1)文化传递和保存功能。这是高等教育最基本的功能。文化包括物质文化、制度文化和精神文化。物质文化和制度文化可以借助物质实体进行保存,但仅用这种方式是不够的,其中精神文化作为文化的核心,更需要通过教育进行传递和保存。高等学校作为探讨高深学问的主要场所,无疑具有保存知识的重要功能。掌握一定知识的学生或学者可以将所学的知识传递给别人,也可以学以致用,进行创新,这些都是传递和保存知识的手段。

(2)文化选择功能。文化选择是指对某种文化的自动接纳或排斥,是历史发展的必然结果。人类文化积累日益加强,与人类学习的相对有限性产生了矛盾,只能通过选取需要的文化来解决。另外,随着社会分工日益复杂,文化也日趋复杂,结构日益精细。从文化本身来说,文化分为本体文化和异质文化;从文化内部来说,有主流文化和亚文化之分。如何有效地吸收异质文化的精华,又保持本体文化的稳定,既保证主流文化的健康发展,又使亚文化成为激活主流文化的侧动力,都是高等教育在文化选择方面的难题。

对于高等教育而言,有价值的文化资料并不一定是有价值的教育资料。教育的目的性决定了高等院校对资料的取舍是一个相当复杂的过程,对隐性文化的选择,尤其如此。高等教育在选择文化的过程中必须依照两条基本原则。一是要选择符合社会需要的文化。任何社会的教育制度都是一定社会经济制度和政治制度的反映,其内容反映了社会的价值取向。不同的社会,教育选择文化的标准也不同。如中国汉武帝时期提出了"罢黜百家,独尊儒术"的文化教育政策,为以后各个朝代的教育发展奠定了初步的基础。因此,教育在对文化进行选择的时候,应选择符合社会需要的文化。一是要选择符合教育规律的文化。教育过程受教育时间和教育对象发展水平的制约,文化传递的数量十分有限。鉴于此,只有把客观的、形式上的文化有效地进行选择提炼,转化成能够被受教育者接受、能够及时内化的文化,才是具有教育价值的文化。

(3)文化交流功能。教育的过程往往是对不同文化的学习、交流和探讨的过程,在这一过程中,吸收知识的精髓,对知识进行创新。此外,学校与学校之间的访问、交流也体现了高等教育的文化交流功能。高等教育的文化交流功能能促进不同文化之间的传播和融合。大学的文化交流功能体现在以下几个方面。

自由的学术氛围。营造学术气氛,实际上就是创造自由交流的环境和机会。大学经常举办的学术报告会、学术沙龙、学生组成的社团活动等都是促进校内外师生交流的有效手段。

学科发展的综合化。学科的分化是科学进步的表现,为人类探索科学的真理指明了途径。但是,当今学科的发展已经由学科的分化回归到学科的综合,科学发展到今天,仅研究一个领域、一门学科已经很难有所突破了。当今炙手可热的航天科技、生物基因工程、纳米材料、超导技术都是需要多学科、多领域合作的科研项目。从近年来诺贝尔奖获奖项目来看,大多也是跨学科合作的成果。因此,当今学科发展方向是综合与交叉,交叉学科、边缘学科的发展势不可当,因此学科间的交流会日益频繁,这也是大学逐步向多科型、综合型、巨大型发展的主要原因之一。学科间频繁的交流有利于新的学科生长点的产生,有利于促进学术的繁荣和大学自身的发展。

校园对外开放。现代大学是没有"围墙"的校园,大学积极地为区域社会服务,社会也积极介入大学办学,这是一种大学与社会的交流。大学靠社会力量办学,建立产、学、研相结合的办学体系,聘请有丰富实践经验的专家到校任教,吸收社会资源办学,放手将学校的后勤交给社会。

大学的国际交流。这里所讲的"国际化"的真正意义在于国际交流。国际化的潮流是不可逆转的,经济全球化已经席卷了整个世界,我国已经加入WTO组织,国际化是把"双刃剑"。教育的国际化是一种文化交流的体现,它是在多元文化的背景下产生的,各种文化间的冲突相对缓和,彼此间就能容忍异己文化的存在。我们应该利用这种国际形势积极吸收外来文化的精髓,同时也不失时机地弘扬我中华文明。大学的国际化还体现在国际学术交流频繁,留学生、外籍教师比例高,教师和学生能较为准确地把握世界形势和海外动态,能自由、主动地进行国际交流,发展国际合作办学,开放国际教育市场等。

4. 创新功能

大学在教育过程中承担着传承、传播及应用知识的重任,同时也是创造知识、培养创新人才的场所。现代大学的一个鲜明特点即是如此,随着知识经济时代的快速更迭,这一功能显得更加重要。知识经济是一种高度智力化的,以知识为基础、以信息产业为核心发展起来的经济形态,知识经济时代社会文化不断发展的基础即是对当前的知识内容与结构进行不断的创新,而创新必须依靠大量创新型人才,因此创新型人才对国家及社会发展的重要性将会越来越大。

高等教育是培养创新型人才的重要摇篮,对创新型人才的培养起着决定性作用,创新型人才的涌现受制于高等教育。因此,高等教育的强弱直接关系着我国在知识经济时代的发展速度,关系着我国综合竞争能力的强弱。高等教育要高度重视学生的创新教育,重视创新型人才的高质量培养,这是当前高校最紧迫最重要的任务之一。

为了更好地做好创新教育相关工作,高校需要注重以下几个方面的工作。第一,树立创新教育理念,确定高校的基本功能是向社会输送高质量的创新型人才。第二,对人才培养模式进行创新,鼓励学生不断培育创新精神、创新能力与创新人格。第三,对教学内容与方法进行改革与创新,在教育活动中营造良好氛围,为教师和学生创造更加有利于创新的学习环境,激发其潜在的聪明才智。第四,加强德育与人文精神教育。创造能力与人的智力有关,更与人的精神状态及综合素质有关。而创造创新过程不可能是一帆风顺的,学生只有具备良好思想道德品质和心理素质,勇于尝试,敢于失败,才能最终实现创新的成功。第五,创建科学的评价机制。评价机制是指挥棒,科学合理的评价机制有利于创新型人才的顺利成长,可以给优秀创新型人才提供发展平台。

大学的创新功能,不仅体现在人才培养上,还体现在为社会发展、人类进步,以及在自然科学、社会科学等方面不断提出新的观点、新的见解、新的知识、新的发明。总之,大学不仅是国家、社会、经济、文化发展的人才库、知识库,而且是为人类政治、经济、文化、社会和生态文明发展提供创新精神和创新能力的源泉。

二、高等教育的结构

(一)高等教育结构的概念

结构是系统内部诸要素相互联系或相互作用的方式。它主要是指系统诸要素在时间、空间、人际间以及其他广义空间中的相对位置和它们在不同性能等方面的相互搭配及相互间的联结方式。[①] 高等教育的结构,指高等教育内部各要素之间的构成状态和比例关系。高等教育系统是一个复杂的系统,存在大量的要素,各要素之间相互联系、相互制约。因而高等教育的结构也是极为复杂的,它是一个多维度、多层次的复杂综合体。

我们大致把高等教育结构分为宏观结构和微观结构两大部分。宏观结构包括层次结构、体制结构、科类结构、形式结构、能级结构、地区(区域)结构等。微观结构包括高等学校课程结构、高等学校的组织结构、高等学校的师资结构等。

---

① 赵文华.高等教育系统论[M].桂林:广西师范大学出版社,2001:113.

(二)高等教育结构的影响因素

1. 经济因素

主要包括生产力水平及其发展速度、经济发展水平(人均国民生产总值或人均国民收入)与速度、产业结构以及由此引起的人力资源需求状况等。我国过去的专业设置,偏重于第一、第二产业,尤其是第二产业所需的人才,而对口第三产业的专业很少,现在高等学校对专业作出调整,纷纷向与第三产业相关的专业转移。这种转移显然与国家在经济发展过程中产业结构的调整密切相关,产业结构变化必然引起就业结构的变化,而就业结构的变化又必然促进高等教育专业结构的调整。

2. 文化因素

主要包括全社会的总体文化水平、由历史传统形成的民族文化特点及观念。政治制度接近、经济发展水平相当的国家,其高等教育结构并不相同,甚至有很大差异,文化传统因素往往是造成这一现象的主要原因。美国在先后效仿英国、德国的高等教育模式后,最终形成以大批社区学院、初级学院为底座,以一批巨型研究性大学为尖塔的具有美国特色的高等教育结构体系。除了从当时美国经济发展的需求寻找原因外,还应当考虑民族的、文化的传统(尤其是实用主义的价值观)等因素的作用。

3. 技术因素

主要包括科学技术的总体发展水平与速度、科学技术系统的规模与结构等。科学的学科门类是高等教育专业设置的基本理论依托,因此学科的发展必然影响到专业的发展。科学发展的分化与综合,使得许多交叉学科、边缘学科应运而生,反映在高等教育中,计算机科学、环境科学、生态科学、能源科学、生物工程等一批新兴专业被列入大学的专业目录,同时适应复合型人才培养的需要,众多复合型的学科专业、课程模块不断出现,使高等学校的教学呈现出更多的选择性、灵活性和对社会、科技发展的适应性。

科学发展对高等教育层次结构变化的影响主要体现在研究生层次教育的不断扩大。高等教育的本科教育层次由于时间有限,学生人数众多,无法承担培养科学技术发展所需的专业研究人员的任务,于是本科后的研究生教育成为高等教育的一个重要的层次,第二次世界大战后各国的研究生教育规模均有程度不同的扩大,美英等国研究生数的增长率高于本科生数的增长率。

4. 教育因素

主要包括教育制度、义务教育、各级普通教育及职业技术教育的规模和结构。中国目前中等教育的结构正处于急剧的变化当中,中等职业技术学校相继涌现,需要大量职业技术教育师资,而我国已有的单一的、面向普通中等教育的师范教育结构显得无力以对,因此,人们开始考虑如何改革中国高等师范教育的体制、结构问题,以更好地适应我国中等教育改革。目前义务教育已实现,高中教育也相当普及,大量的大学适龄人口对接受进一步教育的需求给原有的高等教育制度提出了挑战,迫使高等教育作出结构性调整。

(三)高等教育结构的内容

1. 宏观结构

高等教育的宏观结构是由高等教育系统中有关要素联结而成的,关系到高等教育整体的结构。

(1)层次结构

高等教育的宏观结构中的层次结构,又称水平结构,指高等教育内部由于教育程度和水平的高低不同而划分的层次及其相互关系。如高等专科教育、本科教育和研究生教育。高等教育层次结构的合理性主要有两个衡量标准,即高等教育对外适应性和对内衔接性,前者是指高等学校培养的各种层次和规格的人才要适应经济结构和社会发展的需要,后者是指各层次人才比例要适当,以利于高等教育内部由较低一级向较高一级及时输送人才。

本科教育是高等教育的主要层次,在历史上一直占据着主要的地位。我国本科教育的培养周期一般为4—5年,学生有充足的时间学习基础知识和专业知识。专科教育在《教育大词典》中的解释是:"低于本科教育的高等教育初级层次。"它在培养目标、培养规格上与本科教育不同,专科教育所培养的主要是直接面向经济社会需要,具有较高专业基础知识和较强实践能力的技能型、应用型人才。它有着特殊的存在价值,是其他层次教育不可取代的。研究生教育是对本科教育的延伸,其培养目标是从事科学研究和技术开发的学术型、研究型人才。

中华人民共和国成立后尤其是改革开放40余年来,我国初步建立了与经济社会发展相适应的高等教育层次结构,在不断提高本科教育质量和水平的基础上,研究生教育和专科教育得到了较快发展。当前为了满足经济社会发展所需的专门人才的需要,我国高等教育层次结构调整的策略是:稳步发展本科教育,加快人才培养模式改革,提高培养质量;大力发展专科教育尤其是高职教育,突出"实用性强、技能高、使用成本低"的鲜明特色;积极发展研究生教育,首先是规模的扩大,由于知识经济在各种经济中的比重将由现在的15%向30%发展,研究生层次人才的需求量将大增,其次要改革研究生培养模式,加强创新能力的培养。

(2)科类结构

高等教育的科类结构是指不同学科领域的高等教育的构成状态,是一种横向结构。它主要表现为校、系、科、专业的结合形式,一般以高等教育机构所授学位、文凭与证书的科类划分为准。

高等教育科类结构的合理程度,直接关系到人才使用效益,它是高等教育各种结构与经济社会发展相结合的交汇点,是高等教育结构合理性的最直接、最集中的表现。

高等教育的科类结构受经济因素、科技因素、社会因素和教育因素的影响。我国过去的高等教育的科类结构专业划分过细、口径太窄、重理轻文,这种科类结构不能适应我国社会科学技术的迅猛发展,因而广受诟病。改革开放以降,我国高等教育科类结构进行了调整,注意不同学科之间的交叉和融合,积极发展新兴学科,加强了人文学科的建设,通过合并、调整、协作等手段,使我国高等教育科类结构更加合理,培养了大量社会发展需要的专业人才。

1997年,国务院学位办和教育部联合颁布了《授予博士、硕士学位和培养研究生的学科、专业目录》,分设哲学、经济学、法学、教育学、文学、历史学、理学、工学、农学、医学、管理学等11个门类,下设71个二级类,249种。科类结构的调整应主要瞄准我国经济、社会、科技发展的现实需要和发展趋势,及时、准确地进行人才需求的预测。在科类结构优化的基础上,进一步促进高校结构的优化,改变单科性院校过多的局面,加强多科性大学建设,建成一批真正意义上的综合性大学。

(3)形式结构

形式结构,指不同办学形式的高等教育构成状态。根据经费来源和管理体制的不同,可分为公立和私立两种形式;根据授课时间的不同,可分为全脱产高等教育和非全脱产高等教育;根据授课方式的不同,可分为全日制大学、函授大学、夜大学、广播电视大学、高等教育自学考试等。全日制高等教育有定型的组织、经常的设施、相对固定的学业期限等,学生以学习为主要任务;非全日制高等教育的学习时间较为灵活,学制弹性大。

高等教育形式正朝着多样化的步伐迈进,具体表现为以下几点。第一,学生年龄的多样化。以前的高等教育以青年为主,随着时代的发展,高等教育不再受年龄的限制,越来越多的中老年人参与其中,还有一些"小神童""小天才"也较早地迈入大学,这就形成了以中青年为主,少年、老年共同参与的年龄结构。第二,举办者的多样化。我国一直以政府办学为主,企业、民资很少举办高等学校。随着国家对地方和私资办学的放开,越来越多的私立学校如雨后春笋般涌现出来,高等教育已形成国家、地方、企业、私人共同举办的局面。第三,高等教育机构的多样化。如普通高等学校和成人高等学校等。第四,培养目标的多样化。不同形式的高等教育培养目标是不同的。有以产业工人和蓝领工匠为目标的,如高等职业学校,也有以增加知识、提高修养、培养高级专门人才为目标,比如众多普通高校。

总的来说,普通高等教育是高等教育形式结构的主体,它与其他形式高等教育之间相互补益、相互作用,共同构成一个完整的高等教育形式结构体系。

(4)地区结构

高等教育的地区结构,指高等学校的地区分布情况,即高等学校的数量、机构、类型、层次等在不同地区的分布比例,故又称为区域结构。高等教育地区结构反映了一个国家或地区经济、政治、文化的发展状况,高等教育属紧缺资源,其地区布局常常成为国家整体规划中的重要组成部分。高等教育的地区结构受很多因素的制约,既受各地经济文化发展水平以及历史传统、文化环境的制约,也受国家教育政策的影响。我国高校的类别多样,各有优势,不同地区的高等教育水平和高等学校规模、数量都存在差异。

我国高等教育的地区结构特色是:第一,高等学校呈梯层结构,梯层中的最高层是经济发达地区的高校,其次是经济较发达地区的高校,最低层是经济欠发达地区的高校;第二,高等学校大多集中在中心城市,30多个省会城市和直辖市的本科院校占全国高校总数的65.4%;第三,形成了从沿海到内地和边疆的高等教育布局,边远和少数民族地区高等教育有了突破性进展。

21世纪初,我国高等教育布局结构改革为了与国家的整体发展战略布局相适应,对全国高等学校实行分层次、分类型指导,各地在规划、调整和设置高等教育机构时进行了统筹考虑,针对不同地区实际情况进行合理布局定位,配合我国城镇化发展需要,使高等教育通向农村。

2. 微观结构

高等教育微观结构往往是对高等学校中相关要素的分析,是关系到学校层面的活动。主要包括高等学校的组织结构、高等学校的课程结构、高等学校的师资结构等。

(1)高等学校的组织结构

组织结构是组织为实现一定目标,在分工合作的基础上建立起来的某种职权关系。高等教育的组织结构是指高等教育机构内部各组织要素之间的联结方式,是高等教育的组织构架。

(2)高等学校的课程结构

课程结构是高等学校内由培养目标决定的各课程的组合、联结方式。由于各国各地区培养目标不一样,高等教育课程结构也是复杂多样的。按照专业深化的层次,大学的课程一般分为普通基础理论课、专业基础课、专业课三类。高等学校的课程结构受社会科学技术发展的影响而不断发生调整。

(3)高等学校的师资结构

高等学校的师资结构是高等学校中教师群体的学历、年龄、职务等要素的构成状态。高等学校的师资结构关系到学生素质和能力的提高,关系到学校的教学与科研水平。师资结构主要分为学历结构、职务结构及年龄结构。合理的师资结构是提高学校教学和科研水平、提高教师队伍自身素质和能力的保障。

除上述所讲的三种高等教育微观结构外,还有学者提出了高等学校物质基础结构、高等学校知识结构等高等教育的微观结构。

第三节　高等教育的目的和培养目标

任何社会实践活动都有预期的目的。从宏观来看,教育作为培养人的社会实践活动,教育目的指明了在一定社会中要把受教育者培养成什么样的人的根本问题,要解决"培养什么人、怎样培养人、为谁培养人"这一教育活动的出发点和落脚点。从微观来看,各级各类学校都有自己的性质、任务及专业特色,需要在总的教育目的下根据自身具体情况来制定本校的培养目标,这样既有利于调动学校自身的积极性,也有利于整个教育目的的实现。

一、高等教育的目的

(一)教育目的的含义

简单地说,教育目的就是教育培养人的总目标,是一切教育活动的出发点和落脚点。具体指教育所要达到的预期结果,反映在教育对人的培养规格标准、努力方向和社会倾向性方面的要求。教育目的具有指向性,它既是教育活动的原因也是教育活动的结果,不仅是制定教育制度的基本依据,也是开展教育活动的指导原则,贯穿于教育活动的始终。

(二)教育目的的类型

1. 个人本位论的教育目的

个人本位论的教育目的主要反映在自然主义和人文主义的教育思想之中,其代表人物有裴思泰洛齐、马斯洛和康德等。他们的基本观点主要有:(1)认为教育目的应该以个人的价值为中心,以自身完善和发展的精神需要来制定教育目的和构建教育活动;(2)认为教育目的不在于谋求国家的利益和社会的发展,因为个人的价值高于社会的价值;(3)教育的首要任务必须反对现实社会对人发展的干扰,有利于个人发展的教育一定有利于社会的发展,但有利于社会发展的教育却不一定有利于个人的发展;(4)人生来就是健全的个体,是真善美的原型,教育就要使得这种特质不受现实社会影响地自由发展。今天看来,这种观点有着明显的局限性。

2. 社会本位论的教育目的

社会本位论的教育目的是基于人的社会性、适应社会的需要提出的。该理论盛行于19世纪到20世纪,其代表人物有涂尔干、纳托普等。其主要观点有:(1)教育应该以社会价值为中心,应根据社会的需要来制定教育目的和构建教育活动;(2)个人的发展依赖于社会,受制于社会,人的身心各个方面都要靠社会来提供营养,没有真正的个人,必须看到真正的社会存在;(3)个人是教育的原料,不具有任何决定教育目的的价值。人之所以为人,是因为他生活于人群中并参与社会生活,教育的目的就是使个人社会化,把社会的各种意识强加于个人,把不具有任何特征的人改造成为社会人。这种观点依然存在着不合理的地方。

3. 文化本位论的教育目的

文化本位论的教育目的是由于文化教育学的张扬而形成的教育目的观中比较有影响的一种主张,其代表人物主要有狄尔泰、斯普朗格等。[1] 他们的基本观点有:(1)教育是一种社会现象,与政治、经济相比,教育的本质更倾向于文化的范畴;(2)教育是客观文化价值在主体身上得到充分体现的一个过程,基于这样的教育目的类型才不至于失去教育的本质和育人的永恒要素;(3)教育活动是一种文化生产活动,有自己独特的内涵和存在方式,通过教

---

[1] 丁锦宏. 教育学[M]. 南京:南京大学出版社,2002:211.

育使人具有一定的文化素养和道德情操,从而能激发人的动机,唤醒人的意念,提高人们工作的积极性和创造性。这个观点仍然存在明显的瑕疵。

从当今各国高等教育发展的状况分析,我们不难发现,新时代高等教育目的越来越需要社会、个人、文化三者的有机结合。

(三)制定教育目的的依据

1. 社会需要

社会在向人们提供必不可少的生存和发展条件的同时,人类也会按社会的各种规则来调节自己的行为方式,使之适应社会,这就把教育的育人目的在一定程度上定格在社会需要上。用唯物主义的观点来分析,教育目的受一定的生产力发展水平和政治经济制度的制约。就拿生产力发展水平来说,人类经历了从原始社会、封建社会、资本主义社会和社会主义社会,从石器时代到机器大工业时代再到信息时代,人类也从野蛮、愚昧走到文明、开化,教育也从口口相传、言传身教到制度化、规范化。在阶级社会,统治阶级为了保持统治地位,所办的教育大部分都是从自身的利益出发,培养的人才也集中地反映了统治阶级的要求。这一切都表明生产力的发展水平一直在制约着教育的发展,当然也制约着教育目的,来维护发展这个社会的政治经济制度。

2. 个体内在需要

在教育活动中,受教育者一般都是正处于发展阶段的青少年。人们所提出的教育目的是试图引起受教育者身心发生某种变化提前在头脑中的反映,使受教育者发展成为具有一定个性的社会个体。从当今的心理学和生理学所研究的结果来看,人的生长发育是有一定规律的。在文化知识学习方面,包括非正规教育习得的世俗文化、为人处世等,都有一定的特点和规律。只有教育者认识到这些规律并利用这些规律来进行教育教学,才能使得青少年在身心发展上实现质的飞跃,以此提高他们学习的积极性和创造性,使他们身心得到全面和谐的发展。

同时还必须要认识到,教育目的的个体需要和社会需要之间并不矛盾,它们是辩证统一相互补充的。在实际应用中要把二者结合起来,个体现实的需要是制定教育目的的出发点,未来社会的需要是制定教育目的的期望所在,它们二者一起构成了制定教育目的的基本依据。[1]

(四)我国高等教育的目的

高等教育的目的是教育目的在高等教育阶段的具体落实,它集中反映了一定历史发展时期社会政治、经济、科技、文化发展对高等教育的要求。我国高等教育的目的是要解决"培养什么人、怎样培养人、为谁培养人"这一高等教育实践活动的根本出发点和落脚点,贯穿于高等教育活动的全过程。在1998年8月29日颁布的《中华人民共和国高等教育法》(以下简称《高等教育法》)中,对我国高等教育目的的阐述如下。

第四条:"高等教育必须贯彻国家的教育方针,为社会主义现代化建设服务,与生产劳动相结合,使受教育者成为德、智、体等方面全面发展的社会主义事业的建设者和接班人。"

从条文上看,高等教育的目标与我国教育的目标是相一致的,说明高等教育是整个教育系统的一个组成部分,它们的根本目的是相同的。为了保证高等教育目标的实现,《高等教育法》还详细规定了高等教育的任务。

第五条:"高等教育的任务是培养具有创新精神和实践能力的高级专门人才,发展科学技术文化,促进社会主义现代化建设。"

条文中明确地列出了我国高等教育的三大任务,即培养人才、发展文化、服务社会。可见高等教育的任务并不局限于人才培养。由于高等教育地位的特殊性,决定了高等教育功能

---

[1] 湖南省教育厅. 高等教育学[M]. 长沙:湖南大学出版社,2005:80.

的扩大,发展科技文化和服务社会也就成为高等教育的重要任务。

《国家中长期教育改革和发展规划纲要(2010—2020年)》提出:教育是民族振兴、社会进步的基石;是提高国民素质、促进人的全面发展的根本途径;强国必先强教。

二、高等教育的培养目标

(一)制定专业培养目标的考虑因素

由于高等教育专业的多样性和复杂性,专业培养目标就相应呈现出多样性,高等院校的专业培养目标与国家利益及毕业生的切身利益直接相关,在制定的过程中一定要给予充分重视,全面考虑,特别要注意正确处理好以下几对关系。

1. 专业知识和综合素质

就大学生的专业培养来说,专业知识和专业技能的培育的确是最为重要的,它是一个人立足于社会的最基本条件,也是一个人生存和发展的基础。但这并不是用来包打天下的全部资本,社会发展到今天,需要的是全面发展和综合能力较高的人,光靠专业知识是远远不够的,还有好多条件也是必须要具备的。专业知识和技能的学习靠的是智商,而上述非业务方面素质的获得靠的更多是情商。因而能把专业知识学得很精通的人未必有较高的综合素质和能力,有时候非业务方面的素质更能赢得尊重和发展的机会。

2. 精英人才与一般人才

高等教育的培养目标不外乎对两种人才的培养,即精英人才和一般人才。所谓精英人才,是那些具有突出贡献的、智能水平和道德素养能够在一个方面或多个方面对社会发展作出杰出的创造性贡献,从而在一定范围内影响历史进程的人。[①] 他们所作的贡献或成就都在一定程度上或多或少地改变着社会,在历史前进的过程中起着导向和指引作用。高等教育应该把培养精英人才作为自己的追求目标,为社会的发展做贡献。

一般人才或者说一般高级人才,指的是知识、智能水平和道德素养能够满足某种复杂劳动职业的基本需要,并能在相应的职业劳动中从事富有成效的劳动的那些人,[②]如合格的公务员、教师、医生等。能够胜任工作是这些人最大的特点,从表面上看来,他们所取得的成绩或对社会的贡献也许没有精英人才的贡献那样显赫,但正是这些人才踏踏实实地工作在社会第一线,默默无闻地创造着社会财富,支撑起整个经济社会发展的大厦,他们也是精英人才赖以存在和创新的直接基础。高等教育在培养精英人才的同时,要把培养一般高级人才作为自己最基本、最主要的任务,既实现教育的育人使命,也促进经济的发展。

3. 社会需要与个人需要

历史上,关于教育目的的价值取向问题,曾存在一个对立的观点——教育的社会本位论和个人本位论,即教育到底依据谁来发展、来为谁服务,这也就是今天出现的学校教育培养目标中社会需要和个人需要的矛盾根源。然而事实上它们并不矛盾,我国高等教育的培养目标无非是两个方面:一个是"育才",另一个是"育人"。"育才"即为社会主义现代化建设培养大批的合格人才,为社会经济发展做贡献。"育人"主要指培养个性充分的、自由发展的人,满足个人需要,实现人的自身价值。这两个方面的目标之间是相辅相成的,不能分割也不能相互取代。

在培养目标的社会需要上,高等教育有责任帮助学生深刻认识社会的重要性,认识到人是社会的人,教会他们不断地把自身需要内化到社会价值中去,引导他们把为人民服务、为社会做贡

---

① 胡建华等. 高等教育学新论[M]. 南京:江苏教育出版社,1995:230.
② 同上。

献作为人生理想和价值追求。

在培养目标的个人需要上,教育要充分体现人文精神和人性关怀,尊重学生的个体差异,重视学生个性的发展。让学生的个性得到充分的发展,既是学生发展需要,也是当今社会发展的需要。大学期间是青少年价值形成的重要时期,学校一定要积极引导,热情帮助学生树立正确的世界观、人生观和价值观,形成良好的人格习惯,防止不良思想的滋生和蔓延,这既是对学生负责,也是对教育、对社会负责。

(二)我国高等教育培养目标的内容

高等教育培养目标是指高等教育培养人的总质量目标和规格要求。从整体上说,我国高等教育承担着培养高级专门人才、发展科学技术文化、促进现代化建设的重大任务。要牢固树立人才培养在高等教育中的中心地位,着力培养信念执着、品德优良、知识丰富、本领过硬的高素质专门人才和拔尖创新人才。

由于高等教育的任务是为国民经济部门和社会生产部门培养各种各样的合格人才,所以高等教育的培养目标应该随时与社会实际发展保持一致,培养出符合社会需要的各种人才。我国正处于社会主义初级阶段,生产力水平有限,政治、经济、科技等方面还同西方发达国家有一定差距。国内市场经济还不完善,经济发展不平衡,部分产业部门还没有完整的经营体系和现代化的管理模式,这都需要大批优秀的人才去改变,这些人才的培养主要依靠高等教育来完成。

当然,一个国家的发展和富强不能仅仅靠生产技术工人和一些管理人才,还要有众多领域的共同发展。如完善的法律体系、现代化的医疗条件、繁荣的文化等,都是国家强大不可缺少的组成部分。高等教育的培养目标必须反映我国的国民经济结构、生产构成及社会各方面不同层次不同类型的需求,以便能更好地促进国民经济发展。

因此,我国高等教育在培养人才时应充分考虑到我国国情,有针对性地制定培养目标。我国高等学历教育分为专科教育、本科教育和研究生教育三种层次,其培养目标各不相同,《中华人民共和国高等教育法》第十六条对此制定了如下的学业标准。

(1)专科教育应当使学生掌握本专业必备的基础理论、专门知识,具有从事本专业实际工作的基本技能和初步能力。

(2)本科教育应当使学生比较系统地掌握本学科、专业必需的基础理论、基本知识,掌握本专业必要的基本技能、方法和相关知识,具有从事本专业实际工作和研究工作的初步能力。

(3)硕士研究生教育应当使学生掌握本学科坚实的基础理论、系统的专业知识,掌握相应的技能、方法和相关知识,具有从事本专业实际工作和科学研究工作的能力。博士研究生教育应当使学生掌握本学科坚实宽广的基础理论、系统深入的专业知识、相应的技能和方法,具有独立从事本学科创造性科学研究工作和实际工作的能力。

第二章 高等教育发展的历史考察

教育是人类文明所特有的、维系人类社会存在与发展的重要功能性行为。高等教育是一个历史的、动态的概念，是人类社会智慧的创造物之一，集中代表了人类社会在知识的生产与传播、在人才培养及社会精神文化特性的形成上所取得的成就。在不同社会以及同一社会的不同发展阶段，表现出不同的形态或模式。中国古代高等教育，也被称为中国古代大学教育，是指古代中国社会所存在的培养高层次专门人才的教育活动或教育形式。19世纪末之后，逐步走向现代意义上的高等教育。中国历史上的高等教育包括多种教育形式，在培养、选拔高等专门人才以及传承、发展民族文化等方面发挥了特殊的历史作用，对于古代东亚其他国家及地区的文化教育发展也产生了深远的影响。

第一节 中国古代高等教育的发展

每个民族和国家都有自己的文化教育传统。中国古代高等教育源远流长，独树一帜，无论是教育理念、教育制度，还是办学成就，都发展到了相当高的水平，积累了丰富的教育经验，为人类文化发展作出了突出贡献，在世界高等教育史上占有重要地位。历史上，以太学、科举和书院为代表的中国传统高等教育制度曾经传播到朝鲜、日本和越南等周边国家和地区，形成东亚教育圈，促进了当地教育和社会文化的发展。在各类学校教育和科举考试的推动下，以汉字为载体、以儒学文化为主体的中华文化不断向东亚和海外传播,促进了中外文化的交流与融合。清末以来,中国传统高等教育虽然为西方近代高等教育所取代,但是,它仍以教育传统的形式对中国近现代高等教育的变革和发展产生潜在的影响,其合理内核和优良传统为教育史和教育理论研究者所充分肯定,对于当今我国高等教育改革与发展具有重要的历史借鉴意义。

一、中国古代高等教育的产生

因为受到社会发展阶段、文化教育传统及高等教育类型的影响,中国古代高等教育与清末从西方引进的近代高等教育制度存在较大的差异。作为在世界范围内有广泛影响的文明古国,中国具有悠久的优秀文化传统,在古代已形成较为发达的高等教育体系,这是中国近现代高等教育的重要来源之一。一般而言,中国古代高等教育的产生分为两个阶段:先秦时期的萌芽及雏形;汉代的正式创立。

据史书记载,在夏朝我国就已开始有学校教育,如《孟子》中就有"夏曰校"的说法。殷商时期的"有学",一般认为是我国最早的具有高等教育某些属性的机构。西周时期属于高等教育性质的有天子设立的"辟雍"和诸侯国设立的"泮宫",其教学内容主要包括"六艺"——礼、乐、射、御、书、数。这一阶段高等教育最显著的特点有两点:第一,学校和官府联系紧密。高等院校是由天子或诸侯设立的,由官府直接管辖,教师一般是政府里的官员。第二,高等院校中的受教育者通常是天子及贵族子弟。

西周奴隶制王朝渐渐走向衰落,西周政权的统治力逐渐减弱,并最终走向灭亡。这期间,诸侯纷争不断,春秋战国时代正式拉开帷幕。高等院校中的书籍及教师流落到各个诸侯国,他们承载着传统文化的精髓,逐步演变成不同于王官的"士"。"士"因为所服务的对象及所支持的观点不同,逐渐形成了多个学派,史称诸子百家,开创了我国历史上"百家争鸣"的思想和学术繁荣局面。在周文化影响最为广泛的齐鲁两国,最早出现了私人讲学,并得到了较好的发展。孔子系统整理了夏、商、周以来的文化典籍,将《诗》《书》《礼》《乐》《易》《春秋》作为私学的教材,自此对后世产生深远影响的儒家学派正式创立。除此之外,墨家、道家、法家、纵横家等也逐渐创立了私学教育,接纳更多的学生,推动了高等教育的发展。其中《礼记》中的《大学》《学记》等儒家经典著作,为中国古代高等教育奠定了坚实的理论基础。

秦汉时期统一的中央集权封建国家的建立及巩固,为社会创造了较为稳定统一的政治、文化及教育氛围,最终推动了古代高等教育制度的确立。秦始皇推行"书同文,车同轨"、"以法为教"、设置博士等教育手段,高度维护了国家统一,在很大程度上增强了君主集权。然而,秦始皇曾下令"焚书坑儒",并禁止私学,又在一定程度上阻碍了文化教育的发展,并推动了秦王朝的加速灭亡。

西汉惠帝四年吸取了秦灭亡的历史教训,对文化教育政策作出了一定的调整,废除"挟书律",推崇"无为而治",在社会中营造了较为宽松的教育环境,逐渐恢复了文化教育的繁荣局面。公元前124年,汉武帝采纳董仲舒等儒生的建议,设立中央官学的最高学府——太学。太学建立之后发展较为迅速,最初只有50名学生,至东汉末年学生人数则猛增为3万名。汉代还设有鸿都门学,是世界上第一所文学、艺术的专科学校。汉代逐步形成了一套相对完整的教育体系。自此,知识分子可以通过读书踏入仕途。

魏晋南北朝时期社会环境较为动荡,官学无法正常运行,教育的形式主要是私学、家学。私学教育的内容主要包括老庄之学、佛学、世俗私学等。在私学长期发展的基础上,唐末、五代逐渐出现了书院,书院是一种自身特色明显的古代高等教育组织形式,代表着中国古代高等教育的又一个重要阶段。

书院作为一种特殊的高等教育组织形式,对我国古代高等教育的发展有着重要意义:(1)组织机构比较精干。书院一般由山长(或称洞主、主洞)总理其事,书院主持人多为书院主讲。(2)教学和研究相结合。书院既是教学机构,又是学术研究机构,书院主持人和讲学者多为当时的著名学者,甚至某一学派的代表人物,如南宋的朱熹、明代的王守仁和陆象山等。书院往往成为某一学派教学和研究的中心与基地。(3)允许不同学派共同讲学,重视学术交流和论辩。(4)一个学者可以到几个书院讲学,听者也不限于本院生徒。(5)重视学生自学,提倡独立研究,鼓励发挥专长。(6)师生关系融洽,感情深厚。

二、中国古代高等教育的发展阶段

中国古代高等教育的形成与演化,是根据各个历史发展时期的政治、经济、文化发展状况而不断发展的,分别经历了萌芽与产生、发展与传播、变革与完备、衰落与转型几个重要历史阶段。总体来说,先秦至汉代,古代高等教育开始萌芽,并初步建立。魏晋南北朝、隋唐时期,古代高等教育取得了一定的发展,其教育思想逐步传播到日本、朝鲜等东亚国家。宋元辽金时期,古代高等教育进行了一定的变革之后逐步发展到较为完备系统的水平。其中官学和科举考试经历了数次改革,书院教育形式开始出现,各种教育思想较为活跃,甚至产生了具有少数民族特色的古代高等教育机构,在此历史时期,中国教育和考试制度继续向东亚国家和地区传播。明清时期,形成完备的科举教育体制,学校教育与科举选士合为一体,官学、书院成为科举的附庸。伴随着封建专制统治的加强,传统高等教育制度由完备走向僵化、衰落。晚清时期,在西方文化教育的冲击下,中国传统高等教育开始向近代高等教育转型。

(一)发展与传播

魏晋至隋唐时期,古代高等教育的发展主要表现在四个方面:官学类型增多,并产生分科教育的专门学校;教育管理加强,形成了部门办学的古代高等教育管理体制;创立科举考试制度,促进了专门人才的培养和选拔;拓展来华留学教育,促进中国古代高等教育和中华文化向海外传播。

官学系统方面,最为权威、地位最高的当数中央政府直接主办的官学。魏晋时期,晋武帝为了满足士族门阀的教育需求,在洛阳成立了"国子学",这是一种比太学地位更高的教育组织形式。南北朝时期,宋文帝在建康(今南京)成立了"四学馆"——儒学、玄学、文学和史学,对教育内容进行了分类,丰富了中央官学教育的形式及内容。北齐改"国子学"为"国子寺",是国家地位最高的教育组织。唐代中央官学发达,主要有"六学""二馆"。其中,国子学、太学、四门学教授儒家思想的经典内容,和现代的大学性质相当;律学、书学、算学分别传授律令、文字学与书法、算学,这类学校专业性较强。"二馆"包括弘文馆、崇文馆,属于大学性质的贵族学校。此外,还有崇玄学、医学等,分别传授道家学说、医学、卜筮、天文历法、兽医等专门知识与技术。此后,历代中央官学多沿袭此制。

教育管理方面,形成以"国子监"为主体,与其他业务部门办学相结合的古代高等教育管理体制。隋文帝开皇初年,以"国子寺"总辖国子学、太学、四门学、书学及算学,成为专门的教育行政机构;隋炀帝大业三年(607年),改名为"国子监"。唐代国子监统管"六学"及广文馆,并开始设立祭酒、司业为正副主管职官。此外设东都国子监。"二馆"分别隶属于门下省、东宫。祠部、太医署、太卜署、司天台、太仆寺等各分辖所设学校。

人才选拔方面,在汉代察举制演化的基础上,隋唐创立了以分科考试为主要途径的科举选士制度。科举制的地位及形式与现代教育制度中的高考大致相当。科举制针对官学、私学而制,根据不同的教育层次设置不同的考核内容以此来检验教学成果,能够对社会中的各种教育活动起到较强的督导与控制作用。随着科举制度的发展与推广,教育机会逐渐扩大,越来越多的普通人能够进入学院吸收知识,在很大程度上推动了儒学的普及,促进了不同民族间的融合,有助于维护国家统一。

中外教育与文化交流方面,这个阶段国家一方面推动佛教在中国的传播与发展,另一方面积极吸引外族人员来华接受教育,大力推动中华文化在世界范围内的传播。唐代国家实力强劲,文化教育得到快速发展,实行"三教"并行的开放政策,大大地加强了中外文化教育的沟通及交流。唐代与东亚、南亚、西亚等二十多个国家和地区进行文化教育交流,吸引当今日本和朝鲜半岛地区的新罗、百济、高丽等国和地区派遣留学生,前来学习中国先进文化。我国边疆少数民族建立的民族政权如高昌、吐蕃、渤海等也派遣学生赴唐留学。唐代文化教育的繁荣,促进了中国古代高等教育制度向周边国家和地区传播。

(二)变革与完备

宋元时期是中国历史上民族大融合与教育大变革的重要阶段,古代高等教育获得新的发展,文化教育呈现新的气象。主要表现在以下几方面。

(1)书院教育的兴盛。书院是中国古代的"高等院校",最初萌芽在唐朝末年,五代开始以正式形式出现,北宋时期发展到鼎盛时期。书院得以快速发展的社会背景为官学逐渐没落,私学兴起,其对后来高等教育的发展有重大的影响。所以,一些专业学者将其列入影响中国高等教育发展的四次重大变革之一(其他三次变革分别为先秦私学的兴起、西汉太学的创设以及清末近代大学的诞生)。

(2)科举考试与学校教育的变革。北宋时期,统治阶级推崇"文治",大力"兴文教"。北宋既重视对科举制度的改进与完善,主张以"糊名""誊录""锁院制度""别头试""锁厅试"等手段来提升考试的公平性与客观性;同时范仲淹、王安石及蔡京也相继三次推行兴学运动,其目的是将教育的重点从考试转向学校教育。宋代分设西京、东京国子监,管辖国子学、太学、律学、医学(后改属太医局)。各业务行政部门办有算学、书学、画学、武学。王安石兴太学,推行"三舍考选法",融育人、选才于学校教育中。这些教育改革虽然推动了官学教育的发展,但并未能扭转科举考试对学校教育的支配作用。

(3)民族文化教育的发展与融合。作为统治阶级的辽、金、元为了巩固政权,重点推动"汉化"政策,大范围地汲取中原地区的传统文化,对教育进行了大刀阔斧的改革。除此之外,金、元两朝还专门设立民族学校,如女真国子学、蒙古国子学、回回国子学等,颇具民族文化特色。元代中央官学分设国子学、蒙古国子学、回回国子学,归属相应的国子监、蒙古国子监、回回国子监管辖。辽、金、元政权还模仿中原教育与选士制度,实行具有少数民族特色的科举考试。这些举措不仅培养和选拔了一批治国人才,也促进了儒学文化的传播和各民族的文化融合,对于我国多民族国家的统一和文化融合产生了重大而深远的积极影响。

(三)衰落与转型

明清时期的传统高等教育,包括官学、书院、科举考试,逐步地步入衰落阶段。主要是因为封建专制统治逐渐增强,社会思想与文化受到禁锢,资本主义生产关系无法生长,传统教育制度不具备推动改革的动力与支持。

就中央官学来说,明代国子监与国子学(太学)合为一体,既是最高教育管理机关,也是最高学府。凡入国子监学习者,通称"监生";因其来源不同,又分为举监、贡监、荫监和例监四类。明成祖迁都北京后,形成南北两个国子监。自洪武五年(1372年)开始,推行国子监生的"历事制",亦称"拨历"。这是一种教学实习制度。规定,监生学完六堂学业后,须分拨到在京各政府部门实习吏事三个月、半年或一年。经考核依成绩、勤惰,或送吏部附选,或再令历练,或回监读书,或发充下吏。后以监生日多,考核流于形式,至英宗正统三年(1438年),遂废此制。此外,明代还有宗学、武学、医学和阴阳学。清代国子监沿袭明制,其生源有六贡、四监,即岁贡、恩贡、拔贡、优贡、副贡、例贡、恩监、荫监、优监和例监。中央官学还有宗学、觉罗学、旗学、算学和俄罗斯学。

明清科举考试进一步普及,科举教育体制日益完备。各类学校教育完全被纳入科举选士的体系中,教学内容缺乏创新。在大规模选拔性教育考试的社会控制功能的作用下,科举考试成为古代高等教育的重心,各类官学、书院和私学最终成为科举的附庸。国子监教育往往流于形式,以谋取功名出身为目的。书院教育的科举化倾向渐趋明显。

在思想文化领域,程朱理学占统治地位。明末清初,尽管西学已开始传入中国,但是在封建专制政权和儒家传统思想观念的抵制下,并未受到社会大众的重视。清代前期屡兴文字狱,不仅钳制读书人的思想自由,也严重阻碍了我国古代高等教育的变革。教育内容和教学模式趋于僵化。当晚清闭关自守的国门被迫打开后,在民族危机和西学东渐的双重冲击下,中国古代高等教育的形态逐渐瓦解,开始向西方近代高等教育模式转型。

三、中国古代高等教育的影响

教育作为社会的一个子系统与整个社会系统及其他子系统存在必然性的关系。教育的外部关系规律表明:"教育必须受一定社会的经济、政治、文化所制约,并为一定社会的经济、政治、文化的发展服务。"[①]中国古代高等教育也遵循这一教育基本规律,通过培养高层次人才及传承、发展高深文化,发挥其特殊的教育与社会功能,对国内外产生广泛而重要的影响。

(一)国内影响

从先秦时代开始,中国的有识之士和统治者就重视教育的社会功能。《礼记·学记》明确提出:"君子如欲化民成俗,其必出学乎。玉不琢,不成器;人不学,不知道。是故,古之王者,建国君

---

① 潘懋元.潘懋元论高等教育[M].福州:福建教育出版社,2000:113.

民,教学为先。"在中华民族的发展历史上,统治阶级通过开办学校、私学,培养了数量庞大的高等知识人才,极大地推动了中国古代社会政治、经济及文化的发展,造就了中华民族发展过程中的多次文化高峰及政治盛世。汉、唐时代实行开放的文化教育政策,大力兴办太学、国学(国子监)教育,并创立与完善以察举制与科举制为代表的人才选拔机制,开创了经济与文化繁荣昌盛的盛世景象。宋代书院教育兴盛,科举考试变革与发展,推动了思想文化的转型与儒学文化的普及。明清时期,特别是清代后期,受制于许多现实因素,传统高等教育逐渐失去了优势,无法为社会发展培养高质量知识人才,最终阻碍了社会发展的步伐。

中国古代文化历经五千年传承而历久弥新,其最根本的原因在于古代高等教育的发展与完善,这才保证中国传统文化在社会发展过程中一脉相承,不断发展与创新。先秦阶段形成的儒家思想,之所以能发展成为对中华民族影响最为深远的学术流派,与汉代以来的太学教育、科举考试及书院教育的成功创办是分不开的,并最终在哲学、教育、史学、文学、艺术等领域影响了一代又一代中华儿女。晚清阶段,西方高等教育传入我国,对传统高等教育造成了极大的冲击,同时也在一定程度上影响了中华民族文化传统的继承与发展。

就古代社会和谐发展与民族文化融合而言,传统高等教育也产生了重要而深远的积极影响。中国自古就是一个统一的多民族国家,民族文化融合是社会发展和国家强盛的重要基础,多种形式的古代高等教育的兴办与发展,对国内各民族文化教育发展作出了重要贡献。从孔子办私学的"有教无类",到历代太学、国子监等中央官学的广泛选才与"怀柔远人",到科举考试的平等开放、自由竞争,传统高等教育具有极大的社会包容性,它有力地促进了古代的人才流动与社会分层,为社会稳定与和谐发展作出了巨大贡献。从十六国、南北朝到宋、辽、金、元、清时期,北方拓跋氏、契丹、蒙古、满洲等少数民族统治者先后兴办太学、国子学、国子监,绝大多数少数民族政权还积极推行科举考试,这些无疑推动了国内民族文化的融合与中华文化的发展。

从教育传统的现代影响来看,传统高等教育作为一种教育形态,虽然在清末废科举、兴学堂的变革中已退出历史舞台,但它仍然以文化传统的形式,对中国近现代高等教育的改革与发展产生潜在的影响。这集中表现在高等教育办学体制、管理模式、人才选拔制度演变等方面。20世纪50年代,中国高校部门办学体制的确立、统一高考制度的建立以及大学校内居住形态的延续,均受到传统高等教育的影响。日本学者曾指出:"作为统一考试典型代表的'科举'考试,对建国初统一考试制度的建立,至少是一个原因";中华人民共和国的高校,"宿舍设于校内还是出于继承历史传统,以及重视它的教育意义"[①]。改革开放以来,我国所创立的高等教育自学考试制度,受到了科举考试的启示,并汲取其合理内核,它是科举这一古代高等教育形式在当代的传承与变革。[②]

(二)国际影响

历史上,中国传统高等教育不断向东亚等国家和地区传播与衍化,形成了以汉字教育、儒学教育、养士教育、庙学制为主要特征的"东亚教育圈"。另外,在科举考试、文化典籍等方面,中国传统高等教育曾对东亚国家和世界文明进程产生过重要的影响。在唐代,中国文化教育繁盛,吸引了周边国家和地区的人们来华留学,或参加科举考试。日本政府先后派出19次遣唐使,包括留学生和留学僧,前来学习中国语言文字、科学文化、佛教学说和典章制度。717年,第8次遣唐使团多达557人,其中包括阿倍仲麻吕(晁衡)和吉备真备。据木宫泰彦所著《日中文化交流史》统计,在日本赴唐留学生及学问僧中,现确知姓名的留学生为27人,留

---

① 大塚丰.现代中国高等教育的形成[M].北京:北京师范大学出版社,1998:226-332.
② 张亚群.科举革废与近代高等教育的转型[M].武汉:华中师范大学出版社,2005:262.

学僧为108人。① 2004年10月,西北大学博物馆收藏了从民间征集来的日本遣唐留学生井真成墓志,引起中日学术界的极大关注。这是我国迄今发现的唯一一方日本人的汉文墓志,也是中国古代高等教育影响日本的历史见证。

通过遣唐使和宋代等不同时期的留学僧媒介,中国的政治制度、学校教育、考试制度以及佛教流派、建筑、文物乃至饮食文化,源源不断地传播到日本,对其社会政治、教育制度、思想文化以及史学、医学、数学、文学、文字产生了深远影响。日本曾仿唐代国子监教育,建立大学寮制度,并成立儒学、文章、明法、算学四科。日本古代学校制度,与中国一样,也是以养士教育为主要目的,学校成为官吏养成所,学生则为官吏的预备军。②

在古代的朝鲜半岛、越南,同样受到中国传统高等教育制度的深刻影响。据考证,327年,高句丽、百济仿东晋学制,各自创设太学。③ 从3世纪后半叶到5世纪中叶,百济建立了博士制度。其来源,起初借用归化的汉人,或直接向中国内地聘请,后来则任用本国人士。6世纪以后,可能受中国梁朝影响,始称五经博士。523—553年,又增置医、易、历诸专业博士。④ 682年,新罗创立国学制度。1070年,越南创建国子监,1156年始立孔子庙。至今,越南河内仍存有孔子文庙古迹。

明清时期,琉球国为了学习儒家文化,多次派遣留学生来中国国子监学习华夏语言和文化。据统计,1392—1579年,琉球共派留学生23批80余人;1688—1873年,共派留学生9批49人。⑤ 这些留学生回国后,促进了当地教育事业的发展。

在中国古代高等教育的海外影响中,科举制的东渐与西传颇具代表性。日本曾在公元8—10世纪,一度仿行过科举;韩国、朝

---

① 高留成.唐宋时期日本来华留学僧之比较[J].河北学刊,2005(1):156-159.
② 高明士.东亚教育圈形成史论[M].上海:上海古籍出版社,2003:177-264.
③ 高明士.东亚教育圈形成史论[M].上海:上海古籍出版社,2003:164-171.
④ 高明士.东亚教育圈形成史论[M].上海:上海古籍出版社,2003:165-168.
⑤ 鲁宝元.琉球国第四批派遣留学生北京学习生活调查[J].国际汉学,2004(2):242-252.

鲜、越南曾长期实行过科举制度。① 旅美华人学者邓嗣禹利用所搜集到的1570—1870年主要用英文写作、并在伦敦出版的70多部著作,于1943年9月在《哈佛亚洲研究学报》发表《中国对西方考试制度的影响》一文,论证了中国科举制度对西方考试制度的影响。近年来,刘海峰根据在海外新发现的近50种1870年以前论及科举的西方论著史料,对科举制影响西方文官考试制度问题作了更为充分的论证。②

历史上,通过传统高等教育等途径,汉字典籍和儒家思想文化不断向海外传播。作为中国传统文化的杰出代表,孔子的思想及儒家经典传播到东亚国家和西方世界。日本、朝鲜、越南等国都曾提倡"程朱理学",发行程朱著作,产生了重大影响。截至2009年12月,我国已在88个国家和地区建设了282所孔子学院和272个孔子课堂,推广对外汉语教学,传播中华优秀传统文化,这从一个侧面反映了中国传统教育资源的价值。

第二节　中国近代高等教育的发展

19世纪60年代至20世纪初,是中国传统高等教育向近代高等教育逐步转型的重要阶段。洋务学堂的出现与发展,至清末民初近代高等教育形态的初步形成,中国近代高等教育的产生、发展经过了50余年时间。在这个发展过程中,传统高等教育对科举考试的重视使得其越来越不适应社会与经济步伐的前进,因此高等教育在思想观念、学校制度、培养目标、教学内容等方面进行了变革,在教育性质上逐步由封建主义教育向资本主义教育转变。清末高等教育的变革,成为中国近代高等教育的重要开端,对20世纪中国高等教育产生多方面影响。

---

① 刘海峰.中国对日、韩、越三国科举的影响[J].学术月刊,2006(12):136-142.
② 刘海峰.科举制对西方考试制度影响新探[J].中国社会科学,2001(5):188-202,208.

一、中国近代高等教育的开端

(一)清末高等教育的起因与发展

鸦片战争前后的晚清社会,出现了巨大的变化。西方资本主义帝国利用先进的武力侵略中国,逐渐让中国陷入半殖民地半封建社会。传统高等教育体制重视科举选士,其已严重不适应当时的社会及文化发展状况。改革教育制度,将西方各国的先进技术引入中国,培养与之相适应的新式人才,是当时中国社会的迫切需要。与此同时,晚清西学东渐及西方近代高等教育制度的传入,使中国传统高等教育制度的改革有了可参照与可借鉴的对象。社会发展状况、教育制度的欠缺,共同推动着新式教育的产生。

中国近代高等教育是伴随着晚清洋务运动而开始的。两次鸦片战争的失败,使洋务派官员深刻地意识到西方列强武器装备的先进性,并主张实行"自强新政",最终推动了学习西方先进科学技术的洋务运动的产生。他们推行"中学为体、西学为用",创建有别于传统书院的新式学堂,专门培养掌握先进科学技术的洋务人才。晚清高等教育变革采取自上而下的方式,大致经过三个发展阶段。

从1862年京师同文馆的建立到1894年甲午战争的爆发,是新式高等教育的兴起阶段。京师同文馆作为我国高等教育发展历史上的第一所新式学堂,主要传授外国语、算学、"四书"、"五经"与史学,除此之外,还开设了许多专业学科。自19世纪60年代开始,洋务派创建了30多所专科性质的新式学堂,主要培养学生学习外国语、军事与科技。在这个历史发展阶段,新式学堂大量地在社会上产生,不过受制于当时办学观念与科举考试体制的落后性,教育体制并未实现真正的改革。

1895—1904年为近代高等教育的发展阶段。我国近代最早的新型大学是1895年创办于天津的西学学堂。学校分头等学堂（大学）和二等学堂（中学）两级。头等学堂，即等同于现代的大学本科，学生学习时间为四年。西学学堂被誉为我国第一所近代分科大学。而1898年设立的京师大学堂则是我国近代第一所国立大学。学校的科类最早分为两种，即普通科和专门科，后来渐渐分离出其他学科，最后共设7科13门。西学学堂和京师大学堂的创办，标志着我国近代高等教育的正式开端。在这一历史发展阶段，维新变法运动和"新政"初期的教育改革，使得近代高等教育在数量和规模上均实现了较大的增长，新学制正式颁布，即1902年颁布的《壬寅学制》（即《钦定学堂章程》，未实施）和1904年颁布的《癸卯学制》（即《奏定学堂章程》）。《癸卯学制》将学校系统分为三段七级，其中高等教育阶段分三级：高等学堂或大学预科（三年）、大学堂（三年到四年）和通儒院（五年），另设实业学堂和师范学堂。随着《癸卯学制》的颁布与实施，近代高等教育走上了与世界高等教育相类似的发展道路，即由技艺性的单科学堂到分科大学堂，再向多科性、综合性大学发展。

1905年科举制的废止，使近代中国高等教育进入全面转型和快速发展的阶段，最终确立新式高等教育体系。中华民国元年后颁布的《大学令》（1912年）、《私立大学规程》（1913年）、《修正大学令》（1917年）等法令，废除了"忠君"这一封建教育制度的核心，提出了"以教授高深学问，养成硕学宏材应国家需要"的大学教育宗旨，标志着近代高等教育制度的逐步定型。

20世纪初，高等教育从科举制转变到学堂制，使得近代教育制度实现了重要的变革。纵观清末高等教育制度的形成与发展，可以发现废除科举制度对其产生了十分重大和深远的影响。科举制度的废除，产生了深远的影响。一是确立了新式学堂的独立地位，促进了高等教育规模的扩大以及教育程度的提升。二是从根本上动摇了中国教育行政系统，推动了近代高等教育行政管理体制的形成。三是推动了高等教育在培养专门人才时设置新的培养目标与课程结构,最终使得一大批新式知识分子涌入社会,为社会发展输入了新鲜的动力与血液。留学教育发展、学校考试制度和学位制度的变革以及高等学校的办学实践,均产生巨大推动作用。这些标志着中国近代高等教育跨入新的发展阶段。

(二)废科举与高等教育体制的转型

中国近代高等教育行政管理体制的变革经历了渐变和剧变两个时期。废科举使得传统教育行政体制彻底瓦解,为近代高等教育行政管理新体制的产生与发展提供了条件和基础。它不仅推动了新的各级教育管理机构的创立及现代教育行政管理体制雏形的形成,而且扩大了教育行政管理职能,促进了新式教育的发展。

科举制度的废除,使得新式学制得以大范围地普及开来,推动了学堂规模的扩大与学生数量的增加。这样一来,新式学堂内部急需完善各级学务管理制度,最终使得新式教育行政管理机构得以创建。废除科举制度之后,传统的教育管理经费保障了新式教育行政管理机构在运作过程中的顺畅开展。鉴于此,中央教育行政管理体制逐渐加快了改革的步伐。

1905年,清朝中央教育行政管理机构宣告成立,新旧教育行政管理体制调整逐步展开。1906年4月,裁撤各省学政,改设提学使。5月,学部奏定本部官制、各省学务官制及各厅州县劝学所章程,由此建立形成包括高等教育在内的各级新式教育行政管理体制。

清末高等教育行政体制的转换,虽然在一定程度上适应了人才培养和社会发展的要求,反映了历史的进步,但并未摆脱封建政治的影响。清廷所定教育宗旨以"忠君""尊孔"为首端,这些限制直至民国资产阶级政权建立后才被革除,最终完成高等教育行政管理体制的近代转型。

二、中国近代高等教育的演变

（一）高等教育的发展

中华民国初期，虽然经历了封建主义教育的复辟活动，但高等教育仍有所发展，高等教育机构数量和质量都有所提高，高等教育制度基本形成。清末我国仅有三所大学堂。新文化运动后高等教育有了一定发展，高等院校的数量有所增加。

这一时期高等教育不仅在数量上有很大发展，在质量上也逐渐提高。20世纪30年代是中国大学教育制度定型时期，也是大学教育取得重大发展时期。其间国民政府在大学教育方面的主要政策如下：一是加强对于大学的国家控制，其中包括利用收回教育权运动迫使教会学校进行登记，加强或建立国立大学，大学校长直接或间接任命等；二是加强大学教学，尤其是课程的标准化与规范化；三是调整文、法科与理、工科的比例。此外，这一时期颁布了一系列教育法规，确立了高等教育基本制度。

值得关注的是，私立大学与女子高等教育也在这一时期得到了很大的发展。女子也逐渐进入大学接受高等教育。五四运动以前，只有教会大学开办少数女子大学，接收女子进入大学学习。1919年，北京女子高等教育师范学校成立。1920年，北京大学首先招收女生入文科旁听，以后又招收正式生，同时南京高等师范学校也公开向社会招考女生。至此，女生获得与男生同学的权利。这也成为我国高等教育发展史上的创举。

当然，这一时期，大学教育在实施过程中也暴露出一系列问题，如大学数量不能满足国家与社会的需要，如果按人口比例来看，1947年接受大学教育的人只占总人口的1/3 000；国内政治斗争直接影响了大学教育的发展；教育经费严重不足；而为了加强对大学生的思想与组织控制，制止学潮，国民政府设立的大学训导制度也严重破坏了高等学校的风气。

(二)新民主主义高等教育

新民主主义教育制度,是以马克思主义教育思想在中国的传播及早期共产主义者和中国共产党人的教育实践活动为基础,在共产党领导的苏区逐步建立起来的。抗日战争时期及以后,中国共产党人自觉地以新民主主义理论为指导,使新民主主义教育得到了进一步发展和完善,并在抗日民主根据地和解放区有效地实施,探索了一条在经济、文化落后的农村地区发展教育的新道路。其中,高级干部教育是新民主主义高等教育的主要内容。

1. 新民主主义高等教育的萌芽

中国共产党在其成立初期及第一次国内革命战争时期,为了广泛宣传马克思主义的理论、培养干部,许多共产党人积极从事革命教育的活动,他们积极办学,成立教育机构。在第一次国内革命战争时期,培养革命领导干部的学校已具有高等教育的性质。这些学校打破了旧大学的传统,坚持以共产主义思想为指导,坚持教育为革命的政治斗争服务、教育与生产劳动相结合的方针,贯彻理论联系实际,为我国建立无产阶级教育制度积累了一些宝贵的经验,对革命干部的培养发挥了重大作用,标志着新民主主义高等教育的萌芽。

2. 苏维埃地区的大学教育

1927年,反帝反封建的革命统一战线由于蒋介石、汪精卫的相继叛变而宣告破裂。中国人民在中国共产党的领导下,创立了中国工农红军和农村革命根据地——中华苏维埃共和国,在根据地设立了红军大学、苏维埃大学、马克思共产主义大学以及许多干部学校。这一时期,也是新民主主义教育的形成时期。

3. 抗日民主根据地的高等教育

抗日战争时期,抗日民主根据地大学教育的历史,可以分为大发展、大整顿、大提高三个阶段。1937—1941年,抗日民主根据地创办了大量的干部学校。闻名中外的抗日军政大学,在1939年从延安迁至华北敌后根据地,并先后在晋东南、晋察冀、山东、延安、淮北、苏北等根据地成立了12所分校。

1942—1943年,是抗日民主根据地教育大整顿阶段。这一阶段,正值延安开展整风运动。延安地区各个大学的师生积极参加了这个运动。

1944—1945年,是抗日民主根据地大学教育的大提高阶段。这一阶段,为了适应新形势的发展,院校之间进行了必要的调整,各校根据自己的性质和任务,制定了具体的方针,在学制、课程等方面进行了重要改革。

抗日战争时期,根据地的大学教育发展迅速,功绩显著,并涌现出了一批著名的大学。根据地大学所坚持的注重理论联系实际、贯彻少而精的原则、坚持教育与生产劳动相结合、重视思想政治教育,在培养抗日干部的教育中发挥了强大的威力,作出了重大的贡献,其中有许多经验是带有规律性的,具有很强的现实意义。

4. 解放区的高等教育

解放战争时期,解放区的高等教育是新民主主义教育的深入发展和整顿提高时期。

这一时期,解放区还进一步发展了正规化的高等教育。高等学校继承和发扬了抗日战争时期抗日民主根据地办学的优良传统,继续贯彻新民主主义的教育方针,坚持教育为革命斗争服务、教育与生产劳动相结合、理论联系实际的原则,培养了许多优秀的干部和各种专门人才。他们不仅对当时的革命和建设作出了重大的贡献,而且成为中华人民共和国成立后社会主义建设的骨干力量。

总体来看,新民主主义高等教育充分发挥了教育为革命战争和根据地建设服务的效能,确立了干部教育重于群众教育、成人教育的基本原则,并根据各根据地的实际,灵活地确定发展教育的政策、途径和方法,使高等教育体现出高度的灵活性与适应性。它突破了正规化教育的束缚,从农村实际出发,创造了丰富多彩的教育形式,使政治教育、军事教育和文化教育融为一体,以鲜明的时代意识和战斗精神,充分发挥了教育在民族解放和民主革命中的工具作用。

三、中华人民共和国的高等教育

中华人民共和国成立后,教育事业走上了为人民服务、为中华人民共和国建设服务的道路,成为中国教育史上一个重大的转折阶段。

中华人民共和国成立初期党和政府在高等教育方面的主要措施是:接管旧中国的高等教育。有区别地接管了旧中国的公立学校;接收了外国津贴学校,收回了教育主权;接办了私立学校,改为公立。1950年6月召开了第一次全国高等教育会议,制定了中华人民共和国第一个《高等学校暂行规程》。改造旧教育,进行院系调整。经过1952—1953年的调整,全国高等院校本科分为文理科性质的综合大学、多科性理工学院和单科性专门学院三类,高校从200多所减为183所,私立高校全部改为公立,高校布局初步改善。采取"一边倒"政策。从1952年秋季开始,在专业设置、教学计划和教学大纲、教材、教学方法等各个方面,全面照搬苏联高校的办学经验和方法。

1956年5月,高等教育部颁发并在高校内部试行《中华人民共和国高等学校章程草案》。这个章程对社会主义高等学校的基本任务、学校内部管理体制等作了明确规定,是我国社会主义高等教育体系的雏形。1961年9月,中央颁布了《教育部直属高等学校暂行工作条例(草案)》(以下简称"高校六十条"),标志着我国社会主义高等教育体系的初步确立。

1977年恢复全国高校统一招生制度。当年全国共有570万名青年报考,高校招收新生27.3万人,1978年又有40.2万名新生进入高校。1977年11月3日,教育部联合中国科学院发出《关于1977年招收研究生的通知》。1978年5月,高校招收研究生的考试正式恢复。1978年召开全国科学大会和全国教育工作会议。1979年4月,中央决定对国民经济实行"调整、改革、整顿、提高"的方针,高等教育领域贯彻落实这"八字方针"的主要措施是:坚持四项基本原则,加强思想政治工作;发展研究生教育,建立学位制度;调整学科之间的比例关系和专业划分,加速发展政法、财经、管理和文科专业,增设一批新兴边缘学科和社会急需专业,等等。

1992年邓小平南方谈话和党的十四大以后,高等教育进一步解放思想,加速改革发展,我国改革开放及社会主义现代化进入了一个新的发展阶段。1992年11月的全国第四次高等教育工作会议,提出了高等教育深化改革、加速发展的思路、政策和措施,推动高等教育取得了许多突破性的进展。

为了在全国建设世界一流大学、高水平研究型大学和一批世界一流的重点学科,造就高层次拔尖创新人才及其团队,我国从1995年开始实施"211工程",1999年正式启动"985工程"。另外,通过实施"高层次创造性人才工程"和"长江学者奖励计划"等一系列优秀人才计划,在推进高校高层次拔尖人才和骨干教师队伍建设方面取得了显著成效。

2004年3月,国务院批转了《2003—2007年教育振兴行动计划》(以下简称"新一轮《行动计划》"),其核心内容是坚持"一个宗旨",实现"三大任务"和贯彻"八字方针"。新一轮《行动计划》提出了重点推进农村教育发展、重点推进高水平大学和重点学科建设的战略,实施"新世纪素质教育工程""职业教育与培训创新工程""高等学校教学质量与教学改革工程""促进毕业生就业工程""教育信息化建设工程""高素质教师和管理队伍建设工程"六大工程任务。根据这一系列文件的要求,我国在总结前几年经验的基础上,开展了新的改革。

2015年10月24日,国务院发布《统筹推进世界一流大学和一流学科建设总体方案》(以下简称《总体方案》),开宗明义地指出,统筹推进世界一流大学和一流学科建设,实现我国从高等教育大国到高等教育强国的历史性跨越。这表明"双一流"建设战略在重视部分大学建设的同时,更有了全局性的建设目标,即"双一流"建设既重视部分大学和学科的建设,又重视高等教育整体水平的提高。所以,开展"双一流"建设要有全局观,要从最终实现高等教育强国建设目标出发,谋划建设路径和举措。列入"双一流"建设计划的大学和学科毕竟只是极少数,将中央和地方重点支持的大学加起来,总数也不超过全国高校的10%。显然,要建成世界高等教育强国,只有高等教育宝塔塔尖的熠熠生辉是远远不够的,还要有扎实牢固的塔基和坚实高耸的塔身。从这个意义上讲,"双一流"建设只是高等教育强国建设的主要任务之一,在中央和地方高等教育发展战略中,不能忽视了"塔身"和"塔基"的建设,从某种意义上讲,尽管塔尖有显著的象征意义,但如果没有前两者的支撑,塔尖的显示度将是十分有限的。在重视"双一流"建设的同时,各级政府应当高度关注各级各类高校的建设和发展,不断提高我国高等教育整体办学水平,实现建成高等教育强国的宏伟目标。

在高等教育快速发展的同时也带来一些不容忽视的问题,这就要求高校结合学校实际情况进行调整,以期贯彻国家的教育方针,在发展高等教育的同时提高自身办学能力,紧抓学生生源质量,及时解决高校中现存的问题,这是21世纪给予高等教育发展的新的时代使命,同时高校应该顺应当今高等教育的发展潮流大力培养合格人才,力求保证我国高等教育事业快速、健康、有序、和谐地发展。

第三节 外国高等教育的发展历史

用历史的眼光看待高等教育不难发现,在早期中世纪大学与高度发达的现代高等教育形态之间存在着漫长而复杂的过渡,这种过渡除了时间意义上的变化,还有教育组织及制度、功能、文化、精神上的变化。所以,我们说到高等教育的发展历史时,更多的是指后者,是高等教育在组织制度、功能及文化形态上的发展过程。这一过程与西方国家并不是完全同步的。本节将对此进行深入研究。

一、外国古代高等教育

(一)外国古代高等教育的起源

人类文明的发源地是号称四大文明古国的古巴比伦、古埃及、古印度与古中国。人类最早的学校教育,包括尚未分化成型的高等教育,同样始于东方文明古国。

一般认为,早在文明古国兴旺发达时期,就已经出现了高等教育的萌芽状态,产生了人类最早的文字、知识及学校。古代东方是高等教育的发源地,这个阶段学校尚未分化出完善的教育功能,学校与学校之间的区别也非常模糊,但已具备高等教育的某些特点。古埃及、古巴比伦等国先后设立宫廷学校、职官学校、寺庙学校和文士学校,其主要职能是培养官吏和僧侣。教学内容主要是与神学宗教相关内容,其中也包含哲学、文学及与文化相关的其他知识。教学方式主要为记忆与背诵,以及自由讲学、讨论辩难、游历探究等。古代波斯的大流士在公元前6世纪曾创设过大学。古印度的奥义书时代(公元前8世纪到公元前4世纪)也曾形成过几个影响较大的学术教育中心。

古希腊位于地中海东部,其文明始于公元前 2000 年—前 1100 年的克里特-迈锡尼文明。公元前 500—前 300 年,希腊文化与教育获得快速发展,出现了凭借学术成就而被确立为大师的人物,并且逐渐形成了集中钻研高深知识传播的学术群。其中雅典创造出了古希腊文化教育的最高成就。古希腊时期的高等学校,主要是由国家主办的体育馆、青年军训团和哲学家所办的哲学学校、修辞学校。

古罗马位于意大利半岛,具有良好的农牧业发展条件。公元前250年前后,一些希腊人因为各种因素来到罗马,并在此创立了希腊式学校,对罗马人造成了较为深刻的影响。不过,罗马人在探索知识的过程中,更加注重与战争、城邦管理相关的内容。他们更加倾向于汲取政治学的知识,更加注重与治理国家相关的专门性、实用性知识。因此,法律、建筑、医学等在古罗马发展得较为迅速。在教育机构方面,古罗马时期的高等教育,以教授雄辩术、培养演说家为主要目的,因此修辞学校特别发达。罗马帝国时期,修辞学校逐步成为培养官吏的学校。古罗马时期还有一些专业性质的学校,如法律学校、医学校、建筑学校和机械学校等,这些学校所培养出的专门知识人才大多被用于治理国家,处理政府事务。

(二)欧洲中世纪大学

中世纪是指公元476年西罗马帝国灭亡到公元1640年英国资产阶级革命这一段历史时期。在文艺复兴时期的学者看来,古希腊、古罗马文化是鼎盛时期,文艺复兴重新沿袭了古希腊、古罗马的文化精神,因此两者之间的时期即被称为"中间时代",也就是我们所说的"中世纪"。

中世纪以前虽然已经出现了大学,但它们只是带有游学性质的松散的教育机构,或是学者文人从事高深研究的场所,还没有形成比较完整的高等教育制度。自313年基督教被封为罗马帝国国教后,基督教的宗教精神日益渗透到学校教育之中,教会垄断西欧达千年之久。

西欧中世纪早期(5—11世纪),高等教育的主干是僧侣教育和教民教育,学校主要是基督教会所办的僧侣学院和大主教学校,以神学和七艺(文艺学、修辞、哲学、数学、几何、天文和音乐)为主要教学内容。而由封建主控制的宫廷学校则以培养治术人才为目的,其教育内容也渗透了神学性质。此时随着欧洲民族国家意识的觉醒与成长,中央集权制度不断加强,王权逐渐上升。因此,欧洲形成了神权、王权二元权力结构。双方之间不断斗争,同时采取手段争取社会中各种力量的支持。大学充分利用这一社会政治结构尽量为自身争取更多的权利,最终取得了快速的成长。

阿拉伯国家的大学教育对欧洲中世纪大学的产生有着重要影响。9世纪初在巴格达建立的赫克迈大学是阿拉伯地区第一所大学,970年创建于埃及开罗的阿资哈尔大学至今仍是伊斯兰世界的最高学府。

11世纪以后,随着欧洲城市工商业的发达、市民文化的崛起和阿拉伯文化的传播,西欧开始出现反对宗教蒙昧主义、提倡科学知识的进步要求,世俗性教育不断兴起,中世纪大学应运而生。12世纪前后,一部分城市的学校,因为在某些专业方面的出色成就而享誉欧洲,并吸引欧洲各地的学生前来求学。最终,这些城市的学校逐渐成为永久性机构,可以保证教师及学生的安全,得到了城市当局及基督教当局的正式承认。这样最早的大学诞生了。

中世纪大学通常是由学生和教授仿照手工业行会的形式而组织起来的,比较著名的有意大利的波隆亚大学(1158年)、萨莱诺大学(1231年),英国的牛津大学(1168年)、剑桥大学(1209年),法国的巴黎大学(1180年),捷克的布拉格大学(1348年),德国的维也纳大学(1365年)等。

二、外国近代高等教育

文艺复兴与宗教改革运动是欧洲走出中世纪、迈进近现代的重要奠基阶段,也是西方在已有大学机构的基础上构建近代高等教育体制的准备阶段。自17世纪40年代开始,近代高等教育随着欧洲资本主义社会的产生和发展而逐步成长和成熟起来。

(一)英国

欧洲资产阶级革命发端于英国,近代高等教育也在英国最先发展。从牛津、剑桥大学建立到资产阶级革命成功,英国走过了大学的创始和形成时期,到18世纪末,英国共有7所大学。资产阶级革命奠定了近代社会的政治基础,为高等教育的发展提供了制度环境及基础。随后发生的工业革命,为近代高等教育的发展奠定了坚实的物质基础,提供了强劲的动力。由于教会势力的顽固保守和牛津、剑桥等传统大学的强烈排外性,因此,大学难以适应逐步兴起的工业革命的新要求,从而引发了19世纪的所谓"新大学"运动。1826年,在伦敦建立了具有民主主义、自由主义精神的伦敦新学院,开始注重自然科学教育。1851年曼彻斯特欧文斯学院的建立,把新大学运动带入高潮,一批学院相继成立,并先后获得皇家特许证,成为有权授予学位的大学。至20世纪初,英国已有18所大学,4所大学学院。

新大学的特点是:打破宗教信仰限制,为不信奉英国国教者提供接受高等教育的机会;积极提倡和重视技术教育,设置工程技术专业;新大学大多由各地方捐资兴办,为各地区培养专门的工程技术人员,具有很强的地方性。与此同时,牛津、剑桥等旧大学也进行一系列改革,增设近代科学专业,把自然科学作为主要学科,从而获得很大发展。到19世纪末,两校学生增长四倍,教授增长三倍。

(二)法国

法国1789年爆发资产阶级革命,以激烈的暴力方式彻底消灭了旧制度,确立了自由、平等、民主的原则。1852—1870年,法国完成工业革命,成为欧洲和世界的工业大国。剧烈动荡的社会环境及激烈冲突的不断出现,高度集中的中央集权,彻底的资产阶级思想和实践,是法国近代历史的显著特点。这些变动深刻地影响着法国近代高等教育的发展,导致法国高等教育体制一再变革且易受政治的影响,同时具有鲜明的平等、自由、民主、理性精神。

法国特别重视高等教育,一批闻名的高等专科学校相继问世。如巴黎工业专科学校以培养工程师和发展数理科学而著称,被誉为"欧洲工业大学最早的模范",分文理两科的巴黎高等师范学校则成为法国政治家、科学家和文学家等优秀人才的摇篮。它们是培养19世纪法国优秀知识分子的摇篮,至今仍是世界一流的学府。到1793年,法国已有高等专科学校11所。高等专科学校的出现,打破了大学长期一统天下的局面,开创了大学与高等专科学校并存的历史。大革命还有一项重要举措,即建立一部分科学机构,以对知识进行更加深入的研究,例如国家人文与科学院、自然历史博物馆、法兰西学院等。大革命时期的教育改革基本沿用并巩固了法国18世纪以来的传统,也就是分别设立教学机构和研究机构,两者互不影响。高等教育根据专业学科设立学校,这一制度使得法国不断涌现出顶尖科技人才,奠定了其在3/4个世纪内在科学界的绝对领导地位。

1804年拿破仑执政后,在教育上实行中央集权。1806年创立的帝国大学(即法兰西大学)实际上是全国教育行政的领导机构,帝国大学的总监由拿破仑直接任命,全国各类学校的开办均要经总监认可,学年安排和课程设置也由国家统一管理。在拿破仑的体制下,帝国大学并没有垄断全部的高等教育,帝国的其他行政部门也举办及管理高等教育机构,如公共教育部负责法兰西学院、自然历史博物馆、高等师范学校。1808年,全国分为29个大学区,每区一所大学,设数理、法学、医学、文学和神学学院,由国家任命学区总监(兼校长)、院长、教员。这种中央集权的教育领导体制一直保持到20世纪,成为法国教育制度的重要特点。法国近代高等教育及科学模式在世界范围内造成了深刻影响,意大利、西班牙、荷兰等属于帝国政权,拿破仑在征服它们国土的同时,也将高等教育的制度带到了欧洲各地,普鲁士、俄罗斯等国根据巴黎模式设立了科学机构。

19世纪末,第三共和国对高等教育进行改革,同一大学区的学院联合成为一所大学,成立大学审议会,享有教学、经费等方面的自治权。随着这些改革的进行,大学逐渐拥有了一定的自治权,实行了研究和教学相结合,强化了科学在高等教育中的地位。在这些改革的推动下,法国高等教育逐步迈向现代大学。

(三)德意志

德意志地区最早的大学是1348年创立的布拉格大学,比西欧大学的创建晚了两个世纪。不过其大学的发展却十分迅速。到18世纪时,德国已有42所大学,成为大学密度最大的欧洲国家。尤其是柏林大学的建立,在近代高等教育史上具有划时代的意义。

19世纪初,德国新人文主义代表威廉·洪堡提倡"大学自治""学术自由",在高等教育史上首次提出大学"教学与科学研究相统一"的原则,并于1810年创办柏林大学(又称洪堡大学),创立和全面实践了新的大学观念。柏林大学的创立不同于法国所采取的激进式革命模式,而是采取了较为温和保守的改革模式,继续沿用了传统的四学院模式,在一定程度上吸收了其他大学的改革成果,在此基础上进行了综合与创新,创立了有别于传统模式的近代大学模式,开启了近代大学集教学和科研于一身的先河,使柏林大学被公认为是第一所具有现代意义的大学,成为欧美各国仿效的典范。

柏林大学实施的主要措施有:学术与国家政治分离,实行大学自治;学术自由,即教师研究的自由、教学的自由及学生学习的自由,破除灌输教授制度,让学生在研究中自由学习和探讨;实行教学与研究相统一;实行严格的聘任制,保证学科带头人的学术水平。柏林大学的实践,促使高等教育进一步摆脱了宗教的统治和控制,突破了传统大学的模式,重新界定和阐释了大学的理念与组织,逐渐成为近代接受度最大的大学模式。

继柏林大学等科研型大学出现之后,德国的工程教育也迅速发展。到19世纪20年代,德国每区每市都有一所多科技术研究所和多科技术学校,使德国近代高等教育逐步形成文理大学、工科大学以及多科技术学校的综合体,有力地促进了德意志民族的统一和经济的起飞。

德意志高等教育在很大程度上反映了德意志民族及文化的特性,其大学理念皆追求完美,然而却在落实过程中因为受到政府的干预或社会局势动荡的影响而大打折扣。国家干预使得教授及学生不可避免地被卷入政治活动当中,教授学术垄断在一定程度上阻碍了学术的进一步发展。这些都要求德国重新审视自己的大学及高等教育体制,然而法西斯与第二次世界大战却打断了这一过程,使德国大学和高等教育迈向现代的步伐变得更加曲折。

(四)美国

美国的历史虽短,但其近代高等教育的发展十分引人注目。美国由移民组建而成,其国民来自不同的国家与地区,最终形成了多样的本土文化。这种文化也在很大程度上影响了美国高等教育的发展,塑造出具有典型美国特色的高等教育。美国第一所高校是由英国移民的清教徒于1636年开办的哈佛学院,之后威廉·玛丽学院(1693年)、耶鲁学院(1701年)、新泽西学院(1746年)等相继诞生。至独立战争前,全国有9所高校,这些学校均属私立,大多移植欧洲尤其是英国大学的模式,具有很强的宗教性,主要培养传教士及政府官吏,教学充满经院气息。美国高等教育在借鉴欧洲大学传统的基础上,又根据自身条件及需求改进了大学的模式。最终外来及本土两种因素互相作用,且美国各个领域对民主的呼声越来越高,终于形成了真正独特的高等教育体系。

美国高等教育在独立战争时期遭受重创。不过美利坚民族和国家的发展为美国高等教育开辟了美好的前景,独立战争之后美国高等教育迅速走向繁荣。南北战争前,美国各地建立了许多州立大学,为各州培养政治、经济和科技人才。

南北战争后,美国产业革命不断高涨,科学技术迅速发展,推动了美国高等教育的第一次大发展。1862年,林肯总统签署发布《赠地法案》(又称《莫里尔法案》)。规定各州凡有国会议员一人,联邦政府便拨地3万英亩,由州出售或出租的所得作为基金,建一所农业或机械学院,又叫赠地学院或农工学院。由于政府的支持,赠地学院发展迅猛,20世纪初已增加到69所,其中多数变成州立综合大学和学院,成为世界著名大学,如麻省理工学院、加利福尼亚大学、威斯康星大学等。赠地学院的兴起,开启了美国独有的高等教育模式的历史,确立了美国自身的高等教育制度和教育为经济及社会发展服务的原则。

为进一步提高高等教育水平,美国于1876年创办了约翰斯·霍普金斯大学,在注重普通教育的英国式学院之上设立重在研究的德国式研究生院,使研究生教育第一次居美国大学教育的首要地位,推动了美国研究型大学模式的形成。霍普金斯大学成为美国现代大学之始。

19世纪末20世纪初,美国还开始创办两年制的初级学院(以后发展为社区学院),为中学毕业生提供相当于大学一、二年级水平的课程,使美国高等教育呈现出多层次的特点。

美国在20世纪初已从欧洲高等教育体系中分离出来,建立起自身比较完整的高等教育体系。

(五)其他国家

近代以前,日本受中国教育思想及文化传统的影响较大;近代以后,日本因为受到西方制度及思想的影响,其教育与高等教育模式逐渐参照西方模式。日本于1868年明治维新运动后才逐渐发展起资本主义,高等教育的发展也相对缓慢。明治政府推崇文明开化的教育方针,主张求知识于世界,大力吸收欧美教育,建立近代教育制度。日本第一所大学是1877年成立的东京大学,共包括四个学部:法学部、理学部、文学部、医学部(后增设工学部)。东京大学未沿袭日本的传统学术与儒家思想,而是集中传授西方近代学术。1880年东京大学建立研究生院。东京大学当时几乎垄断了为日本现代化培养领导者的全部职责,对日本的近代化起到了巨大作用。

1882年创办的私立早稻田大学也是日本最早的大学之一。1897年起,日本政府先后创建京都帝国大学等4所帝国大学,从而构成了日本大学的主干。1903年,又建立高等专科学校制度,对中学毕业生实施三年至四年的专业教育。20世纪初,日本已经基本建立起较为完整的高等教育体系,这一体系中包括帝国大学、专门学校、高等学校与高等师范学校,其中既有公立大学,也有私立大学。日本近代高等教育为日本近代学术的发展奠定了坚实的基础,为社会培养了数量庞大的高质量专业人才,在推动日本实现工业化等方面起到了重要的作用,使日本在不到半个世纪的时间里成为亚洲强国。然而日本高等教育因为过度强调国家主义,最终使其走向军国主义的道路,并造成了自身的毁灭。

俄罗斯在早期就形成了区别于西欧国家的具备强烈俄罗斯特色的文化传统,其教育建立在东正教的知识传统之上。1632年乌克兰首都基辅建立了第一所高校——基辅莫吉廖夫学院。1755年彼得一世的女儿伊丽莎白创建莫斯科大学,只有哲学、医学和法律三个系,主要培养政府官吏。莫斯科大学自身具备一定的自治权,由教授会对大学的相关事务进行管理。十月革命前,除了大学外,还有工业、农业、经济、医学等各种高等专业学校,全国共有高等学校105所,学生12.7万人,能入大学的主要是贵族、军官、资本家和牧师的子弟。

俄罗斯近代高等教育的发展在数量与质量上都取得了较大的成就,在世界高等教育和学术上赢得了极高的声誉。因为受到政治局势的影响,俄罗斯高等教育在发展过程中交替经历自由时期与压制和军事化时期。另外,俄罗斯在培养高质量知识人才的过程中,与统治阶级及社会大众之间均出现了隔阂,这一模式最终引起了俄罗斯国家及社会的危机。

近代世界高等教育特别是欧美国家高等教育的发展历程,主要呈现以下特点:高等教育逐步从宗教的影响和控制中摆脱和解放出来,获得了较大的高等学校自治权;在注重人文学科的同时,越来越加强科学和技术的教育,改善了学科结构;高等教育开始从象牙塔中走向社会,日益扩大和加强高等学校与社会的广泛联系,更加注重为经济和社会发展培养专门人才;逐步建立起比较完善和成熟的高等教育制度;高等学校教学与科研相结合,扩大了高等教育的功能。

三、外国现代高等教育

进入20世纪后,特别是第二次世界大战以后,随着工业化的急速发展,科学技术的突飞猛进和社会的深刻变革,面对许多新的挑战,世界高等教育进入了大转折、大变革的历史阶段,取得了飞速发展。

(一)高校数量迅速扩大

据统计,世界各国在1200年至1985年之间建立的1 854所大学之中,有1 101所是在1950年至1985年创立的,即59%是在这35年中诞生的。随着高校数量的扩大,学生人数也急剧上升。1960年到1995年,世界范围内的大学生数量由1 300万增加到了8 200万,增长到了原来的5倍多。

以美国为例,1944年联邦政府通过《退伍军人权利法案》,规定第二次世界大战退伍军人可以获得联邦资助津贴,完成四年的大学教育。这一法案在五年内就将200多万(约占退伍军人总数的16%)退伍军人送入高校,使得美国高校在校生人数大幅上涨。20世纪60年代随"婴儿潮"一代适龄青年涌入大学,以及受平权运动影响,贫穷家庭子女、少数族裔及残疾人等进入大学校园,美国高等教育的规模不断扩大。

除此之外,美国高等教育机构也不断扩张,1950—1951年美国共有各类高等教育机构1 852所,1969—1970年达到了2 525所,增长了36.34%。随着入学人数与机构规模的增加,美国高等教育的多样性更加丰富,学生来自社会各个阶层和种族,高等教育机构也具有各自不同的使命。

卡内基教学促进基金会2010年的分类统计数据表明,目前美国高等教育机构共计4 633所,在校生人数也远远超过了1 600万人,其中总规模在2 999人以下的小型大学共2 096所,仍占总数的45.24%,2011年《美国新闻与世界报道》中全国性大学排行榜的前50名中,大多数院校的招生人数在5 000人左右;单独排名的全国性文理学院招生人数大都在1 000—2 000人。由此可以看出,美国高等学校的发展规模也在逐步扩大,但在20世纪中后期,平均在校生人数达到4 000—5 000人的规模后,平均规模数并没有无目的地扩张和增加,而是保持基本稳定的发展态势。

(二)政府经费投入增加

美国政府在战后初期就明确提出,战后时代是一个"危机的时代",把发展高等教育作为"对付人类世界范围危机的至关重要的手段"。1957年苏联人造卫星发射成功,美国产生教育落后的危机感,促使国会于1958年通过《国防教育法》,把教育列为国家优先发展的战略。进入20世纪60年代,联邦政府先后通过《高等教育设施法》(1963年)、《高等教育法》(1965年)和《高等教育法修正案》(1968年),直接从制度、管理等各方面加强对高等教育的规范,同时增加对高等院校拨款,更新高校的教学与科研设施,提高对学生的经济资助。通过法律确立了对研究生的资助政策和对研究型大学科研活动的经费拨款制度。美国种类多样、数量充沛的奖学金保证了大批高质量人才的产出。根据国家科学基金会的统计,所有综合性资助项目总计超过了8亿美元,一共投向了216所大学,其中有36所得到了超过600万美元的资助。

从第二次世界大战爆发到战后初期的特殊时期,英国政府对大学的资助迅速提高,主要增加了基本建设类资金。例如1949年至1950年的政府拨款高达大学总收入的61.5%。德国政府在20世纪50年代末意识到教育对国家命运的意义,把教育政策上升为国家最重要的政治论题;70年代至80年代又强调重视教育"首先是为了巩固我们在世界市场上的地位",注重高等教育在国际竞争中的作用。法国政府在第三个国家计划(1958—1961年)中把国民教育列为国家优先发展项目之一;1982年呼吁高等学校的教育与研究应更广泛地面向经济、社会和文化的现实,以摆脱危机,振兴法国;进入90年代后,又要求高等学校加紧改革,加快科研步伐,以进一步增强法国实力,使法国在世界格局变动和欧洲大一统中占有一席之地。20世纪上半叶,法国在化学和物理方面的科研实力处于世界领先地位。第一次世界大战前全部42名诺贝尔自然科学奖获得者中,法国获奖10人,仅次于德国的14人,而英国只有5人。日本在战后初期为重建国家、维护民族生存与发展,提出最基本的任务是振兴学术;20世纪60年代进一步强调"当今世界是教育竞争的时代,竞争的胜败将影响每个国家的前途",明确提出把"教育立国"作为政府的基本方针。

(三)经费来源渠道增多

由于认识到高等教育对国计民生的重要性,各国政府在制定高等教育发展战略的同时,在财政上对高等教育也给予大力支持,同时鼓励社会各界和个人资助高等教育的发展。此外,资金来源也出现多样化趋势,除国家和各级政府的财政拨款,那些直接或间接得益于高等教育的经济部门、地方社区、家长、学生和国际社会,也对高等教育给予了资金支持和帮助。

现如今,美国已有4 500多个基金会从事捐赠活动,大力支持高等教育事业的发展,也有力推动了美国捐赠文化的蓬勃发展。近些年美国的捐赠来源也发生了很大变化,除了以上捐赠渠道外,校友和企业捐赠成为高校资金筹集的主要途径,这使高校不必囿于资金短缺,而无法放开手脚抓学校的内涵式发展。多元的资金筹措模式,使得美国高等教育可以在更广阔的领域发展。获得大量捐赠的美国高校不断提高教学质量和培育出更多的科学成果,不断提高学校的软实力和知名度,而这必然会吸引更多的个人或企业或慈善机构加大捐赠投入的力度,形成良性循环的机制。与此同时,这也成为巩固美国大学实力、加强研究型大学地位的坚实堡垒。

(四)结构层次多元化

20世纪60年代以后欧洲国家实现了经济增长,工业的科技含量日益提高,高等教育适龄人口规模不断扩大,社会对高等教育的需求迅速扩大。60年代后期政治民主化思潮风起云涌,形成了世界性的大学学生抗议运动。为了应对这些问题,60年代欧洲很多国家政府系统规划高等教育的未来。英法德三国高等教育改革的共同之处包括:改革招生制度,扩大入学机会;明确和协调各类高校的定位和办学方向,引导多样化的院校发展,快速增加职业性和技术性的专科类非大学型高校;开设开放大学和远程教育类课程项目。

英国在1963年至1968年成立了10所有别于牛津、剑桥等古典大学的新大学;1969年至1973年又创立了30多所多科技术学院,以加强面向各层面人士、非全日制的高等职业技术教育;到80年代,英国已形成包括古典大学、近代大学、多科技术学院、继续教育学院和开放大学的多层次、多规格的高等教育体系。

美国除了研究型大学、文理学院和专门学院外,社区学院也得到快速发展。社区学院主要培养地方需要的专业技术人才和管理人才,兼有普通教育课程和职业课程,面向所有中学毕业生开放,学生毕业后还可直接升入四年制大学的三年级继续深造,受到社会极大欢迎。随着电子信息技术的发展和成熟,不受地区、年龄等限制的、自由开放的远程教育也应运而生,具有广阔的发展前景。

第三章 新时代高等教育教学发展与创新

教学是高等教育最主要的职能。正是依托教学这一特有的进化机制,高等教育才能够在历史的发展过程中起到传播与保存人类知识的作用。究其根本,高等教育教学是老师与学生之间、师生与知识之间的一种互动的行为模式,它在很大程度上决定了高等教育师生的合法性身份。因此,无论何时,教学始终是高等教育最重要最核心的任务。

第一节 高等教育教学过程

教学工作是高等教育一切工作开展的核心与服务的对象,其进展过程直接影响着高校为社会输送人才的数量与质量,并且还会在一定程度上影响高校科研、科技开发工作及其他相关工作的顺利进行。所以,正确认识高等教育教学过程,有助于更好地开展高等教育的教学工作。

一、高等教育教学概述

(一)教学的静态分析

教学是学校实现培养人才的基本途径,从组织结构来说,是一个由教师和学生以及教学内容、教学方法和教学手段等教学媒介构成的系统,是实施德、智、体、美诸育的一个基本途径。培养人才可以通过多种途径,如教学、科研、生产劳动、社会实践活动等,其中教学是最基本的。

个体的知识和经验的积累、传递和更新,主要通过两种途径:其一是个体参与实践,直接从经验中获得知识和技能;其二是利用语言、文字、图像等信息载体从他人的经验、知识中间接地获得。两种途径既相互独立又相互依存。

人类社会发展伊始,较多地依赖自身的尝试和经验。随着社会的发展,人类积累了一定的经验与知识之后,开始学会继承前辈的经验与知识,于是教师与学生的身份便产生了。教学,尤其是高等学校的教学是连接人类认识与个体认识之间的桥梁;否则的话,人类知识长河就会中断,新一代的知识源泉就会枯竭。

(二)高等教育教学的任务

(1)促进知识积累。把人类长期积累起来的知识传授给学生是高等学校教学的重要任务之一。高校教师在教学活动中,必须认真地帮助学生牢固地、系统地掌握各种与所学专业有关的知识。但同时也要注意,随着人类社会的不断进步与科学技术的不断发展,知识体系也在不断更新其内容,并衍生出全新的领域。高校教师要及时地充实、更新和改革教学内容,在教学中反映现代科学的新成果,同社会、经济和科学技术的发展相适应。

(2)提升学生能力。能力是人在观察、记忆、想象等智力活动的基础上形成的掌握知识、运用知识、进行创造的本领。高等教育教学的最终目的在于让学生将知识应用于实践,并对已有的知识进行创新与发展。爱因斯坦曾说过:思维与智慧能够帮助人们解决一切的问题,书本却不能。所以,高等学校教学在促进学生知识积累的同时,更重要的是要促进学生能力的发展。特别是在现代科技迅猛发展、知识总量以前所未有的速度增加的情况下,教师要注意不断提升学生的学习能力,培养其自主学习与研发的能力,最终使其成长为独立优秀的学习者。

(3)培养合格公民。高等学校的任务,不仅是要积累学生的知识,发展学生的智力和能力,而且还要培养学生的辩证唯物主义世界观和社会主义的道德品质。一方面,要用共同的理想、价值和目标要求大学生;另一方面,要通过提供多样化的课程、多种多样的校园生活,强调精神、情感的陶冶,促进大学生个性和谐地发展,从而提高他们的生活境界。

二、高等教育教学过程概述

(一)教学过程定义

教学作为一种动态过程而展开,被视作教学过程。所谓教学过程是学生在教师的引导下,系统学习科学文化基础知识和掌握基本技能,同时发展智力和体力,树立辩证唯物主义世界观和社会主义道德品质的过程。

(二)教学过程的内涵

教学过程是认识的一种特殊形式,即它除了具有一般认识过程的共同属性外,还具有特殊性。主要有以下三点。

(1)教学过程是教师和学生共同参与活动的过程。整个过程中学生是认识的主体,教师起着指导作用。因此,教学过程是教师指导下学生的学习认识过程。在教学中,教师在教学目的与培养目标的指导下,带领学生学习知识,提升能力,培养良好的个人素质。与此同时,在教学过程中,教师又充分地考虑到学生的基础、身心发展的规律以及有效地学习的必要条件,借助于教材和专用的教学设备,通过讲解、答疑、组织讨论、实习、指导自学等为学生的学习认识提供帮助,从而使他们的学习效率比较高,智力发展比较快。

(2)学生的学习过程,主要是系统地学习间接知识的过程。科学研究作为一种认识过程是以自然界、社会和人类思维本身的未知规律为认识对象和认识客体的,它的任务在于解开人类至今尚未知晓的科学之谜;而学生的学习认识过程,一般地说主要是系统地学习间接知识的过程。

(三)教学过程的特点

高等学校的教学过程是在教师指导下展开的,学生接受知识并将知识转化为能力,最终形成自己的观点。与普通中小学相比,高等教育的教学过程有着自身的特点。

1. 具有明确的专业目的性

高等学校教学过程的专业性,是由高等学校的培养目标决定的。高等学校的任务,是为社会培养各种专门人才。因此,高等学校的教学计划、课程设置、教学活动都是围绕培养一定的专门人才的目标而安排的。但是,在高等教育的教学过程中要注意拓宽教学知识面,同时注意加强基础知识的巩固。这是因为当代科学技术的发展迅猛异常,学科间相互渗透、相互交叉十分广泛。因此,当代科学技术发展的趋势要求高等学校教学过程必须在加强基础课教学的基础上,逐步提高专业化的程度。

2. 把科学研究引入教学过程

把科学研究引入教学过程,使教学活动具有科研性,这是当代高等学校教学过程突出的特点。从课程设置来说,高等学校除加强基础课和专业课教学外,还增加科学研究的理论和方法论方面的课程,培养学生从事科学研究的习惯和能力。从教学内容来说,教师要在教学过程中向学生教授人类已经取得的知识成果及经验,同时也要注意引入各个领域的前沿知识,注意已有知识与最新知识的结合。

3. 学生的学习具有相对独立性

所谓独立性是指学生在教师的引导下,通过自己的独立思考,获得知识,并用所学知识,去分析问题和解决问题。显然,这里所说的独立性是要更多地发挥学生的主观能动性,教师通过传授知识,教会学生学习,掌握学习方法。所以,学生学习的过程仍旧离不开教师的指导。

4. 中间过渡性特征

大学教学过程多方面的特点,是由大学教学过程中各要素的特殊性所决定的。大学教学是学校教学全过程中的一个阶段,尚未完全变为学校教学过程以外的认识过程;但是,大学教学又是学校教学过程的最后一个阶段,是学校这一特定环境下的认识过程转入社会实践中的认识活动前的一个阶段,或者说它是过渡性质的中间过程。整个学校教学过程的运动发展正是通过这一阶段而有效地、合理地过渡到实践中的某种认识过程中去的。因此,大学教学过程无疑在学校教学全过程中是一个包含有部分质变的过程,是为形成全部质变作准备的阶段。

大学教学过程中间阶段的特点,决定了教学媒介(包括教学方法和手段)逐渐引入科学研究的方法和手段。在大学开设"科研管理"或"科学研究方法"等课程是合适的,美国大学新生入学以后要学习一周"图书馆指导"课,懂得如何使用索引卡片和电子计算机,如何查阅不同类型的科技文献资料。接着是完成包含有科研成分的作业,这类作业往往以教研室和实验室的科研课题为依据,在教师指导下或者在教师与企业人员共同指导下进行。大学生在学习某一学科的同时,要完成科研性质的作业,如实验、计算、分析研究和论证活动。还要进行研究性实验,从实验题目的选择,实验方案的制订、实施,到实验数据的分析,实验报告的编写,都由学生独立完成,或直接参加教师和研究生的科研,为学生将来独立探索打下基础。

第二节 高等教育教学原则

高等教育的教学原则反映了教学过程的规律,同时是对高等教育教学经验的总结。高等教育的教学原则是指导高等学校教学实践的基本原理。高等教育教师在开展教学的过程中,充分掌握及利用好这些原则,有助于其更有效率地开展教学工作,最终培养出更多更优质的知识人才。

一、高等教育教学原则概述

(一)教学原则的定义

教学原则是依据已发现的教学规律和一定的教育目的,对教师和教育工作者提出的在教学过程中必须遵守的基本要求。大学教学原则是根据高等学校教育、教学目的,反映教学规律而制定的指导高等学校教学工作的基本准则。它与高等学校的教学任务相联系,是在高等学校教育工作者长期积累经验的基础上,经过理论提高而制定的。大学教学原则的目的是促进教学和教育工作者自觉地按照教学规律进行教学,最终促使教学质量不断得到提升。

教学原则作为教学规律的反映,具有客观性,当教学原则违背教学规律时,就会对教学工作的开展产生一定的阻碍作用。但是,任何规律又都受一定条件的制约,人们又可以通过控制条件,使规律作用的结果向着有利于实现他们目的的方向发展。教学原则从来都是具体的,它有可能,也必须反映一定社会对教育的要求,反映一定的教育目的,因而又具有历史发展性。考察高等学校教学理论的研究成果,不难发现,在不同的历史时期,由于人们对教学规律的认识受一定社会教育目的、教学任务以及科学技术发展水平的制约,教学原则表现出一个变化的过程。随着科学技术和教育的发展,高等学校的教学实践也不断发展,又会产生新的教学原则。因而教学原则是教育规律与教学目的的统一,又是现实和历史的统一。

(二)教学原则的发展

20世纪50年代以来,旧教学理论和社会对教育的新的要求之间的矛盾日益突出。面对严峻的教育形势,全球范围内多个教育家对教学开展了更加深入与创新的研究。教学原则作为教学论的重要课题,它的研究也取得了新进展。比如美国心理学家布鲁纳在《论教学的若干原则》一文中,提出教学论及由其规定的教学原则既要与反映学生学习和身心发展规律的理论协调一致,还必须根据一定的目的,关注"怎样最好地学会人们想教的东西"这一问题。实际上,布鲁纳的这些思想已经从一个侧面揭示了教学原则与教学规律的联系与区别。

人们对教学原则认识的历史表明,教学原则与教学规律之间存在紧密的联系,另外教学原则通过教学目的还与当前社会需求之间存在不可分割的联系。但是,在实践中把教学规律与教育目的统一起来,制定出科学的教学原则是值得教师探索的。

(三)制定教学原则的主要依据

教学原则作为基本的教学要求,要在一定程度上反映出当前社会对人才种类及质量的需求,反映出特定的教学目的。教学原则不同于教学规律,是根据一定的教育目的而提出的,不过究其根本教学原则需要以教学规律为基础,不能根据相关教学人员的主观意愿来确定。高等学校教学活动涉及的因素很多,但教学过程的基本规律只有从教学过程内部的这些基本因素的内在联系中、从动态中去探索才能揭示出来。教学规律虽然看不见、摸不着,但它客观地存在于教学过程中。只有揭示高等学校教学过程的内部矛盾运动的联系,教学原则才具有科学意义的指导作用。

因此,制定教学原则必须依据教学过程的规律。

深入了解教与学的相互促进和相互制约关系可以发现,在高等教育教学过程中,对教学工作提出要求时一定要以学生当前的学习阶段及学习特点为基础,同理,在制定教学原则时还要充分衡量大学生的身心发展阶段。大学生身心发展的程度与中小学生不同,学习特点也不同,因而大学教学原则的具体内容也应与中小学教学原则有区别。

同时,教学原则的确立必须与高等学校的基本任务相联系,必须符合高等学校的教学特点,反之则不会收到理想的教学效果。高等学校的特定基本任务是为国家建设和社会发展培养高级专门人才,其教学过程也有专业性、研究性、自主性等特征,这些方面决定了大学教学原则的特殊性,制定教学原则时必须以此作为重要依据之一。

历史上不少教育家在实践的基础上提出过一些教学原则,如言传身教的原则,"其身正,不令而行"(孔子);启发诱导原则,"不愤不启,不悱不发"(孔子);循序渐进原则,"未得乎前,则不敢求乎后"(朱熹);以及因材施教原则、温故知新原则、教学相长原则、知行结合原则、不耻下问原则、寓教于乐原则;等等。这些中国古代儒家教学经验其中有一部分经过实践的检验是符合客观规律的,相关人员在制定高等教育教学原则时可以吸取相关的经验。同时,也要注意在众多优秀教师的教学经验中抽取本质的、反映教学规律的经验,上升到教学原则的高度。总之,我们要从不同角度,通过不同的途径不断丰富大学教学原则体系。

二、高等教育教学原则内容

这里提出原则体系这一概念是指:一方面,我们所提出的原则应该是涵盖大学教学全过程,不遗漏,教学过程中提出的问题都考虑到了;另一方面,所提原则与原则之间又不冲突,较小重复。同时还指出原则是分层次的,有总原则与分原则之分。

(一)科学性与思想性相统一

教学的科学性是指教学内容应反映当代最先进的科学思想;教学的思想性是指教师应掌握马克思主义的思想观点,对学生进行辩证唯物主义世界观的教育。在本原则的指导下,高校教师在开展高校教育工作时,既要教授人类社会积累的先进知识及经验,同时也要传授当前社会中科学的思想及价值观念。事实上,教师的思想观点、治学态度以及道德品质总会自觉或不自觉地对学生产生影响。此外,任何一门学科,作为一个体系,它不仅是建立在一定的科学知识的基础上,同时也是建立在一定的世界观和方法论的基础上的。辩证唯物主义世界观与科学的真理有着不可分割的内在统一性。因此应该说,科学性与思想性相统一的原则在一定程度上反映了教学过程的内在属性及客观规律。

要遵循科学性与思想性相统一的原则,教师在开展高等教育教学工作时要注意做好以下三方面的工作。

(1)不断钻研业务,努力提高自己的学术水平。教师在教学工作中,不应放松对科学领域的不断探索与研究,应持续提升自身的学术水平,及时掌握学科领域内的最新技术及知识,并将其贯穿于自身的高校教育教学过程中。

(2)努力提高自己的思想水平。教师要不断地提高自己的马克思主义的理论水平,了解本门学科的发展历史和方法论的知识,努力运用辩证唯物主义的观点去阐述有关教学内容,总结最新的科学发现。同时,运用自己掌握的知识去开发学生的智力,帮助学生形成正确的世界观。

(3)充分认识到自己的一言一行对学生的潜移默化作用。教师在开展高校教育教学工作时,一方面要注意传授本专业的学科知识,同时也要注意向学生传授人际交往、人生观、价值观等方面的知识,并在教学过程中时刻注意自身的言行,通过言行教育学生培育良好的道德修养。

(二)传授知识与培养能力相统一

知识是人们后天获得的对客观事物的认识,它反映了事物的现象、属性和联系。能力是个体完成某项活动时表现出的个性心理特征。能力与知识是两个不同的概念,然而,知识积累与能力的发展存在密切的联系。能力是在对一定知识融会贯通的基础上形成的,丰富的知识"养料"为开展创造性思维提供了必要的条件。我们在教学过程中既不能忽视知识的传授,又不能只注意学生知识的积累,而忽视促进学生能力的发展。为了在教学中真正贯彻知识传授与能力培养相统一的原则,要注意做好下面四个方面的工作。

(1)重视基础知识的传授与教学。基础知识是学生学习学科知识的基础,在学科知识中具有更大的迁移价值。扎实的基础知识有助于学生分析与解决问题能力的提升,最终促进学生的发展。除此之外,基础知识是学生学习的前提,假如学生没有较好地掌握基础知识,则会对其之后的学习过程产生一定的影响,最终阻碍其自身智能的发展。所以,重视基础知识是贯彻知识传授与能力培养相统一这一教学原则的基础与前提。

(2)在讲课中注意使学生的全部认识能力都能积极地活动起来,使学生的注意力、观察力、记忆力、想象力都处于积极的状态,教学内容可带点探索性,要留下让学生自己思考的余地。在一定限度内给学生设置一些问题,以促进学生积极思维,培养独立分析和解决问题的能力。在实践性教学环节上,安排学生进行一些带有设计性的实验,还应尽可能地安排若干提高性的实验,让能力较强的同学选做。有条件的学校,应允许学生进行"自选实验"。

(3)在课堂讲授中要充分挖掘知识的智力因素,以培养学生创造性的思维能力。为此,可结合有关教学内容,穿插讲解一些科学方法论的知识,同时可经常把本学科曾碰到的难题以及科学家如何前赴后继地为之努力、最后巧妙地加以解决的有关知识向学生作恰当的介绍。这也是促进学生创造性思维发展的有效途径。经常组织学生在自学的基础上展开讨论,以促进学生独立地获得知识能力的发展,同时积极鼓励学生阅读具有不同风格的参考书,指导他们谈出自己的见解,写读书笔记,从而帮助学生逐步地形成科学地评价他人的工作能力。

(4)注意培养学生的学习兴趣。兴趣是学习最好的动力,教师唤醒学生对本学科的学习兴趣,能够从根本上调动学生学习的主动性,使其在课堂上处于积极的思维状态。积极的思维状态有助于促进学生将新获得的知识与自身已有的知识进行整合与调整,重新整合自身的知识结构与层次,最终达到灵活运行自身知识系统的水平。

(5)改变目前的考试方法。只注意死记硬背知识的考试往往会束缚学生创造能力的发展,必须改革。考试要注意考出学生独立地分析问题和解决问题的能力。同时也要兼顾学生自学、动手等各方面能力的发展。

由于每门学科都有自己的特点,要想在促进学生知识积累的同时,促进学生能力的发展,最有效的方法是积极开展教学实验,逐步地摸索适合本学科、本专业特点的经验。

(三)教师主导作用与学生主动性相结合

教师的主导性与学生的主动性相结合的原则,是指在教学过程中既要发挥教师的主导作用,又要发挥学生的主动性、积极性。

现代教育论认为,教学中,学生是主体,学生的学习主动性、积极性是学习的内因,它决定学生学习、掌握科学知识的可能和限度。教师的教是外因,外因必须通过内因而起作用。学生知识的增长、智力的发展、能力的提高,都要通过学生自己的积极参与和实践。如果学生没有学习的主动性、积极性,不能自觉地、主动地参与教学活动,教师在课堂教学中的努力将会大打折扣,课堂教学效果会有所削弱。所以,发挥学生的主动性、积极性是保证学习效果的关键性问题。

但是,学校的教学过程,是师生共同活动的过程。在这个过程中,师生所处的地位不同,承担的任务也不同,他们所起的作用也各不相同。教师是教育者,相对学生来说更早踏入专业学科领域,当前比学生掌握更多更深的专业知识;而学生是受教育者,相对来说,知之较少、较晚。因此,充分发挥教师在教学中的主导作用,是不断提高教学质量的关键。

发挥教师的主导作用与调动学生的主动性、积极性,体现了教学过程中师生之间的辩证统一关系。教师发挥主导作用,是为了启发学生学习的积极性、主动性,提高学生的学习效果;学生学习的主动性、积极性,只有在教师的主导下才能正确地发挥,稳定地保持。教师的主导作用是使教学过程高效率地进行的重要保证,学生的主动性、积极性是使学习能取得成功的基本条件。只有将教师的主导作用与学生的主动性结合起来,才能使教学过程收到圆满的效果。

在教学过程中将教师的主导作用与学生的积极性、主动性紧密地结合起来是需要教师具有较高的学术水平和教学艺术的,要达到这一要求,一般要做好下面几点工作。

第一,培养学生具有明确的学习目的和自觉的、积极的学习态度。学习动机是学生进行学习活动的心理因素,是学习自觉性的核心内容;学习目的是学生学习所要达到的目标,是学生学习自觉性、积极性的原动力;学习态度则是学生学习的实际行动,是学生学习自觉性、积极性的具体表现。正确的学习目的、积极的学习态度,有助于学生在学习过程中养成正确积极的人生观与价值观。所以教师应该让学生认识到本专业对当前社会与经济发展所起到的推动作用,激发学生对本专业的学习热情及积极性;在教学中要经常关心学生的思想状况,及时做好学生的专业思想教育和学习目的、学习态度的教育。

第二,善于进行启发式教学。启发式教学是指教师在教学过程中,要善于激发学生的积极思维活动,使学生的注意力、观察力、记忆力、想象力都处于积极的状态。在课堂教学中让学生带着探索的意识去学习新的知识,让学生逐渐培养出自主思考的习惯。在一定限度内可给学生创设一些问题情景,使学生产生自己的思维活动;或在适当的地方留下"信息缺口",让学生通过积极的思考来填补"缺口"。

第三,在尊重学生的基础上对学生要严格要求。严格要求既是教师发挥主导作用的必要条件,也是引导学生逐步由被动学习走向主动学习的必要条件。"严师出高徒",课堂教学中,对学生学习专业知识的严格要求可能会遭到学生的误解或反感,不过站在教学长远效果上来看,对学生的严格要求能够在很大程度上提升教学效果。那种一味迁就学生的"好好先生",虽能一时讨好某些学生,但终将由于不能完成自己的职责而被学生所轻视。教师必须要求学生掌握所学的基本理论与基本知识;对于基本技能,必须按照一定的方法、规程、步骤,严格掌握,力求熟练;在科学态度、科学方法和学习习惯上,也应严格要求,以使学生养成严谨、踏实的学习态度和作风。不过,高等教育教师在制定学习标准时,要充分考虑学生的程度,科学合理地划定知识及能力标准。而为了做到这一点,教师就应当充分地了解学生。教师不但要一般地了解学生的知识程度、能力水平、心理特点,而且要随时了解学生在学习过程中遇到的困难,及时帮助解决。教师还必须善于通过各种方式,对学生经常进行深入的调查、分析、研究,不断改进教学工作。

(四)统一要求与因材施教相结合

学生的个别差异是客观存在的。这里个别差异是指学生个体间心理特征及发展水平的不同。如个人的智力、气质、兴趣、性格的差异,思考问题的广度、深度、灵活性、敏捷性以及克服困难的勇气和毅力的不同。因材施教要求教师能按照学生的心理特点和实际的发展水平,针对不同的学生采取适合其学习的方法与要求,采取合适的措施鼓励拔尖学生继续提升学习成绩,同时帮助落后的学生提升学习成绩。面向全体学生则要求充分考虑到大多数学生的实际水平,在课堂中坚持按照大纲的要求进行教学。面向全体与因材施教相结合是保证既能按照大纲的规定培养合格人才,又能促使优秀学生得到充分发展的重要原则,也是使教学能取得最佳效果的有效途径。这一原则要求教师在教学中能做好以下几个方面的工作。

(1)在教学制度上要提供更多的选修课程,以满足不同特长学生的兴趣及发展方向;在学科和专业方向等方面应允许学生有更大的选择自主权,市场经济体制从某种意义上说是允许个体充分施展才能的外部环境,"一刀切""齐步走"的教学制度已经不适应当前的学习环境,必须推行更加灵活的学分制。允许个别学生在修满学分后提前毕业,或推迟毕业。

(2)了解每一个学生的特点,通过各种途径有针对性地帮助学生找到恰当的学习方法和形成他们特点的智力结构。比如,教师根据不同学生的兴趣及特长帮助他们选择适合的选修课,以此来促进学生更好地学习和发展。充分利用选修课程,根据学生的特长,指导学生在学习的深度和广度上做些文章,有条件的也可接受一些科学研究的初步训练。

(3)不歧视学习上暂时有困难的学生。要针对他们的问题,进行必要的思想教育、学习辅导,帮助他们克服学习中遇到的困难,使其能够更加积极主动地投入学习,并逐渐提升自身的学习成绩。要允许他们用比别人多一点时间来完成规定的课程要求,也可以开设适合不同需要或不同层次与水平的课程供学生选择。

(4)从教学制度上保证"因材施教"。如制定更加方便的学籍管理制度,使学生能够在一定程度上更加自由地转系、转专业、免修、跳级、提前毕业等等。

(五)理论与实践相结合

这一原则要求教师引导学生认清实践是人们获得真理的重

要来源,是检验真理的唯一标准,促使他们善于在理论与实际的联系中理解和掌握知识,积极地运用所获得的知识去解决实际问题,以便形成专门人才必备的技能和技巧,增加分析问题和解决问题的能力。

大学生主要学习书本知识,这些专业知识将会应用于日后的学习及工作中。如果这些知识不和学生自己的直接知识结合起来,则很可能是片面的知识。因此,有必要适当地组织学生参加实践活动,使学生获得一定的直接知识,并用以检验书本知识。要充分认识理论与实践的联系不仅是学生成为专门人才应作的理论和实践方面的准备,而且这两者是相互影响相互促进的。这一原则要求教师具体做到以下两个方面的工作。

(1)要充分认识实践性教学环节在人才培养中的重要地位,根据本门学科的特点,通过学习、实验等教学环节适当安排学生参加必要的实践活动。在理论教学中,在讲清基本理论的同时,也要注意讲清它的实践基础以及它在实际中有何作用以及如何运用。

(2)要注意把各种实践性的教学活动与理论教学紧密结合起来,不要搞成"两股道上跑的车",使实践性的教学环节成为运用和检验理论学习、加深对理论知识理解的重要途径和有效方法,以期不断提高教学质量。

(六)教学与科研相结合的原则

教学与科研相结合的原则,是指在教学中逐步地加强科学研究工作,以培养学生的科研态度和从事科学研究的能力。这条原则集中反映了高等学校教学过程的基本特点。一方面,高等学校的科学研究是与教学密切相关的一项职能;另一方面,高等学校所传授的知识,是处在科学发展前沿的知识。在高等学校,教学与科研活动是相互促进的。在高等学校教学过程中,要做到教学与科研相结合,需要做好下面两项工作。

（1）教师要努力提高自身的科研能力。只有教师自己的科研水平高，才能把科研成果反映到教学内容中。以科研为主的教师要把科研与教学结合起来，给学生讲自己的科研体会，在可能的条件下引导学生参与部分科研工作。以教学为主的教师也要做科学研究，光搞教学不搞科学研究势必会与当下最前沿的学科技术与知识相脱离，无法用新颖的视角与观点来解释学科中的知识与问题，更不能给学生在科学研究方法上以恰当的指导。在今天，要给学生"一杯水"，要求教师的已不是"一桶水"，而是源源不断的"活水"。科学研究正是这一"活水"的源头。因此，科学研究对以教学为主的教师来说也是非常重要的。

（2）寓科研于教学实践中。首先，教师应结合各门课程的发展史，向学生讲述本学科发展的基本规律和特点，并有意识地通过典型的重大发明、发现过程，向学生介绍研究本学科的科学思想和基本方法。其次，注意对学生进行科学精神、科学态度的教育，如可利用本学科的有关事例，向学生介绍专家、学者在科学研究过程中所表现出来的敢于创新的科学精神、严谨求实的科学态度，鼓励学生树立超越自我、团结协作的科学精神。最后，教师应经常地指导学生阅读反映科学研究动态的报刊，开展丰富多彩的学术活动，使学生经常接触科学发展的脉搏。教师也可以经常把自己的科研成果和体会与学生分享，甚至可以吸收学生参加自己的科研项目，以提高和锻炼学生的科研能力。

上述各条教学原则之间是相互联系、相互影响的，它们在教学过程中往往是同时起作用的。例如，在教学中由于贯彻了科学性与思想性相结合、理论与实际相结合的原则，致使教学内容具有高度的科学性和思想性并密切联系实际，因而就能调动学生的学习积极性和自觉性，就能有效地发挥学生的智能；再如，要贯彻统一要求与因材施教相结合的原则，就必须调动教师和学生两方面的积极性，就需要将教师的主导性和学生的主动性结合起来。因此，在教学中，我们绝不能孤立地、静止地看待教学原则，不能把教学原则绝对化，更不能割裂各教学原则之间的内在联系。

第三节 新时代高等教育教学模式创新——信息化教学

近年来,我国高等教育发展取得了长足的进步,高等教育改革也取得了突破性进展,高校的办学积极性和自主权得以发挥和落实。高等教育办学、经费筹措、招生就业、内部管理体制等都在发生深刻变革。高等教育更贴近我国产业结构调整,适应经济增长需求。越来越多的应用型本科高校不断涌现,高职、中职等职业教育蓬勃发展,为我国从制造大国向制造强国的转变提供了必要的人力支持。

同时,高等教育课程体系、教学内容、教学方法也发生了深刻变革,高等教育回归教学的趋势越来越明显。随着现代信息技术在教育领域的开发和运用,在线开放课程成为新时代教育发展的趋势和方向,小班教学、翻转课堂、混合式教学等新的教学方法的充分应用,为提高高等教育教学质量提供了保障,高等教育教学改革呈现出越来越多的新理念、新模式、新方法。

一、信息化教学的创新意义

《教育信息化十年发展规划(2011—2020年)》明确提出:"重点推进信息技术与高等教育的深度融合,促进教育内容、教学手段和方法现代化,创新人才培养、科研组织和社会服务模式,推动文化传承创新,促进高等教育质量全面提高。"

然而,高等教育从"精英化"走向"大众化",生源质量与之前有了一定的改变,必然会对人才培养质量产生影响;高校的大量扩招导致师资短缺;社会经济和科学技术的发展对教学内容和教学方法提出了新的要求;高校考核机制单一,重科研轻教学的情况仍然比较突出;教学模式、教学方法创新的主动性不够;教学效率低,学生学习积极性不够,没有课堂参与意识,从而严重影响了高等教育教学质量。

现代信息技术的发展给大众化的高等教育提高教学质量提供了解决的环境和途径。具体而言,教学模式和教学方法的改革是高等教育教学改革的突破口和关键点。

(一)高等教育服务对象范围扩大

随着信息时代的到来,人们的学习方式和工作方式发生了巨大的变化。作为高等教育主要服务对象的学生,是在互联网背景下成长起来的,学习和生活习惯与以前的学生有很大不同,因此高等教育教学模式和方法也应该有所不同。除此之外,面对发展越来越快的社会及经济形势,人们需要在社会中不断学习,需要通过终身学习来适应周围环境的发展,这就催生出形式更加多样、面对不同人群需求的教育服务,高等教育在人才培养、科学研究、社会服务、文化传承创新等方面承担着越来越重要的作用。这就要求高等教育要打破校园界限,采用多种方式,建立起适合的运作方式,在保证完成正常教学任务的同时,提供更多的社会服务。

(二)课程体系改革的迫切要求

高等教育服务对象的变化要求课程体系和教学内容作出相应的调整,而这也正是我国高等教育教学改革的重点和难点。

(1)教学内容应充分体现前沿性、实用性和创新性。调整与修正传统教育过分重视体系完整的观念,在教育内容中加入当前最前沿的科学技术知识与最新的社会经济形势变化,让学生在学习中及时掌握学科前沿知识,以及了解最新的发展方向。同时,应加强教学内容的实用性和创新性,注重学生能力的培养。

(2)课程体系建设应该以培养学生的综合素质和创新能力为目标。长期以来,我们的高等教育教学重点强调学术性,注重学科体系的完整性和知识的系统性,而随着我国对人才需求的转变,学生能力的培养成为人才培养的重中之重。作为高等教育教学载体的课程体系改革也应该体现这一需求。

(三)注重培养实践能力

我国正在从制造大国迈向制造强国,这就要求我们的高等教育要从实践应用出发,培养出优秀的制造者、技术人员与工程师,向社会输送急需的高质量专业人才。传统教学的重理论轻实践已经完全不能适应社会需求,各层次各类型的高校都在根据自身情况或新设实践课程,或理论与实践实训并重,通过调整课程设置、狠抓实验室建设、建设实习平台与实践基地、推动产学研相结合等措施,努力提高实验实践教学水平和学生的实践创新能力。随着教育形势的发展,理工科演示性实验出现了一定程度的降低,综合性、设计性试验开始增加,有的甚至达到80%以上,一些人文社科类学科也增加了社会调查、仿真实验等教学内容和实践环节,努力培养学生的动手能力、创新意识及独立分析问题和解决问题的能力,不断进行实践教学创新。

(四)引进现代教育技术

随着互联网时代的到来,信息技术在教育领域得到广泛运用,教育技术和手段有了很大改进,多媒体和网络教学环境已相当普遍。环境和技术的变化,对高等教育教学方法和手段提出了新的要求,某些学科,特别是理论性强的学科和实验实践性课程,可以利用三维动画、视频、虚拟仿真等手段提高学生的感性认识,这样有利于提高教学效果。教育技术的创新与发展,可以促进教学方法与手段不断变革,向着更加高效、更加实用的方向不断前进。

(五)推动实践"互联网+高等教育"

互联网技术的广泛运用使我国高等教育进入了一个全新的

时代,"互联网+高等教育"成为高等教育教学的新模式。但是,应该认识到,"互联网+高等教育"注重的仍然是教育,在这一过程中还是要遵守教学规律。互联网只是手段,或者说是实现优质教学资源共建共享、提高高等教育教学质量的方式和平台。"互联网+高等教育"是对传统高等教育的重构,是在教学的各个环节中适当应用互联网技术,逐步构建体系完善、内容健全、功能合理的高等教育生态系统新模式。具体而言,这种新模式具备以下几个特点。

(1)课程形式多元化。互联网平台和技术为高等教育课程建设和应用提供了更多的呈现形式,课程更为立体化、可视化、智能化,多种媒体的应用和社区及各种即时沟通软件使得在线课程的交互性与传统的课堂教学相差无几,甚至进一步扩大教学的交互范围,在一定程度上调动了学生的学习热情与积极性,提升了教学效果;内容更加丰富,音频、视频、动画等的应用更加直观和人性化;教学资源的更新更加及时快捷。

(2)教学组织、教学方式发生重大变革,个性化、全天候学习成为可能。"互联网+高等教育"使得高等教育突破了时间和空间的限制,学生可以在任意时间和地点接受课程教学。传统的单一性课堂教师教学向翻转课堂等转变,学生成为学习的主体,从而充分调动学生学习的积极性和自主性,激发学生的探究性和创造性。

(3)教学过程化管理成为可能。通过网络平台,可以方便地完成对教学各环节的数据收集、管理与分析,通过对最终整理而成的大数据进行分析,可以准确地把握学生的学习模式与效果,了解学生当前的学习动态,对出现的学习问题及时作出纠正与调整,最终实现对教学的精准管理,提高教学质量。

(4)促进教师队伍转型升级。"互联网+高等教育"打破了高等学校传统教学模式,对教师掌握信息技术、提高信息技术教学技能提出了更高要求;借助网络平台进行线上线下教学设计,满足个性化、全天候学习需求,实现从固定时空教学到多维度教学,由单一模式教学到混合式教学的转变;要求教师从传统封闭的教学思维中脱离出来,注重与团队内部各教师之间的沟通与交流,将目光从本校转向更多的高校,促成突破学校、领域及学科的跨界合作;一些行业专家和技术人员也可参与教学,产教融合、产学融合、产研融合、教研融合,真正实现教师队伍转型升级。

二、信息技术在高等教育中的应用

随着高等教育教学改革进一步深入,从思想理念的改变逐步深入到教学各环节,特别是在课程建设方面。慕课在全球迅速兴起,国际上的 Coursera、edX 等平台,吸引了很多世界一流大学的加入。国内一批高质量大学也已经加入到慕课建设的洪流中,"爱课程"网、中国大学 MOOC、清华学堂在线等自主研发的平台迅速汇集了大量优质课程。

(一)慕课在我国的发展现状

慕课集中了远程教育、网络课程、开放教育资源和学习管理系统的最新发展成果,具备了突出的优势:一是教学活动完整;二是以学习者为中心,精心设计、重构的课程体系以及多样化的表现形式,能提高教学吸引力,而且能做到个性化学习;三是使得教师与学生之间的互动更加频繁,增强了受教育者的参与感;四是任务与结果激励,通过注册、作业、测验、讨论和考试等任务以及考试成绩、证书等结果,激发学习者学习的主动性和积极性;五是可以使优秀教师有机会教授更多的学生;六是不仅可以在线学习,也可以实现线上、线下学习,通过开展"翻转式教学"实施启发式教学。

慕课相对于传统课程、精品课、精品开放课程,其区别主要如表 3-1 所示。

表 3-1　传统课、精品课、精品开放课程和慕课建制的对比

项目	传统课	精品课	精品开放课程	慕课
教学团队	单兵作战	教学队伍	教师＋技术骨干	教学团队
服务对象	本校学生	教师	师生、社会学习者	大规模学习者
建设目的	以用为主,本人用	以建为主,他人用	共建、共享,他人用	以用为主,本人用、本校用、他人用
主要用途	本校用	教学示范	展示、学习者用	本校用、学习者用、其他教师观摩
开放程度	封闭	半封闭	充分共享	完全开放
建设途径	静态、更新	静态	视频公开课多为一次性,资源共享课每年更新10%	动态生成
认定方式	评奖式	评审即认定	入选后授予称号	先上线后认定
建设效果	反馈少	单方付出	少量反馈	教学相长

　　我国的慕课建设以一种加速发展的态势席卷全国,一些国内高水平大学及时跟进并通过国外平台推出课程。2013年5月,清华大学、北京大学、复旦大学和上海交通大学成为edX、Coursera的首批亚洲高校成员,陆续在edX、Coursera平台上推出了课程。

　　与此同时,国内慕课平台建设也相继展开。2013年10月,由清华大学基于edX开放源代码研发的首个中文版慕课平台——"学堂在线"正式推出。2014年,上海交通大学的"好大学在线""爱课程"网的"中国大学MOOC"等平台陆续上线发布。2014年5月12日,地方高校UOOC(优课)联盟在深圳大学成立。2015年2月19日,北京大学与阿里巴巴联手推出的"华文慕课"开始试用。

　　慕课在我国能够取得如此快速的发展,其中一个重要的原因是,我国慕课在发展过程中除政府引导外,更多地引进了社会资本。社会参与是指政府和高校之外的企业以公益性或营利性形式投入在线开放课程平台建设的运行方式,企业参与主要体现为平台建设、系统支持和技术服务等方面。根据社会参与形式,国

内MOOC平台可以划分为四类。一是公共服务平台,其服务对象是国内全体师生及社会人士;二是以某所高校为主体建设网络教学平台;三是由区域或跨区域高校组成的联盟所建设的某个平台在线开放课程;四是以营利为目的,提供视频制作、课程等有偿服务的商业平台。

而中国高校积极参与慕课建设与应用的热情更是推动慕课快速发展的关键。截至2015年12月,中国大学MOOC上线482门次,注册总人数268万人,总选课人次679万人次,以参与建设高校、课程团队最多,课程及教学资源数量、选课人数居全国第一位,国内单门课程选课人次创最高纪录,而稳居国内MOOC平台之首。

(二)信息化课程的相关政策发展

慕课等新型在线开放课程在世界范围的迅速兴起,正在促使教学内容、方法、模式和教学管理体制机制发生变革,给高等教育教学改革发展带来了新的机遇和挑战。教育部密切关注其发展态势,积极推动大规模在线开放课程与高等教育教学改革的大讨论,以开放、包容、务实的态度,鼓励高校和社会参与者兴利避害,共同构建具有中国特色的在线开放课程体系和课程平台,促进其在更新教育观念、优化教学方式、提高教育质量、推动教育改革等方面发挥更加积极的作用。

同时,教育部也制定了一系列的文件和政策,着眼于遵循教育教学规律,推动信息技术与教育教学深度融合,主动适应学习者个性化发展和多样化终身学习需求,围绕立足自主建设、注重应用共享和加强规范管理三条主线指导大规模开放课程建设。支持具有学科专业优势和现代教育技术优势的高校,建设一批以大规模在线开放课程为代表、应用与服务相融通的优质在线开放课程;采取先建设应用、后评价认定的方式,认定一批国家精品在线开放课程;选择认定基础良好、技术先进、符合国情、安全稳定、优质课程资源集聚、服务高效的平台承担公共服务平台重任。鼓励高校结合本校人才培养目标和需求,通过在线学习、在线学习与课堂教学相结合等多种方式应用在线开放课程;借助课程平台积极推广我国优质课程,优先引进反映学科发展前沿且具有先进的教育理念和教育经验的自然科学、工程与技术科学等学科优质课程,规范在线开放课程的对外推广与引进。要求根据教师、学习者的需求变化和技术发展,加强在线开放课程建设应用的师资和技术人员培训;在保证教学质量的前提下,推进在线开放课程学分认定和学分管理制度创新。

同时教育部也明确了各方应该承担的责任。在线开放课程建设应用与管理的主体责任由高校承担,课程服务和数据安全保障的主体责任则应由平台建设方承担;省级教育行政部门、高校要根据本区域、本校实际对在线开放课程的建设、应用与管理分别制定具体实施办法,教育部则为在线开放课程和公共服务平台的建设提供政策研究、宏观指导和条件支持,协同国家有关部门,依据国家网络与信息安全的政策法规履行相应的管理职能,从而从制度上保证了慕课建设与应用的顺利进行。

国家精品课程、国家精品开放课程建设为建设以慕课为代表的在线开放课程积累了经验,奠定了理论基础和实践基础,信息技术发展的新形势和我国教育教学的新需求则对在线课程建设与应用提出了现实要求,特别是如何适应我国课程特点和实际需求,建设具有中国特色的在线开放课程体系,是下阶段我国在线课程建设与应用的重要目标。因此,教育部明确将重点建设大学生文化素质教育课、受众面广的公共课和专业核心课程;鼓励高校间通过协同创新和集成创新的方式建设满足不同教学需要、不同学习需求的在线开放课程或课程群;有组织地建设一批高校思想政治理论课等在线开放课程并定为重点建设项目。

(三)高校信息化课程建设注意事项

在线开放课程作为课堂教学的重要补充,并不能取代学校课堂教学,它只是课堂教学的有效补充,鼓励高校通过在线学习、在线学习与课堂教学相结合等多种方式应用在线开放课程,可以创新校内、校际课程共享与应用模式,使课堂教学内容、教学过程等通过信息技术得到延伸,学生能力得到提高。

在线课程建设必须强调高校自主建设。高校应切实承担在线开放课程建设应用与管理的主体责任,建立和实施课程建设、质量审查、课程运行保障和效果测评等制度,确保课程质量。课程的知识产权属于高校和课程团队共有。建设和应用在线开放课程不是要取代教师的教学主体地位,而是促进教师提升信息技术与高等教育深度融合的意识、水平和能力,增强教书育人本领,为有真才实学、精于教学的教师提供成长新平台和发展空间。应围绕促进信息技术与教育教学深度融合、教学改革和教育制度创新,注重提升广大师生运用信息技术教与学的水平和能力。学校应选择适合的教师、适合的课程作出符合教育教学规律、受欢迎的慕课,优选适合本校教学需求的课程应用于教学。

具有学科专业优势和现代教育技术优势的高校,具有丰富教学经验、较高学术造诣和善于应用信息技术手段的教师,应选择适合的课程开展在线开放课程建设。鼓励高校间通过协同创新和集成创新的方式建设满足不同教学需要、不同学习需求的在线开放课程或课程群。

在线课程建设教师团队应包括课程主持人、主讲教师和助教。课程团队需在开课后开展日常教学活动安排、互动和答疑、批改作业和审核、组织考试等工作。学校应对在线开放课程建设提供教育技术支撑和服务,并将教师建设在线课程工作计入工作量。学校应自主制定教师教学工作量的计算办法。例如,北京大学的《慕课运行管理条例》将慕课视同常规课程,再根据是否与翻转课堂教学实践结合来计算工作量,这种做法可供参考。

学校对于在线课程建设应采取必要的激励和保障措施。应建立在线开放课程建设、教学与学习、激励和评价的相关管理制度与机制,包括领导小组和分工明确的工作小组,培训、申请与审批,执行与督导,保障与支持,评价与质量控制等机制。在对在线课程质量的评价方面,可根据课程类型,参考全日制课程的质量要求,考察是否符合本校教学质量基本要求,教学服务是否到位,运用信息技术是否促进了教学内容和教学方法手段优化,是否能够提升学生的综合素质和创新能力等。

除了鼓励在线课程建设外,也要注重促进在线课程的应用。目前主要有三种形式:一是线上和线下结合的翻转课堂教学;二是将平台上的同类课程作为课堂教学拓展学习资源的混合式教学;三是选择课程平台上符合本校教学标准的在线开放课程直接用于教学。

为了更进一步促进在线课程的广泛应用,教育部组织有关专家和机构开展在线开放课程共享模式研究,鼓励高校积极探索并推进在线开放课程的应用。在公益性基础上,引入竞争机制,探索课程拓展资源与个性化学习服务的市场化运营方式,以保证可持续发展;同时,保护课程建设高校的权益,激发建设高校的积极性。

在线课程广泛应用的一项重要因素是可以实现学分互认,教育部要求各级教育行政部门组织专家加强研究和指导,给予相应的政策支持。发挥高校的自主性,探索建立高校内部或高校之间具备考核标准的在线学习认证和学分认定机制。在保证教学质量的前提下,开展在线学习、在线学习与课堂教学相结合等多种方式的学分认定、学分转换。目前,北京大学、清华大学、上海交通大学等十几所高校已承认开放课程学习学分。学分认定方式主要有:一是承认本校教师开设的慕课学分,如北京大学;二是试点承认部分课程的学分,如中南财经政法大学认定指定的几门通识课学分;三是承认某平台所有课程的学分,如武汉生物工程学院承认"爱课程"网所有课程学分。学校可以自主制定外校学生的学分认定办法,可参照校内学生学分认定的标准进行,或以学生获得公共服务平台的证书来认定学分。

无论是在线课程的建设还是应用都离不开课程平台的支持,

但并不是所有高校都需要建设自己的平台,学校可以通过申报、专家遴选的方式,在具有良好公益性、开放性的国内已运行平台中,选择基础良好、技术先进、符合国情、安全稳定、优质课程资源集聚、服务高效的平台,作为本校在线开放课程公共服务平台,通过该平台提供的接口和云端服务来实现本校在线开放课程建设与应用。

在线开放课程是课程建设团队的职务作品,著作权属于高校和团队共有。公共服务平台应与高校、课程建设团队签订平等互利的知识产权保障协议,明确各方权利和义务,确保课程正常传播,保障各方权益。学校可以依法并择优对外推广或引进课程,学校或平台承担课程对外推广或引进课程的直接责任。教育部鼓励通过公共服务平台和境外平台积极对外推广我国优质课程,鼓励优先引进反映学科发展前沿且具有先进的教育理念和教育经验的自然科学、工程与技术科学等学科优质课程。

2015年4月,教育部出台了《教育部关于加强高等学校在线开放课程建设应用和管理的意见》,强调立足自主建设、注重应用共享、加强规范管理三项原则,提出七大重点任务,要求"建好""用好""管好"。"建好",就是要建好课程、建好平台、建好机制;"用好",强调"应用驱动,建以致用",鼓励高校结合本校人才培养目标和需求,通过在线学习、在线学习与课堂教学相结合等多种方式应用在线开放课程,不断创新校内、校际课程共享与应用模式;"管好",就是要管好课程、管好平台、管好安全、管好服务。在此文件的指引下,我国的在线课程建设与应用正在进入有序、快速发展通道。

三、在线开放课程的国际经验

在线开放课程在全球范围的持续发展,为我国的在线课程建设提供了宝贵的经验。

（一）关注可持续发展，多样化课程模式初见成效

在平台提供商得到资本的持续关注后，与慕课相关的生态系统日益健全，平台提供商的生存能力有所增强。平台提供商的经济利益和企业命脉与慕课的可持续发展息息相关，因此，他们是最关注慕课可持续发展的群体，能以一种较为有力的方式保证慕课课程和平台服务的质量，并快速获得规模庞大的学生群体，在广泛的地域快速产生影响。在慕课的可持续发展方面作出了很大的贡献。平台提供商不断寻求新的盈利模式，确保经济的稳定；增加合作高校，加强课程管理，提高慕课课程的水平；无论是加强和高校合作，还是自创证书认证，都是在不断提高慕课证书的价值；平台提供商不断发展新的慕课学习者群体，保证慕课市场的稳定性，努力通过国际化，扩大合作伙伴，增加平台课程，注重平台上课程资源的丰富度和质量。

平台提供商更加重视国际拓展，提升本国的文化软实力，担负文化传承和"走出去"的重任；选定特定领域对接国际需求，为不同的国家设计有针对性的课程服务。同时通过市场途径进行规模化扩张。

随着在线开放课程的发展，细分市场越来越受到重视，不同的平台提供商将会进入细分市场深耕细作，规避竞争的同时也提高了自身的核心竞争力。用户市场按教育层次、学科领域等不同类型，可以细分为很多。很多平台提供商进入了商学领域，帮助商学院挖掘潜在的学生资源。他们的慕课学习者中，有很多正是顶级商学院的目标学生，因此开设慕课有助于商学院挖掘这一类潜在生源。

2015年，平台提供商通过整合课程资源形成一系列的在线开放课程群，以提供成套课程将学员培养为专业人才，允许学习者在一定的时间范围内，学习一系列与某领域相关的课程，在通过最后的考核之后获得证书，继而也会获得一些推荐就业的机会。

平台提供商和合作伙伴面向就业市场定制"专业培养方案",这些结业证书具有品牌战略意义。当系列证书的含金量得以保证且发放到一定数量时,未来平台提供商的品牌(虚拟大学)将与现在的实体大学同等重要,甚至知名度会超过某些实体学校。

平台提供商纷纷推出系列证书,是其在可作为的范围内提升慕课学习的价值,这是一个一举多得的策略,但是需要培育就业市场对非学位专业证书的认可。据调查,全美持非学历证书工作者超过千万人,且平均月工资会超过无证书者300美元,所以经过精心设计的、由权威学校和专业人士开设的慕课系列课程是有市场的。

在线开放课程群的系列证书也让平台提供商对课程收费的策略得以落实,为了保证系列课程的学生是获得证书者本人,系列课程都需要进行身份验证,因此就会收取一定的费用。

(二)持续探索与传统教育学历的结合

我国在线开放课程在与现行高等教育体制结合方面进展缓慢,在线开放课程校际共享和学分认定机制还没有成型。从某种角度来说,虽然在线开放课程是一种不同于传统高等教育模式的在线教育新形式,但是在推动在线开放课程发展的过程中,现行高等教育机构始终都扮演着至关重要的角色。高校在推动在线开放课程的可持续发展方面,并不像平台提供商那样锐意进取,因为关于在线开放课程对传统高等教育制度的影响依然还在进一步的探究当中,高校对于在线开放课程的研究和利用尚比较保守,同时也担心在线开放课程的盛行会打乱现行的学历认证系统,这也在情理之中。

高校作为在线开放课程的主要来源以及利用在线开放课程资源开展翻转课堂教学的主要用户,在推动在线开放课程可持续发展中依然发挥着举足轻重的作用。平台提供商所提出的提高课程质量、加强在线开放课程伦理建设的路径,都需要高校来践行。2015年,在提高在线开放课程质量方面,高校作出了很大的贡献。许多高校为提高本校的数字化教学水平,专门研究制定专项政策鼓励本校教师建设和应用在线开放课程,为本校的授课教师提供了专门的在线开放课程制作环境,以保证在线开放课程更加合理和精良。高校对在线开放课程的多种利用,针对不同人群开设慕课,扩大了在线开放课程的学习者群体,也是促进在线开放课程可持续发展的方式之一。但是在在线开放课程与现行高等教育体制之间的结合与博弈仍在继续。

对在线开放课程影响力的质疑依旧。过去数年,在线开放课程不仅没有如之前所宣称的那样摧毁或改变高等教育体制,反而迫于各种压力而产生了诸多适应体制内发展的变体。在线开放课程的发展依然受到了来自以下几个方面的制约:与高校学分的兑换;授课教师水平;课程质量;大众对慕课提供商的认可度;课程学分转移政策;学生完成学习过程认证的可信度。

可喜的变化是,目前高校中有更多的人认为在线开放课程是有效的,认为慕课不具有可持续性的人持续减少。主流观点认为:在线开放课程不会从根本上重塑传统高等教育,但是也不会完全消失。从我们接触到的在线开放课程开课教师的言行中,我们发现愿意开设并持续开设在线开放课程的教师,往往是把在线开放课程教学与其科研兴趣有机结合的教师,以开设在线开放课程为契机,完成自己的研究。在线开放课程建设是否能够成为常态,与学校的慕课建设定位大有关系。

在线开放课程兑换高校学分的收效甚微。许多高校和机构在在线开放课程兑换高校学分方面作出了努力,期望允许在校学生通过参加并完成知名平台提供的指定课程,来兑换对应的学位学分。这些指定的课程都是权威第三方认证,最终受益方就是学生,这不仅能保证他们可以以更经济的方式完成学位,也能缩短他们的学习时间。但是,类似的尝试都没有收到预期的效果。通常,普通高校更加适宜用慕课课程来兑换学分,因为这样可以帮助它们节省办学经费,弥补教育资源短缺造成的负面影响。

在线开放课程学习者目前依然难以将在线开放课程作为走进名校的跳板,主要在于:在线开放课程的质量依然需要进一步的验证,高校需要证据来证明,学习者所修的课程具有进入该校所必需的含金量;平台提供商对于学习者学习过程的认证目前也不足以让高校与机构信服,人们需要更多的证据来证明,获得课程证书的学习者就是参与了整个学习过程的人;关于在线开放课程兑换高校学分是否会打乱高校的学分认证规律,造成混乱,这一点还没有得到充分的论证,高校教师和管理者完全有理由担心本校课程、学分和学位的价值会因为在线开放课程而受到严重的冲击,并因此带来很多管理麻烦。

(三)在线开放课程的建设更加精细化、人性化

在线开放课程具有多学科、地域广、在线传输、受众广等特性。课程层面的未来发展将在包括师生互动、教师提问、教学风格、教育技术、教学模式、教学流程等方面更加精细化和人性化。课程将不会再以讲授为主,而是更善于通过情境创设与问题引导的方式,更善于或者更强调以知识的语言传授为主,运用极具感染力的语言和非语言表达,结合恰当的媒体技术运用,以建构主义的思想为主导进行形式多样的课堂学习。

由于在线开放课程并不能提供一种真实的教室环境,在线学习者主要是通过观看、倾听、思考等完成相关的课程学习。因此鲜有类似那种通过开展课堂合作探究、自主学习的教学课程。课堂讲授不仅要善于用语言讲授,还要善于通过创造问题情境激发学生的学习兴趣和思考;不仅要善于进行相应问题的及时回应,还要给予学生一段时间进行思考和讨论。

随着在线开放课程的增多,老师将会更加注重教学风格。教学风格是教师运用学与教的哲学来组织教学的一种特殊方式,其展示的是教师内在的教学理念、教学策略等。良好的教学风格能够有效地影响学习者的学习兴趣和课堂学习氛围,调动学习者的学习积极性。

(四)在线学习研究日益深入,在线课程建设更加规范

在线开放课程建设是一个涉及多团队、制作过程复杂、涉及大量数字资源处理与应用的系统性工程。任何一个团队、任何一个制作环节出现问题都可能给课程建设带来影响。未来,对在线开放课程的研究将会越来越多。为保障课程建设的质量和效率,研究在线开放课程建设需要遵循规范;研究克服教学模式单一的瓶颈,有效实现个性化学习;研究在线开放课程的后续评估及认证方式,解决出口问题、研究小规模专有在线课程(SPOC)的教学模式、教学活动流程设计模型、学习监控和评价等问题。在线开放课程的研究还将着力于推动现有高等教育质量的提升,解决大部分人上不了大学的问题,解决高等教育资源不均衡问题,解决专业技能更新发展的问题,解决教师因培训而无假期的问题,解决教育经费单一来源的问题,解决终身学习的投入问题,等等。

同时,一些社会机构的参与也不容忽视,他们的研究结果对推进优质高等教育资源的有效利用提供了参考。比如纽约公共图书馆的研究结果表明,接受了线下辅助的学习者在慕课学习中能获得更高的分数和更好的学习体验,这为平台提供商指明了一个方向。

(五)应用型本科高校在线开放课程建设开始起步

教育部《关于加强高等学校在线开放课程建设应用与管理的意见》提出,2017年前认定1 000余门国家精品在线开放课程,到2020年将认定3 000余门国家精品在线开放课程。应用型本科高校已经认识到"互联网+"对高等教育教学管理体制和教育教学理念所带来的革命性变化,探索校际层面的在线开放课程建设合作机制,强强联合共建在线开放课程,建设具有中国特色的一流应用型本科在线开放课程体系。

从总体上看,应用型本科高校在线开放课程的建设还处于起步阶段,推进速度慢,建成的课程少。但是,这些高校通过成立校

际间的慕课建设联盟,探索"请进来,走出去;试点先行,全面推进"的建设思路,逐步提升了慕课在学校教学过程中的比例。

"请进来"就是引入著名平台提供商的课程,重点丰富通识课程和公共选修课程体系。"走出去"就是主动加入校际慕课建设联盟或者是构建校企慕课联盟,通过联盟平台,促进优质课程资源共享。"试点先行"就是先行选择条件成熟的课程按慕课的要求进行建设。"全面推进"就是在总结试点建设的基础上,有步骤、有计划地适当扩大慕课建设的数量,提高慕课使用的范围。

(六)大数据技术承担更重要的角色

平台提供商很容易实现海量学习行为数据的采集工作,虽然拥有了大量的数据,但是数据的分析和利用工作却严重滞后。未来在数据存储、数据清洗、数据归类、数据建模、数据分析计算、教学决策、结果的可视化呈现等方面将会迎来深入的研究和实践。大数据技术运用于在线开放课程教学能够优化教学环境,提升教学质量,完善网络课程系统,促进在线开放课程的可持续发展。未来将会形成完善的 MOOC 生态链,稳步推进,实现教育质量的全面提升,促进教育公平与民主。

第四章　新时代高等教育教师队伍建设

教育大计,教师为本。高等教育是培养高级专门人才的社会实践活动,高等学校是实施高等教育的场所,高等学校中的教师是培养高级专门人才的教育者。他们既是某一学科的专家,又是教育教学工作的承担者。如果说经费、教师、设备是办好高校的三大要素的话,那么高校教师则是其中最关键的要素。有好的教师才有好的教育。高等学校必须建设一支德才兼备、富有创新精神和实践能力的教师队伍。

第一节　新时代高校教师的作用和职能

教育是一种特殊的生产部门,教师是特殊的脑力劳动者。作为高校教师,其职业性质具有普通教师职业的共性,同时又因为他们的劳动对象是身心发展趋于成熟、具备一定专业知识基础的学生,劳动产品是社会需要的各类高级专门人才,高等学校教师职业又具有其特殊性。

一、新时代高校教师的职业特点

(一)教师职业的学术性和专业性

学术职业是以专门知识为中介的一种特殊类型的职业,从事的是专门的教学、研究和知识服务工作。专门化的知识是学术职业的基础。学术性的主要特点是教师对某学科领域从事独立研究,有个人独立见解,教师可以充分发表个人的研究成果,而不受干扰和约束。专业性有两层含义:一是指教师是专门的职业,就像医生、律师、会计等一样,别人不可以替代;二是指从事某一专业教学和研究,如数学教师、物理教师、语文教师、外语教师等。无论是中学还是大学,都要对学生进行知识教学,因此有各学科专业方面的教师。有的教师从事基础课教学,有的教师从事专业课教学,每个教师都有自己的专业课,是这一领域的专家。高校教师更是要成为这一方面的专家。他们要熟悉专业知识并能传授给学生,而且要有与该专业相关的知识,要及时掌握该专业领域的最新发展。教师为了搞好教学工作,不能仅依靠课本知识,照本宣科,还必须要进行研究、探索,把自己研究的成果,内化为自己的知识传授给学生。教师要把教学与科研结合起来,要对自己所教的专业知识进行研究,并积极开展科研活动,接受和承担科研项目。教师还要带领学生一起开展研究。总之,教师不能光做教书匠,还要做学问家、科学家。

(二)教师职业的独立性和自由性

独立性和自由性是由教师职业的特殊性质所决定的。教师职业是教师独立完成的,如教学独立、研究独立、责任独立、人格独立。教师在教学过程中,尽管有教学计划、教学大纲,有规定课程、教材,但都要通过教师独立思考、独立操作,外化为独立教学研究行为。自由性,是指教师的学术职业是一种自由的职业,教师的学术研究、学术讨论和学术交流是自由的。

当然,教师职业的独立性和自由性是建立在教师自觉地遵守宪法法律、遵循教育规范、敬业爱生、为人师表的基础上,坚持"学术研究无禁区,课堂教授有纪律",而不是随心所欲,我行我素。

(三)教师工作的创造性和灵活性

教师从事的是创造性的个体劳动,他们要向学生传授课本知识、专业知识,对学生进行思想道德教育。高等学校是知识传播、应用和创新的主要基地,又是培育创新人才的重要摇篮。教育创新主要依赖于教师的创新精神和创造性的工作。教师不仅要在传授知识的过程中有创新和创造,而且要引导学生去创新和创造。

如何把书本上的知识变成生动有趣的、学生容易接受和吸收的知识,必须有灵活性。教师在教学中要旁征博引、举一反三、幽默风趣、引人入胜,要能够理论联系实际,善于应用现实生活中的材料。如引导学生探索未知领域,引导学生独立思考,独创性地解决问题,尊重学生的独立见解,鼓励学生超过老师。

(四)脑力劳动的复杂性和艰苦性

教师的劳动是塑造人的劳动,是从事劳动力再生产、科学知识再生产和社会成员再生产的一种特殊劳动。教师每天面对的是学生,学生的复杂性、多样性、多变性决定了教师劳动的复杂性和艰苦性。要使每个不同的学生都能受到教育,都能有提高、有进步、有发展,这是一件比较难的事情。教师向学生传授知识,要让不同的学生接受知识,也不是一件轻而易举的事情。知识的无穷性、交叉性、复合性也决定了脑力劳动的复杂性和艰苦性。脑力劳动不像在工厂里那样按一定的程序、规划、图纸、模型进行操作即可,而是要靠自己的再思考、再加工、再创造。教师要上好课,不可能靠一个教学大纲、一个教案就能解决所有问题。教师要有广博的知识,高超的思维能力、应变能力,才能及时处理好在教学过程、育人过程中遇到的各种不同问题。

(五)为人师表的示范性和榜样性

教师是直面学生进行"传道受业解惑"的,要让学生接受教育,增强接受度,教师除了要有丰富的知识和教学技能外,还要有人格魅力。孔子说过,"其身正,不令而行;其身不正,虽令不从","不能正其身,如正人何?"教师要用自己的行为为学生做示范、做榜样,才能起到好的教育效果。学生不仅要听教师是怎么说的,也要看教师是怎么做的,无声的语言,有时比有声的语言效果更好。教师的言行、仪表、风度、气质都对学生有很大的影响,具有潜移默化的作用。因此,教师必须时时处处严于律己,以自己的高尚品德、健康心灵、治学精神感染学生、教育学生。

二、新时代高校教师的作用

教师在社会发展中的作用,是和教育这一活动在人类社会发展中的作用密切相关的。人类要把历代长期积累的社会精神财富,包括文化科学知识、文学、艺术、社会思想等一代一代地传下去,不能没有教育,不能没有教师。教师是人类科学文化知识和社会道德准则、行为规范的传播者,在人类社会的继承和发展中起着承前启后的桥梁作用。

教师在发展社会主义教育事业、贯彻落实社会主义的教育方针中起着至关重要的主导作用。他们不仅决定着学校教育的质量,而且把握着教学的政治方向。在现代化进程中,教师是培养合格人才、提高民族素质的关键力量。高校教师作为教师中的一个特殊群体,除具有一般教师的重要作用外,还具有特殊的作用。

首先,高校教师的基本任务是培养高级专门人才,而高级专门人才在科学技术和社会的发展中起着骨干的作用。现代科学技术的发展,生产力水平的提高,国民经济的发展,文化教育卫生事业的昌盛,综合国力的增强,社会的整体进步,很大程度上都取决于高等教育所培养的人才的数量与质量,即所说的"科教兴国",而高级专门人才的质量,又取决于高等学校教师作用的发挥。高校教师在培养高级专门人才的过程中,不仅要传授知识,而且要帮助引导学生树立正确的世界观和人生观,培养学生高尚的道德品质和情操,塑造美好的心灵。

其次,高等学校的教师,既是科学文化的传递者,又是科学文化的创造者。历来对人类社会有伟大贡献的科学家、思想家、活动家,不少是汇集于高等学校的教师或曾经当过高校教师。人们往往把大学教师这一职业同文化发达、科学昌盛、政治民主、人类进步紧密联系在一起,用"学者""专家"来称呼大学教师,把大学教师的声望作为一个国家学术水平的标志,把大学教师的社会地位作为一面文明建设的镜子。

最后,高校教师通过社会服务,直接推动社会物质文明和精神文明的建设。高校教师利用自身的丰富知识和科研优势,参与国家和地方的科研项目,为社会提供科技服务,创造科研产品,直接参与社会物质财富的生产、创造;通过社会活动,传播精神文明成果,促进社会精神文明的发展。

三、新时代高校教师的职能

(一)教学职能

传授知识,引导学生掌握学科专业的基础理论、基本技能与技巧,培养和发展学生的智力和能力,是高校教师的基本职能。高等学校是以培养在科学技术和社会发展中起骨干作用的高级专门人才为基本任务的,这就需要高校教师研究高深学问,不断把人类文明的成果引进教学内容,并以培养创造性人才为己任。几乎每一位高校教师在其职业生涯中,教学工作都占有最重要的地位。当然,随着社会的发展,高校教师的教学职能也在随之不断发生变化。

1. 从课堂"独奏者"向"伴奏者"转变

教师在传统教育中以知识的独占者和传授者的身份被看作知识权威。没有教师的知识传授,学生就无法学到知识,教师首要的和基本的职能就是将自己拥有的知识传授给学生。但随着信息社会的到来,教师在学生的经验学习中渐渐失去了唯一主角的地位,教师不再是独一无二的知识占有者和传播者,学生不经教师指导即可知道有关领域的各种最新知识。现代教育论认为，学生是教学的主体，课堂上，教师应把学生作为中心，围绕其特点和需要开展教育教学活动。

2. 从"知识传播者"向"智能开发者"转变

在以前教学主要以教师传授已有的事实知识为主，即教师将人类积累起来的文化传递给下一代。但在当今社会，随着社会发展速度的加快，人类面临的挑战日益复杂化，科技发展一日千里，知识信息呈指数增长，百科全书比人老得快，已难以解决"吾生也有涯，而知也无涯"的矛盾。所以，以开发智力、培养能力为主的新型教学模式正在取代传统的教学模式。智能开发成为现代教师的重要职能之一。教师不能仅仅传授知识，还要唤醒未被知晓或沉睡中的能力，使每个人都能分享到能够发挥自己才能的幸福。

3. 从单纯"指导者"向"指导与合作者"转变

当前信息时代，教师和学生面临着一个重要的共同的变化迅速的世界，因而也面临着共同的不断学习的任务，"弟子不必不如师，师不必贤于弟子"。面对不断更新的教育技术，"教学相长"越发显现出它的生命力。在这样的情况下，大学教育出现了由"教"向"学"、由"重复过去"向"挑战未来"的转变。这就要求教师从知识的传授者、单纯的"指导者"转变为平等地参与学生商讨和解决问题的指导与合作者，而且也只有师生之间建立起平等的合作关系，教师鼓励和允许学生标新立异，并对其作出正确评价，为学生提供一个展示个性的良好空间，才有利于其智力的开发。

4. 教内容，但更重要的是要教方法

现代社会中，百科全书式的人才可以说是不存在的，谁也不可能做到方方面面的知识都懂。作为教师，虽然应当尽可能地多了解一些知识，但也不可能通晓一切。但教师应当知道什么是必须精通的知识,何处去获得,还要懂得如何去获取信息、处理信息,掌握基本的信息技术,懂得如何帮助他人,正所谓"授人以渔"的教师,自己应先掌握"捕鱼"的方法。联合国教科文组织在《21世纪的高等教育:展望和行动宣言》中指出,高等学校的教师,"现在不应仅仅传授知识,而且必须把重点放在教学生如何学习、如何发挥主动精神上"。

(二)育人职能

教书和育人这两者是统一的,是一个相互作用的整体,不能割裂为二。《礼记》一书中曾经指出:"师也者,教之以事而喻诸德也。"德国教育家赫尔巴特认为:"教学如果没有进行道德教育,只是一种没有目的的手段;道德教育如果离开教学,就是一种没有手段的目的。"他进而断言:"我不承认有任何无教育的教学""教学永远具有教育性"。

大学生正处在人生的重要转折时期,他们在思想上存在着相当程度的盲目性和迷惑性。尤其当前我国正处于社会迅猛发展、多元文化猛烈碰撞的时期,他们更有诸多的疑问与困惑。他们对社会上的不正之风和各种诱惑,不仅有好奇心,也更存在着盲从和效仿。高校教育是人生教育中的一个独特阶段和独特场所。我们应当充分利用这一阶段和场所,让青年学生"学知""学做""学会共同生活""学会做人"。这四个方面的学习被"国际21世纪教育委员会"称作"教育的四个支柱"。其中两个支柱(学会共同生活、学会做人)都和教书育人有着紧密的联系。"学会共同生活"就是要首先教会学生有爱心,要爱自己的国家,爱所在的集体,爱父母,爱教师,爱同学;然后教会学生和同学和睦相处,乐于助人,关心他人。尽管未来社会的竞争是异常激烈的,但在成就事业的过程中,善于与人合作,营造和谐向上的人际关系,显得尤为重要。"学会做人"重要的是要有健全的人格,人格体现在方方面面。人格的核心是有骨气、诚实、守信。有人把学生比作工厂的产品,但这是一种极特殊的"产品"。他们有生命,有大脑,有思维,更有鲜为人知的复杂的内心世界。因此,这是一种活生生的"产品",而要把他们培养成受社会欢迎的、利国利民的"产品",就需要教育者付出比工人师傅付出多十倍甚至几十倍的心血和劳动。因此如何对学生进行正确引导,使他们增强辨别是非的能力,增强抵制各种诱惑的自觉性,培育他们的高尚品德,就是高校教师责无旁贷、义不容辞的天职。知识永远是一把"双刃剑",它既可以造福社会,又可能殃及人民。试想,如果我们培养出来的大学生,学财会的成了贪污犯,学经济的帮助外商坑害国家,学法律的执法犯法,学电脑的成为高科技犯罪者……那么我们的教育当然就是失败的。"书师易得,人师难求",学生是教师的一面镜子,他们日后是事业的接班人,还是事业的掘墓人,实则是教师工作成败最清晰的折射。

(三)科研职能

科研是指教师综合运用已知,探索和开发未知,有所发现、有所发明、有所创造的过程。随着科学技术的发展突飞猛进,知识经济时代的来临,在现代大学传统的教书匠式的教师已不能适应社会经济的发展以及教育自身的需要,专家型、学者型的教师将成为未来教师的重要角色之一。因此,教师不能仅仅满足于向学生传授现成的、已有的知识,而且要积极探索和研究教学中出现的问题,成为一名科学研究者。

(四)服务社会职能

高等学校的现代化和开放性,使得其与社会经济发展、科技进步的联系日益密切。教育,尤其是高等教育作为一项产业,应该充分发挥对社会的服务功能。因此,高校教师不仅要在校园里组织教学,参与科研,而且还要以"专家""学者"的身份参与社会活动,承担厂矿企业委托的科研或技术开发项目,或开展校外咨询服务,成为科学技术向现实生产力转化的"催生者",以此直接服务于社会。

第二节 新时代高校教师的素质和能力要求

要办好一所学校,要提高教育教学质量,关键在于教师的素质。新时代教师应具备现代教育观、良好的素质和能力。

一、新时代高校教师的素质要求

(一)具备现代教育观

1. 全面发展的教育观

现代大学的培养目标是德、智、体、美全面发展的具有创新精神和实践能力的高级专门人才。为此,教师必须树立全面的教育观,对学生实施包括德育、智育、体育、美育等在内的全面发展教育,把育人为本作为教育工作的根本要求。要以学生为主体,以教师为主导,充分发挥学生的主动性。要以学生为中心,因材施教,促进每个学生主动地、生动活泼地发展。教师在教育教学过程中,不仅要重视智育,更要重视德育,还要加强体育、美育、劳动技术教育和社会实践,使各个方面教育相互渗透,协调发展,促进学生的全面发展和健康成长。树立全面的教育观,具体到实际的教育教学实践中,就是要坚持以人为本,全面实施素质教育,全方位地提高学生的综合素质。从根本上说,素质教育与全面发展教育实质上是一个问题,人的素质的提高也就是德、智、体、美、劳等的全面发展。全面发展教育是从总体上把握人的培养和教育,而素质教育则是全面发展教育的具体体现。

2. 个性化的教学观

传统教育往往强调整齐划一,由教师根据班级中等程度学生的情况来设计教学内容、教学方法、教学进度,用同一的教学内容、同样的教学方法、统一的教学进度来对全班学生进行教学,结果抹杀了学生的独特性,使本来应当具有丰富个性的人变成了一个个大致相同的"标准件"。现代教育强调发展学生的个性,要求教师树立个性化的教学观,根据学生的不同才能、兴趣和爱好,施以不同的教育,为学生提供尽可能的自由,允许学生根据自己的实际跨专业、跨学科选修若干课程,为学生个性的发展创造充分的条件,使每个学生的个性都得到充分、自由的发展。需要说明的是,这里所强调的发展学生个性与前面所说的全面发展并不矛盾。正如马克思所说,即使在一定的社会关系中,每一个人都能成为出色的画家,但是这也绝不排斥使他成为一个别具一格的画家的可能性。全面发展绝不是用一个标准的尺度去要求和培养全体学生,而是为学生个性自由、全面的发展提供无限的可能性。

3. 以生为本的民主观

教师的学生观决定着教师的教育态度及相应的教育方式,支配着教师的教学行为,并进而影响到教育教学的实际效果。以生为本的民主观主要体现在三个方面。一是承认学生的权利,承认学生与教师在人格上是平等的,承认学生与教师一样具有某些神圣不可侵犯的权利,尊重学生的人格尊严,不对学生实施体罚、变相体罚或者其他侮辱人格尊严的行为。二是尊重学生,平等地对待学生。三是以有利于学生的发展作为教师工作的出发点和根本目的。只有承认学生的权利,教师才有可能真正平等地对待学生,只有平等地对待学生,才有可能真正促进学生的全面发展。

当然,尊重学生,平等地对待学生,并不等于无原则地迁就、放纵学生,相反还要严格要求学生。正如苏联教育家马卡连柯所言,在我们的辩证法里,这两者是一个东西。对我们所不尊重的人,不可能提出更多的要求;当我们对一个人提出很多要求的时候,在这种要求里也就包含着我们对这个人的尊重。

(二)具有良好的道德素质

1. 忠于教育

当教师首先要热爱教育,忠于教育事业,无论什么类型的学校教师,都必须对教育始终保持应有的忠诚态度,才有可能成为一个合格的教师。

(1)忠诚于教育职业

对教书育人有强烈的事业心和责任感,有饱满的热情和忘我的激情。没有对教育这个职业的忠诚,就找不到学习和进步的动力,就创造不出不俗的业绩。

(2)忠诚于教育方针

忠于教育必须忠诚于国家的教育大政方针。教育是领先于社会发展步伐的,而国家的教育方针是引领教育发展的方向的,只有忠诚于教育方针才能推动教育事业沿着正确的道路前行。国家从整体上提出了推进素质教育的方针,对这些教育大政方针的态度和执行力度最能体现教师对教育事业的忠诚度,认真地不折不扣地贯彻落实这些方针政策,使个人的育人理念、教学思路以及教学方法都与国家的教育方针相一致,就是新时期忠于教育的最好表现。

(3)忠诚于教师荣誉

始终以教书育人为荣,扎实工作,恪尽职守,在传道、释疑、解惑中体现人生的价值,获得生命的幸福,不为外界的喧嚣所扰,静下心来教学;不为市场的物欲所诱,潜下心来育人。把教师职业看得比金钱和权力更重,淡泊名利,乐于奉献。

2. 关爱学生

一个不关爱学生的人是没有资格当老师,也当不好老师的。关爱学生至少有三层含义。

(1)悉心教导学生

把最先进最有用的知识和技能传授给学生,不仅是每一个教师的责任,而且应当成为每一个教师的自觉和习惯。不断更新知识储备,不断丰富教学手段,认真备好每一堂课,采用最科学的教学方法,保证每一节课都能让学生有所收获有所启发,每一个学生都不掉队。以"爱生如子"的情怀和"诲人不倦"的责任,精心培养学生的专业知识和能力,悉心传授学生做人的道理,让学生快乐健康地成长。

(2)尊重学生的个性

教师教育的对象是灵动的生命个体,都是具有鲜明个性的人。尊重学生的个性是关爱学生的重要内容。优秀的教师不仅能包容学生的个性,还能发现学生的个性,再根据不同的个性因人施教、因材施教,而不会用一个模式去教育学生,用一种标准去评价学生。

(3)关心困难学生

教师代表社会的良知,师德是社会良知的集中体现。教师对困难学生和学生学习困难都应当具有强烈的同情心,想方设法去帮助他们,给予最真诚的关怀。任何歧视经济困难或学习困难的学生,都是不道德的行为,都是与师德格格不入的。教师不仅是知识的传授者,更是爱的传播者和公平理念的传承者,不能有一丝一毫的嫌贫爱富、恃强凌弱的言行和态度,否则会对学生的人生观、价值观造成不可愈合的伤害,并从源头上污染社会风气。

3. 热爱学校

学校不仅是教师工作生活的场所,更是教师展现个人魅力与智慧、实现人生价值的重要舞台。因此,在一定程度上可以说,热爱教育事业的教师都会热爱学校,就像热爱庄稼的农夫都会热爱土地一样。相反,一个不热爱学校的老师也不大可能热爱教育。当然,热爱学校并不意味着只能爱某一所学校,对一部分老师来说,不是不热爱学校,而是有选择性地喜爱一所学校,这种选择有的是因为生活习惯,有的是因为事业和平台,也有的是因为感情或家庭原因。

第四章 新时代高等教育教师队伍建设

学校和教师是相互依存的两个主体,需要相互支持和理解。学校要关心教师的生活和事业,教师更应当真心实意地支持学校的发展,去了解学校、理解学校,真正做到以校为家、爱校如家,通过与学校同休戚共命运,强化教师个人对学校的认同感和归宿感。树立主人翁意识,对学校存在的各种问题提出建设性的批评与建议,积极主动参与学校的民主管理,用心甘情愿的态度把所有的精力和智慧倾注到学校发展中来。即使确实因特殊原因要调离高校,也应对学校心怀感恩,维护和珍惜学校荣誉,给学校其他教师和学生留下一个清晰而美好的形象。

4. 乐于服务

服务是教师的职责,服务学生、服务学校、服务社会,都是教师最基本的责任。但是乐于服务还是厌倦服务,是主动服务还是被动服务,则与教师的职业道德紧密相连了。

在高校发展的进程中,教师不仅要更加全面主动地服务学生,培养和造就一大批有专业技术和动手能力的优秀人才和建设者,还要直接面向当地经济建设和社会文化事业发展,为当地提供优质的科技、文化和政策咨询服务。无论服务对象是学生还是企业,教师都应当满腔热忱地运用自身的专业资源和能力认真履行服务职能。

5. 勇于创新

创新是一种理念,也是一种品德。当创新凝练成道德品质的时候,就会成为一种十分宝贵的师德内涵。作为培养人才和引领科技创新的重要基地,高等院校需要以创新为其魂魄,而真正铸造创新校魂的首要力量就是教师队伍,因而勇于创新应当成为每一位教师的基本道德取向。只有当创新作为一种师德根植于教师内心,并转化为内生的创新动力,才有可能产生持久的创新行为。

任何外在的动员和督促,都无法让教师长期保持创新的活力和兴趣。特别是在社会对失败缺乏宽容和理解、对创新缺乏协同配合机制的情况下,创新的道路上困难重重,没有顽强的道德意志做支撑,创新就很难蔚然成风,也很难取得丰硕成果。具体到每一个教师的实际,勇于创新作为道德自觉,体现于工作目标,就是积极进取,奋发有为;体现于工作能力,就是夯实专业基础,提升专业水平;体现于工作态度,就是勤于探索,敢为人先不怕失败,砥砺前行;体现于工作方法,就是遵循规律,与时俱进。

(三)具有良好的身心素质

身心素质包括两个方面的内容:一是身体素质;二是心理素质。

1. 良好的身体素质

良好的身体素质是其他素质发展的基础,身体素质是"皮",其他素质是"毛"。"皮之不存,毛将焉附"非常形象地说明了身体素质与其他素质之间的辩证关系。教师只有具备了强健的体魄、旺盛的精力,才能胜任长时间、高强度的教学、科研任务以及社会服务工作。如果身体素质差,即使知识渊博,品德高尚,满怀报国之志,也往往会感到心有余而力不足。教师要积极参加各种体育活动,养成良好的体育锻炼习惯,以增强自身的身体素质。

2. 良好的心理素质

(1)协作精神。高校教师的主要任务是人才培养、科学研究和社会服务,它们都需要教师具有协作精神。从人才培养来说,学生的成长是教师集体共同劳动的结晶,需要全体教师在教育过程中互相协作,才能达到理想的教育效果。从科学研究来说,教师在探索新的领域时,光靠自己单个人的力量往往难以胜任,而是需要同事之间、同行之间进行校际乃至国际协作,才能共同攻克难关。即使是社会服务,往往也不是教师个人的事情,而是以教师群体的形式进行。

(2)坚强的意志和顽强的毅力。由于现代教育和科研工作的复杂性,高校教师在具体的教学和科研工作中难免会遇到一些出人意料的失败和挫折。面对失败和挫折,教师不应满腹焦虑、意志消沉、灰心丧气、一蹶不振,而应冷静地分析失败的原因,认真总结失败的经验教训,变挫折为动力,以坚强的意志和顽强的毅力去克服困难、摆脱困境。正如陈鹤琴先生所说,"做教师的应该拿'绝不灰心'这四个字作为座右铭。在工作当中遇到任何困难,都可以拿这四个字来鼓舞情绪,振作精神,努力克服困难,达到目的,实现自己的理想"。

(3)心理承受能力。随着市场经济体制的逐步建立,竞争机制被引入到大学校园之中,教师面临着来自学校、同事、学生和家庭的多重压力。这就要求教师要有良好的心理承受能力,否则就会感到紧张、焦虑、压抑、疲劳,不但不能胜任教育工作,甚至还会对自己的身心健康产生不利的影响。

(4)交际能力。现代大学不再是与世隔绝的"象牙塔",大学与社会之间的"围墙"已被打破,学校、家庭、社会之间已经连成一体,"教育社会化,社会教育化"已成为一种趋势。教师也不可能像以前那样整日埋首于书斋,而是必须和各种各样的人进行交往,与学生、其他教师、家长、社区机构中的有关人员建立合作关系。这就要求教师必须具有一定的交际能力。

二、新时代高校教师的专业能力要求

(一)较强的知识拓展能力

高等学校教师应当具有开阔的学术视野和多元的知识结构,既具备良好的专业知识素养,又具备拓展知识领域、融通各种知识元素的能力。在某种程度上说,开阔的知识视野和开放的知识吸纳机制是教师最重要的专业能力。

1. 具备从理论向现实拓展融通的能力

一个优秀的老师总是能把握社会发展的大趋势,掌握地方经济社会发展的新特点,熟悉国家有关经济社会发展的新政策新举措,了解各行各业对人才需求的总要求等,构建理论联系实际、实践丰富理论的良性互动机制。不关心国家大事,不关注世界教育发展态势,不了解经济社会发展对人才需求的新特点,两眼只盯着书本,所有时间和精力都花在故纸堆里,这种"学究式"的教师已经无法胜任高校的教书育人工作了,他们再努力也培养不出社会需要的优秀人才。

2. 具备向相关专业领域拓展融通的能力

丰富的知识积累和多元的知识结构能极大增加课堂教学的信息量和趣味性,并为科学研究提供源源不断的灵感。特别是培养应用型人才需要教师具有宽阔的知识储备,应用型人才大多是复合型人才,知识面广,能力多元。教师的视野有多宽,学生的眼界就有多大,教师的专业能力有多丰富,学生适应社会的能力就有多强。每一个高校教师既要做到学业有专攻,又要不断突破专业局限,拓宽学术视野,在学有专长的同时不断拓宽自身的知识面,优化自身的知识构成,掌握相关学科的内在联系,帮助学生构建完备而实用的知识和能力体系。

(二)较强的理论研究能力

对高校的教师来说,具有深厚的理论素养和较强的研究能力,是教书育人的看家本领,也是教师承载个人事业的基石。

其一,教师要通过课堂教学把必要的理论知识传授给学生,"要给学生一碗水,老师必须有一桶水",如果教师的理论知识不深厚,就不能通过分析研究从理论的海洋里提取出最精练最关键的知识,是教不出有理论素养的学生的。

其二,理论研究能力是教师从事科学研究的基础条件,理论的深度决定科研成果的高度,也在一定程度上决定企业和社会对教师的需求度和满意度。扎实的理论功底是教师专业能力的核心,任何时候都不能疏忽,在高校转型发展进程中强调提高教师实践能力的氛围下,要特别防止出现轻视教师理论修为的现象。

其三,理论是实践的前提,没有理论做指导的实践,是盲目的实践。高校的教师要提升自己的实践能力,同样需要较强的理论研究能力,没有理论研究能力的老师,其实践能力也很难实现持续的提升,即使掌握了某种技能,充其量也就是一个"匠"而成不了"师"。

(三)较强的实践动手能力

高校转型发展的目的,就是为社会经济的发展提供高质量的应用型人才。大学生走出校门之前,不仅在专业理论知识上有较高的造诣,而且在实际的机器设备操作上,在处理实际矛盾问题上,在谋划企业行业发展方案上,都能拥有相应的能力。社会对人才需求的变化是对高校教师专业能力的最大挑战,过去的大学教师能上好课就够了,现在还需高校教师具备较强的实践教学和实际操作能力。

其一,教师能上好教学实验课,告诉学生理论与实际相结合的途径和方法,告知学生如何运用专业知识指导具体生产实践、如何掌握相关设施设备的工作原理、在实践过程中应当注意哪些问题等,为学生进行具体操作提供知识和技能准备。

其二,教师能在学生实习实训时提供正确有效的指导,教授学生正确操作或使用生产工具和仪器设备,及时解答学生在具体操作中碰到的疑难问题,帮助解决技术难题。

其三,高校在进行校企合作、校地合作的过程中也需要教师为当地企业和地方政府提供实用技术服务,帮助他们解决生产过程中遇到的专业技术难题,改革生产工艺,提高企业效益。缺乏实践动手能力的教师会因为无法完成上述任务而成为高校发展路上的局外人。

(四)较强的组织管理能力

人才培养目标的变革决定了人才培养方式的变革。如果把老师比作"牧羊人"的话,过去对学生实行"圈养",他们绝大多数时间都被关在教室里上课;现在要求进行"放养",学生需要更多的时间走出教室去进行社会实践。虽然"放养"更利于学生的健康全面成长,但无疑增加了管理的难度,也对教师的能力提出了新的要求:既能在教室里给学生上优质课,也能在课堂外带领学生上好实习实训课。

教师带着学生去实习,最重要的是能够帮助学生联系好实习的单位,现在不少科技含量高的企业从工艺保密和保证生产效率的角度考虑,并不愿意接纳学生来企业实习,想要得到这类企业的支持配合,没有一定的社会活动能力还做不到。然后是组织好学生的实习活动,保证学生的安全和实习的效果,协调解决实习过程中出现的各种矛盾和问题,更需要教师拥有较强的组织和管理能力,任何细微的疏漏都有可能造成学生实习活动的半途而废。最后,在"大众创业、万众创新"的形势下,如果教师响应国家号召去创办或领办与专业相关的经济实体,更需具有非同一般的管理能力。由"被管理者"转化为"管理者",由"书生"转变为"能人",是当前高校教师的专业能力所必需的。

第三节 新时代高校教师队伍的发展建设

一、加强高校教师队伍发展建设的必要性

(一)加强高校教师队伍发展建设是应对各种竞争和压力的需要

一所高校的发展面临着多重的竞争和压力。一方面是同类型高校的竞争,这种竞争集中表现为学科建设的竞争、基础设施的竞争、人才资源的竞争和国家教育资源的竞争,在某种程度上还存在生源的竞争。在高等教育从外延扩张转向内涵发展的形势下,普惠性的教育扶助政策会越来越少,处于同一发展水平上的高校之间的竞争会更加激烈。高校要在激烈的竞争中和强大的压力下求生存谋发展,需要付出更多的心血和努力,既要进一

步加大基础设施建设投入，不断改善办学条件；又要添置仪器设备，完善教学配套；还要美化绿化校园环境，提升生活幸福指数等。但这些并不是最重要的，最重要的是教师队伍建设。基础设施环境建设和教学配套都必不可少，但真正能保证学校在同类高校竞争中取胜，使高校得到持续发展的决定因素是师资，是建设一支高素质的教师队伍。实际上，高等学校之间的竞争，最终会归集为人才的竞争，归集为教师队伍整体素质的竞争。有了一流的教师，就会有一流的学科和专业，就会有良好的办学基础和声誉，就能够在众多的竞争中脱颖而出，在高等教育发展中谋得重要的一席之地。

（二）加强高校教师队伍发展建设是提高人才培养质量的需要

只有一流的教师才能培育一流的人才，教师总体素质的高低决定学生培养质量的高低，而人才输出的质量如何是评价一所高校办学水平的终极标准。在新的形势下，社会对优秀人才的标准有了更多的内涵，除了具备扎实的理论功底和学术素养外，还必须具有较强的社会实践能力、人际交往和组织管理能力，有较强的抗压和抗挫折的能力。

这样综合素质比较高的复合型人才最受用人单位的欢迎和器重。现在一些社会评估机构常常根据毕业生受社会欢迎的情况来评价一所高校的办学质量，这直接影响高校的社会声誉。作为高校，继续培养单一的学者型或科研型的学生，道路势必会越走越窄、越走越艰难。而培养复合型的人才，关键要有一支素质全面的教师队伍。

但从实际来看，高校的教师大多是纯学术型的，能力比较单一，特别是社会活动能力和组织管理能力有待锻炼和提高。要从思想上突破传统的"教师"概念，赋予教师新的内涵：高校教师既是学有专长的学者，其身份又不仅仅是学者，而是熟悉生动活泼的社会生活、能充分组织和运用各种社会资源、全方位培养社会所需的复合型人才的"工程师"。

(三)加强高校教师队伍发展建设是学校转型发展成功的需要

当下各高校都在积极主动推进本单位的转型发展,很多学校的转型思路和转型方案都已经成型,有的已经紧锣密鼓地行动起来了。然而,转型能否成功,高校能否充分发挥为当地经济社会发展服务的重要职能,最有发言权的还是教师。高校要转型,首先是教师队伍要转型,只有大多数教师从学术型转为应用型,学校的转型才有基础。目前高校普遍存在"双师型"教师比例过低、大部分教师没有在机关企事业单位工作的经历、对当地经济社会发展情况所知比较少、服务地方对接无门和能力不足等问题。教师队伍的这种状况不改变,校企合作、校地合作都是无源之水、无本之木。企业作为市场经济的主体,盈利是其一以贯之的追求,它们需要高校提供实实在在的专业技术服务,促进产业升级换代,提升生产工艺,降低生产成本。地方政府也需要地方高校在优化区域经济布局、做大地方特色产业、扩大对外贸易、发展教育事业等方面提供智力支持和人才支撑。这些任务都将毫无疑义地落在高校的教师身上,从而需要教师迅速实现由学术型向应用型的转变。而这种转变的难度绝对超乎我们的想象。对教师本人来说,既需要思想观念的更新,又需要知识结构和能力结构的更新。对学校来说,既需要为教师的转型提供必要的动力和平台,又需要创造积极向上的机制和氛围。所有这些都需要必要的时间和精力,并不是一日之功。

(四)加强高校教师队伍发展建设是增强学校发展后劲的重要举措

促进教育内涵发展离不开教师,推动教育持续健康发展更离不开教师。高校未来发展的命运直接掌握在教师群体手中。

其一,高校的发展需要一支结构合理的教师队伍。要在能力结构上有领军人物执掌教学科研的舵把子,率领其他教师打造一流学科和专业。在年龄结构上,有合理的老中青梯次,在传帮带的模式中实现教师的有序成长,也确保学科和专业建设薪火相传、发扬光大。在专业结构上,既有侧重于学术型的教师,也有侧重于实践型的教师,还有一些理论和实践"兼修"的教师,相互取长补短,相得益彰。

其二,高校的发展需要一支信念坚定的教师队伍。他们要能忠诚于党的教育事业,把为祖国和社会培养优秀人才当作毕生的追求,不计得失,不讲价钱,百折不挠,无怨无悔。他们要有坚定的政治信念,以中华民族伟大复兴为己任,自觉遵循和践行社会主义核心价值观,无私奉献,鞠躬尽瘁。他们要爱校忧校,以校为家,以校为荣;爱岗敬业,爱生如子。

其三,高校的发展需要一支充满活力的教师队伍。他们要对事业充满激情,对教师职业充满发自内心的荣誉感和幸福感。他们要勤于学习乐于学习,在研究中学习,在实践中学习,在生活中学习,不断跟进时代进步的节奏,把握时代发展的脉搏,不断提升教书育人的本领和境界。他们勇于创新,勤于创造,上下求索,开拓进取,不断更新教育观念,改革教学方法,积极推进技术革新,创新科研成果。

任何一所高校,只要有一支结构合理、信念坚定、充满激情的教师队伍,必然拥有无限美好的未来。

二、提升高校教师的业务能力

加强教师专业能力建设的方法和路径,会因各高校的实际情况而各具特色。但是,各地高校都面临着相同的转型发展的新任务,都在发展道路上遇到很多相同的困难和问题,都承担着为当地经济社会发展服务的责任,甚至教师的构成和特点都有很多相似之处,因而在教师专业能力建设上也有一些相同或相似策略。

(一)构建理论与实践相互衔接的教学团队

传统学术型教学模式中教师多为单兵作战,即使有合作也是纯理论的探讨交流。为适应转型发展的育人要求,提升教师的专业能力,有必要在地方本科院校的院系内部构建新型的教学团队。术业有专攻，每一个教师的兴趣点和研究重点不一样：有的侧重于纯理论的研究，有的侧重于应用转化研究；有的熟悉学术前沿的新成果，有的了解企业行业的新动态。这样由各有所长的教师组建成一个或几个教学团队，就可能达到"1+1>2"的效果。

其一，团队成员之间需要加强相关课程的衔接研究，打破各门课程之间的人为壁垒，使各种相关的知识相互融通、相互印证，丰富教师的知识内存，拓宽其理论视域，增强知识储备的完整性和系统性。这不仅可以加大教师课堂教学的信息量，活跃课堂教学氛围，还能让学生所学的知识相互关联，形成融会贯通的知识体系，使死的知识变成活的学问。

其二，在教学团队集体备课、互相研讨的过程中，各个教师可以进行专长分享，既可获得取长补短之效果，使学术性强的教师更多了解实践方面的情况，实践性较强的教师加深理论方面的修为，又可以通过深入平和的探讨，使教师个人的专业特点得到更充分的展示和加强，从而促进教师专业素养的快速提升，形成一支一专多能的优秀教师队伍。

学校领导和院系负责人要敢于突破传统的教研室设置惯例，在认真分析各课程之间的关联性和各教师之间的专业互补性的基础上，出台相关的政策措施，引导和激励教师自行组建科学合理的新型教学团队，并为教学团队提供必要的场地、资金和设施支持。

（二）搭建教学与实践能力双提升的应用平台

教师专业能力的提升需要相应的平台，如何搭建这样的平台也是一个值得各所高校认真思考的问题。

1. 搭建好培训交流平台

定期举办学校与当地经济建设、学校与地方文化、学校与当地教育事业等方面的论坛，就一些共同关心的问题加强交流探讨；鼓励各院系发挥专业优势，为各类地方企事业单位举办短期专业理论和政策法规培训,督促相关教师根据培训要求,深化专业理论,研究现实问题,提高理论水平和解决实际问题的能力。

2. 搭建好创新创业平台

制定鼓励和规范教师去企事业单位兼职的政策措施,完善有专长和管理能力的教师领办或创办经济实体的制度机制,激励广大教师主动参与创新创业,在实践中增长才干。学校应当为教师参与创新创业提供便利的服务,激活隐藏在教师身上的知识和能力要素,加快科学技术向生产力的转化。

3. 搭建好联合攻关平台

加强学校与企事业的横向课题研究,尽可能选择地方性和实用性比较强的课题,使高校服务地方的职能作用得到充分发挥。运用政策和行政手段引导和鼓励教师主动争取课题立项,努力参与合作探究,以课题研究为契机,实现理论素养与实践能力的双提升。

4. 搭建好进修深造平台

高校为地方提供高质量、宽领域的服务,需要有一批理论研究和实践能力十分优秀的教师群体,具有地方企事业单位所不具备的专业理论和技术优势。结合学校的学科和专业建设,面向地方产业升级和社会建设的需要,有针对性地选派教师去国内外著名的学府和企业进修深造,提升他们的理论造诣和专业技能水平。

(三)组建专职与兼职相促进的互通机制

在一些高校中已经有了相关的做法。一方面,为解决实践课教师严重不足的问题,很多学校都聘请了一些兼职教师,请机关、企事业单位富有实践经验的人来给学生上实践课。这无疑是正确的选择,能从整体上改善教师队伍的专业和能力结构。这些来自一线的兼职教师既有丰富的实际操作经验,也有工作中遇到的难题和困惑,还有大量市场信息。这些信息、难题和经验对学校教师和学生来说都是宝贵资源。

高校要充分使兼职教师的价值和能量得到充分挖掘,在他们给学生上课的时候,可安排相关教师去听课评课,观摩学习。通过召开专兼职教师座谈会,加强信息交流,探究行业走向,商谈人才培养规律,达到专兼职教师知识互补、能力互进的效果。对一些教学能力比较强的兼职教师,学校可以打破职称和待遇的限制,作为特殊人才加以引进,变兼职为专职。

同时,高校也可以选派一些年轻优秀的教师去企事业和机关单位挂职锻炼,参与技术指导、行政管理或科技合作。很多地方本科院校通过科技特派员的方式送教师去农村和企业开展服务,不仅深受群众欢迎,也很能锻炼教师,其综合能力有明显提高。目前这方面的渠道还比较少,特别是高校的高层次学术人才和中层管理人员去地方行政机构和企业挂职还没有步入正常化、规范化轨道。

(四)共建校内与校外有效互动的成长通道

在转型发展的形势下,高校教师的很多专业能力在学校和教室内并不能得到提高,也不是教师通过自学和思考能够增强的,必须走出校门,走向经济社会文化建设第一线,走进企业、实体和机关单位,在实践中经受实实在在的锻炼和感悟,才有可能促进专业能力的成长。这就需要建立高校与企业、事业与行业的合作关系,让教师在生产建设最前沿提升专业能力:通过与企业开展科技攻关合作,提升教师的实践应用能力;通过与企业开展行业培训合作,提升教师的理论指导能力;通过与企业开展技术转让合作,提升教师的科技创新能力;通过与企业开展订单培养合作,提升教师的协调管理能力。

教师要通过亲自实践,发现自身知识结构的缺陷,了解理论与现实的距离。一方面,学校要把加强校地、校企合作作为推动转型发展和教师专业成长的重要引擎来抓,主动与地方政府和企事业单位建立稳定互信的合作机制,为教师专业成长搭建畅通无阻的交流通道和实践锻炼的平台。在实际工作中,应当防止和避免以校企合作代替校地、校校合作,要为地方政府提供区域经济发展、产业建设、资本运作以及干部、师资培养培训等方面的服务,这也具有很重要的意义,对学校不同专业教师的成长也有重要的作用,学校和教师都不能忽视和放弃这些平台与机会。另一方面,学校也应出台规定,新进教师凡是没有机关、企业、行业经历的,都应当去这些地方实践锻炼后才能给学生上课。对学校现有的缺少机关单位和企事业工作阅历的教师,要有计划地组织他们到企业、行业去锻炼,并取得相应的资质证明。

(五)创建传承与创新相统一的课堂教学模式

提升课堂教学能力是高校教师队伍建设的当务之急。虽然每年都有一些教学方面的成果和荣誉,但从整体上看,大多数教师都存在教学能力与教学任务不相适应的问题,教学理念落后、教学方法陈旧、教学效果低下的状况始终没有实质性改观。教学是学校培养人才的最主要方式,教学能力是教师最根本的能力。高校只有多措并举,确保大多数教师的教学能力有实质性的提升,才能实现转型发展的目标。

1. 在深化课堂教学改革中提升教学能力

和基础教育比较来看,高等教育更应该具备课堂教学改革的条件。从可能性看,学生的综合素质比较高,没有升学率的压力,没有海量的作业和考试。从必要性看,大多数高校的学生毕业后将直接进入社会,大学是他们在教师教导下增强独立思考和独立处理问题的能力、增强自我学习与自我管理的能力、增强理论联系实际的能力的最后机会,他们个人能力和人格的成长比掌握一些抽象的概念和公式更加重要。但可能性和必要性并不代表事实,高校课堂教学改革无论从氛围还是从效果看,都滞后于基础教育。提高教师的课堂教学能力必须改变教师的教育理念,把教学对象当作灵动的生命个体,而不只是接受知识的容器,他们也有表达自身观点、意见的愿望;必须改变教师的教学方式,不是让学生被动地接受,而是启发学生的思维,调动学生自主学习的积极性和内在潜力;必须改变教师的教学角色定位,把课堂的主体地位还给学生,把每堂课的大部分时间留给学生,让学生自主探究,相互交流,自我展示。学校应当坚定推进课堂教学改革的信心和决心,给教师提供课改的压力、动力和平台。

2. 在传承和发扬优秀教学传统中提升教学能力

从孔夫子开始,中华民族就积累了许多教书育人的经验,中华人民共和国成立后也有许多成功的教学方法,特别是很多高校在兴办师范专科教育时创造了许多独到优秀的教学方法,这些都是十分宝贵的教学资源,应当认真继承和发扬,不断丰富新时期高等教育的教学手段,如注重做学生的思想政治工作,加强与学生家长的沟通交流等,把这些优秀的传统教学手段与课堂教学改革有机结合起来,是提高教师教学能力和教学效果的最佳选择。

3. 在加强高等教育与基础教育的对接中提升教学能力

长期以来我国的高等教育和基础教育在育人理念和教学模式上都存在严重脱节,从而造成教学资源的浪费和教学效果的低下,也限制了高校教师教学能力的提升;高校教师不熟悉高中学校的教学特点和教学方式,无法形成教学思路和教学手段的有效链接,使进入大学深造的学生难以适应高校教师的教学方法和方式,影响教师教学水平的发挥和教学能力的提高。同时,由于高校与基础教育的脱节,也使高校教师失去了学习借鉴基础教育教学经验和方法的机会,使教学手段显得单调呆板。突破高等教育与基础教育之间的藩篱,加强高校与基础教育学校的对接互动和教师之间的深度交流,相互到对方的学校去进行教学体验,这对高校教师的教学能力提高必将大有裨益。

(六)筹建教学与科研相循环的促动机制

在一些高校中不同程度存在教学与科研相脱节的现象。有的教师教学能力强,所上的专业课很受学生欢迎,对课题申报和学术研究不感兴趣,多年不发表科研论文;有的教师则一心一意搞课题、发文章,把教学当副业,课堂教学质量一直徘徊不前。在学术研究中,围绕教学过程中碰到的问题申报课题立项的少,把科研成果运用到教学中去的更少。以科研推进教学,以教学促进科研,形成教学与科研的良性互动机制,也是高校教师提升教学能力的重要措施。

1. 鼓励教师围绕教学教法生成和申报课题

认真研究当前高校学生的个性特点和兴趣爱好,研究教学方法与新时期人才培养目标的适配性,研究如何运用新媒体丰富教学手段,提高教学效果等,对这类课题高校可以提高课题经费的配套比例。

2. 引导和促使教师教学与科研协调发展

对热心教学、科研能力相对较弱的教师,应鼓励他们做一些课题研究,并定向安排一些校级课题请他们研究;对那些对教学不感兴趣的教师,通过督导等手段促使他们把一部分精力用在提高教学能力上来,引导他们把科研的热情和智慧与改进教学方法有机结合起来。为实现两种类型的教师优势互补,可以促成其结对帮扶,取长补短。

3. 保证年轻教师有适当的学习研究时间

一些高校中青年教师承担了大量的教学工作,加之他们的家庭负担较重,上有老下有小,用于科研的时间和精力所剩无几,既没有时间补充新的知识,优化知识结构,更没有时间静下心来研究一些学术问题升华教学方法。长此以往,不仅其教学科研能力无法提升,而且其教学热情和职业幸福感也会逐年下滑。这对高校的持续发展是十分不利的。

(七)重建知与行相统筹的评价体系

科学的评价标准可以使教师专业能力得到提升。对高校来说,制定完备的教学质量评价体系,是围绕转型发展目标提高教师专业能力的重要手段。

其一,在评价体系中适当加大实践能力的权重,彻底改革过去以发表多少论文来衡量教师能力强弱的做法,把教师的实际操作能力、科技转化能力和组织管理能力纳入考评内容,细化评价标准,保证教师的实践能力得到应有的重视。当然,具体到不同学科不同专业,要坚持因地制宜、区别对待,不能搞"一刀切",不同学科不同专业教师实践能力的权重应该有差别。同时也不能矫枉过正,忽视理论修为的重要性。

其二,根据评价要求不断完善考评机制。教师实践能力的内涵比较复杂,实践创新能力、指导学生实践的能力、科技成果转化应用能力等,相互之间要有个相对公平的分值,既要考虑实际效果,也要考虑过程;既要考虑经济效益,更要考虑社会效益。为确保考评的公平公正,评委的组成要有教师、学生、企业行业的专业人员参加。

其三,强化考评结果的运用。高校要把考评结果与教师的评先评优、晋职晋级、绩效工资、进修培训等内容挂钩,严格兑现,拉大不同能力、不同业绩的教师之间的经济和政治待遇的差距,打破平均主义的思维和做法,真正发挥考评的导向激励作用,促进教师专业能力的不断提高。

(八)兴建名师与后学相促进的成长模式

在高校的教师群体中,有一批思想活跃、充满朝气的年轻教师,也有一些教学经验丰富、科研成果丰硕的老教师。他们各有所长,各有所短,在日常的教学科研中表现出明显的互补性。但这种互补或者合作,都是自发的、随意的,缺乏相应的规范。学校应当把这种互补或合作通过制度规范起来,成为培养年轻教师成长、提升其教学能力的重要途径。

1. 建立高校名师工作室

每个学科或专业,遴选几个在圈内有一定的影响、教学经验丰富的教师组建若干名师工作室,如校内暂缺这样的人才,也可以从校外聘请名师组建工作室。每个名师工作室配备一定数量的年轻教师,借用中国民间工艺传承的师徒制模式,由名师对年轻教师进行带班授艺。这种模式相对一般的行政或学术上的隶属模式其传承意味更加浓郁,更能密切相互之间的关系。

2. 明确名师的责任和权利

名师既可以把名师工作室的其他成员当作助手,为自己的教学科研提供必要的帮助,在共同的事业追求中加深理解,增进默契,名师有权将责任心不强的成员开除。同时,名师也有责任帮助他们提升教学科研能力,把自己长期积累的研究方法和感悟无私传授给他们。学校要建立健全名师工作室制度,把培养后学的成效纳入名师工作室考核的重要指标,对工作室成员教学科研能力提升明显的名师给予相应的物质奖励,对只讲权利不讲责任的名师可取消其资格或撤销其工作室。

3. 为名师培养后学提供良好条件

名师工作室的最主要的任务是手把手培养教师,学校有责任和义务给予必要的支持。每年安排一定数量的名师工作津贴,并为名师工作室配备相应的工作经费,对成效明显、业绩突出的名师工作室给予奖励,对"带徒"有功的名师在职称晋级和绩效分配上给予倾斜。

三、优化新时代高校教师队伍的结构

(一)新时代高校教师队伍结构的优化目标

1. 学历结构目标——良性互动、稳定和谐

学历在一定程度上代表教师的专业素养,是评价一所高校教师队伍总体质量的重要指标。当前来看,高校教师的学历结构存在明显失衡,主要是学士、硕士和博士的比例严重失调。据调查,大多数高校的教师队伍,具有博士学历的教师占比为10%左右,本科学历占比在10%以下,而硕士学历教师占比达80%以上。师资队伍的学历结构不是合理的椭圆形,而是中间部分过于膨胀,几成圆形了。这种结构不利于学校和教师个人的发展。

其一,不利于教师的专业晋升。很多硕士学历的教师在参评中级职称时矛盾并不显得尖锐,到参评副高职称时,因为上级文件规定的职称数额是逐级递减的,越往高处职数越少,众多有中级职称的教师去竞争为数不多的副高职称,有一部分教师连续参评几年都未能晋级,不仅年龄由青年步入中年甚至老年,而且还面临年轻后学弯道超车、抢占稀有的副高职称的危机。

其二,不利于教师稳定和教学安排。很多怀揣硕士学位考进地方高校的教师到学校任教后,都会想方设法去攻读博士学位,有的教学学院教师总数不足百人,而在外读博的教师人数达十几人,导致一线教学师资严重不足,影响教学质量。而且有相当一部分教师以读博为平台,寻找更好的高校,博士学位一到手,便跳到待遇更好的高校去了。这对学校优秀人才的稳定是一个很严峻的挑战。

对这些高校来说,解决这一问题的关键在于解构现有的教师队伍学历构成,真正将圆形结构打造成椭圆形结构,大力引进一批具有博士学历的教师,使博士教师达到专任教师总数的30%左右,硕士学历教师占 65% 左右。以学历结构的优化来为教师职称晋级和稳定人才、调动教师教学科研的积极性提供有效保障。

2. 年龄结构目标——梯次、递进和充满活力

年龄结构是教师队伍结构的基石,其他结构都与年龄结构有密切关系,教师队伍的年龄结构科学合理,就能够为其他结构的优化奠定好的基础。高校每年在制订教师招聘计划时,科学分析本校的师资年龄特点,适当控制 30 岁以下教师的数量,通过优惠政策招揽一批 40—45 岁的中年优秀人才,以更优厚的待遇引进少数 50 岁以上的高层次学科领军人物。这样的老中青相结合的年龄结构有利于构建领军人物挂帅、中年学者担纲、青年教师参与的教学科研团队,既能充分发挥"传帮带"的师徒效应,让青年教师尽快成长,也能够将年长学者的智慧、中年学者的成熟和青年教师的活跃有机结合,达到取长补短、相得益彰的效果,更为重要的是能够保证本校的优势学科和重点专业薪火相传、后继有人。对现有青年教师比例过大的问题也要通过综合措施认真加以解决,如推送他们继续进行学历深造,或选送去国内外名校访学,或推荐到当地党委政府部门交流任职和担任科技特派员,还可以根据青年教师个人的专长和特点,鼓励青年教师一部分以教学为主,一部分以科研为主。从而有效化解青年教师群体过大的矛盾,同时也为学校未来发展提供后续力量。

3. 经历结构目标——功能完善、能力互补

教师的经历通常与其能力水平有着紧密的联系,优化教师的经历结构就是优化教师的能力结构。高校尤其是地方高校必须在较短的时期内解决教师学术经历有余实践经历不足的问题,以适应学校转型发展和培养应用型人才的需要。从教师队伍进口和培训两个环节着力,有计划地引进一批具有丰富社会一线工作经验的专业人才充实到教师队伍中来,引导和鼓励一些年轻教师到企业和行业进修学习、挂职锻炼,丰富他们的实际阅历和动手

能力。同时,秉承不求所有但求所用的原则,根据人才培养和专业发展需要,聘请企业、行业和政府机关资深的专家和管理者作为学校的兼职教师。力争通过三五年的努力,实现"双师型"教师占专任教师比例30%的基本目标,然后再以学校发展的实际需要为依据,逐年提升"双师型"教师的占比,确保教师的经历结构与高校人才培养的要求相适应。

4. 专业结构目标——特色鲜明、适应需求

一方面,社会产业升级和技术创造对专业人才的需求变化是比较快的;另一方面,学校教师专业能力的培养和调整是比较慢的,快与慢的错位很容易使学校教师的专业结构落后于产业发展的需求,进而使高校的学科专业设置滞后于社会需求的变化。

教师队伍的专业结构在很大程度上决定学校学科专业的结构,而学校学科专业结构又决定学校能否为社会提供优质适切的供给。可以说,教师专业结构决定高校的前途和命运。第一,学校应当根据经济社会发展变化的趋势确定学校重点建设的学科和专业,科学制定学科专业建设规划,其中既包括兴建新的紧贴社会需求的专业,也包括做优学校部分有发展前景的老学科和专业,淘汰一些过时的没有市场前景的劣势专业。学科和专业建设应当突出地方性和特色。第二,着眼于学科专业建设制定专业教师队伍发展规划,集中学校主要资源引进和培养专业建设急需的专业教师,以优质的专业教师保证一流的学科专业建设,同时分流消化过剩专业的教师。第三,建立常态的教师专业结构调适机制,鼓励教师知识结构多元化,专业能力多元化,使教师队伍专业结构保持动态的合理性。

5. 职称结构目标——衔接有序、晋级有望

在高校,职称对教师的社会荣誉和经济待遇有着重要的影响,是教师群体最关注最看重的事情。在现行体制下,一所高校

各个层级的职称数量又是依据学校教师总量和学校办学档次作了明确规定的,优化教师的职称结构,学校的作为受到多方面的制约。然而职称又是学校最重要的资源,对引导学科建设、专业发展和调动教师教学科研积极性具有不可替代的作用。因此优化职称结构是各个高校特别是职称资源比较稀缺的地方本科院校必须交出的答卷。

第一,科学确定各类职称的所占比例。教学是高校的主体职能,在职称的分配上必须将主要职数分配给教师序列,各级职称中教师序列所占比重不能低于80%,特别是正高职称教师序列应当占到85%以上。只有这样才能真正引导和鼓励教师在教学一线建功立业。

第二,合理建构各个层级的职称结构,确保每个层次的职称数量留有余地,使每个层级的教师都能够看到晋级的希望。在招聘教师和引进高层次人才时,应当充分考虑学校现有的职称结构,对已经趋于饱和的职称层级,可以不引进或少引进相同层级的教师和人才,以免造成教师职称晋升的"肠梗阻",影响在校教师的积极性。特别是对高职称人才的引进,一定要以引进学科带头人为主,而不能为数量目标而引进。

第三,严格职称晋级条件。一些高校在升本之初为了凑足某个层级的教师数量,有意放宽晋级条件,使一部分教学和科研水平并没有达标的教师获得了希冀的职称。若干年之后,这个层次的职称数量已近饱和,很多有水平有成果的教师迟迟得不到晋升,因而不得不离开,从而导致优秀人才大量流失。越是珍稀的资源越要用到要害处,任何有意或无意的浪费都会给学校教师队伍建设造成损害。

6. 学缘、地缘结构目标——五湖四海、兼收并蓄

防止因地缘、学缘关系导致经济利益和学术权益的固化,形成开放包容的师资队伍结构,对高校的内涵式发展具有十分重要的意义。从现实情况看,高校之间人才竞争较21世纪之初更为

激烈,高校对人才的需求由量的扩张转变为质的提升。

高校应当改变以往借助学缘和地缘关系引进人才的方式,用更加开阔的视野和更加开放的措施去引进人才。在人才招聘时坚持唯才是举原则,不以地缘、学缘论亲疏,尤其要注重录用综合性名牌大学毕业的硕士研究生和博士研究生。在人才使用时坚持量才录用,以真才实学论优劣、定奖励。随着高校办学国际化步伐的加快,高校应当加大外籍优秀教师的引进力度,真正突破教师队伍的地缘、学缘关系,形成"五湖四海"的教师队伍结构。

(二)新时代高校教师队伍结构的优化策略

推进教师队伍结构改善,必须统筹兼顾,科学决策,明确思路,统一思想,形成合力,务求实效。

1. 坚持以学科专业建设为核心

师资结构调整必须以学科专业为依托,紧紧围绕专业建设来展开。脱离学科和专业建设来调整师资队伍结构,就会失去着力点和实际归宿,必然成为无源之水、无本之木。学科和专业建设是调整师资结构的主要依据,也是检验师资结构调整是否到位、效果是否明显的唯一标准。师资结构调整必须始终适应和满足学科专业结构调整的需要。基于此,高校在调整师资结构的过程中,应当建立健全三个重要机制。

(1)敏捷的社会需求反应机制

突破传统的专业和课程设置闭环,建立面向社会需求的反应敏捷的调适机制,对高校课程设置和专业调整至关重要。高校组建专业团队时应对国家重大产业特别是新兴产业的形成与发展情况进行系统分析,加强对区域经济发展方向的研究,积极参与地方经济和文化建设,把握国家产业布局和发展趋势以及区域经济特点,并以此作为学校专业和课程调整的现实依据。只有深度融入国家和地方的经济文化建设,高校才能科学合理地确定学科和专业布局,进而引领学校教师队伍结构的调整。

(2)有效的专业创新机制

高校要实现为地方经济社会服务的职能,在专业建设上应当具备较强的社会适应和创新能力。对新兴产业和新的人才需求导向不仅要有敏捷的认知和把握能力,还要有快速的行动力,或率先组建新兴的专业,或以原有优势专业为基础加以改造和创新。谁能在时间上领先,谁就抢占了专业建设的先机或制高点。这种行动上的敏捷既需要有一支高素质的适应能力超强的教师队伍做保障,同时也能够进一步促进教师队伍结构的优化。

(3)强力的专业引领机制

高校在专业建设上不能满足于被动适应经济社会发展的需要,而应当通过技术集成和科技创新用先进的专业建设引领产业革命和文化发展。被动适应不能体现高校的存在价值,只有主动引领才能真正发挥高校人才密集和科技聚集的资源优势。如果高校只是被动迎合社会需求来调整专业结构,专业建设永远都无法真正与社会需求同步从而实现高度契合,而且师资队伍结构也会在被动适应的过程中出现疲惫和麻木。只有变被动为主动,高校才能聚精会神来抓优势学科和特色专业的建设,才能使师资结构保持相对稳定,使广大教师的聪明才智得到充分发挥。

2. 坚持以动态化管理为手段

教师队伍结构优化实质上就是打破原有的固化结构,突破原有体制机制的藩篱,清除以评定定终身的陈规,构建充满活力的动态师资结构,让各种要素自由流动,各类资源活力迸发。没有管理上的创新做保障,教师队伍结构优化只能是一个美丽的"童话"。

(1)职称能上能下

长期以来,高校教师的职称都是"单行道",只能上不能下,职称是每一个教师最大的追求,也是教师最好的保障。很多教师开展教学只为攒够课时量,申报课题撰写论文只为迈进职称晋升的门槛。一旦目标达到,便偃旗息鼓,不思进取。有职称这个"丹书铁券"的保护,他们能完成本职工作已属难能可贵,至于寄希望于他们关注科技前沿,更新专业知识,拓展专业领域,提升专业能力,那无异于缘木求鱼。因此,只有开通职务既能上也能下的路径,根据教学业绩和科研成果考核,对无所作为的教师实行高职低聘,才能激活他们的内在动力和内在潜力,也才有可能在师资结构调整中具有更大的适应性。

(2)职务能升能降

由于官本位思想的影响和高校行政权力高于学术权力的现实,很多教师通过各种途径从教学岗位转到行政管理岗位,并行使相应的管理职能,甚至一些功成名就的教授也放弃学术研究跻身于行政管理行列。从实际来看,即使在高校这种行政色彩相对淡一些的单位,也一直保存着职务能升不能降的传统,导致行政职务也成了安稳的"避风港",成为很多教师向往的栖身之所,在这里既能掌握一定的资源,又能避免学术科研的竞争压力。一些学术能力较强而管理能力不足的教师也想方设法往行政岗位转,这就导致原本不多的教师资源被浪费,行政管理效能又受到影响。加强对行政管理人员的目标管理考核,对不能胜任本职工作的管理者实行降职处理让行政管理岗位也经受风评和考核的检验,使行政职务不再成为人人向往的"避风港"。如此便能较大限度地提高管理效率,减少行政人员,让一些优秀教师重新回到教学一线,提高高校教书育人的质量。

(3)岗位能少能多

总体上教师资源的相对稀缺是优化师资结构的最大制约,这种稀缺既表现为高校在人才引进时选择度不高,一些急需人才资源稀缺,难以引进;也表现为受人事编制限制,校内的专业教师数量不足,师生比偏大,加之学校面面俱到的管理系统占用了较多的事业编制,这又加重了专业教师总量不足的程度。由此来看,要根据学科专业建设的需要来优化师资结构,无疑是一项难度极大的工作。要实现师资结构优化的目标,最有效的方法就是提高能力复合型老师的比重,让大多数教师具备一专多能的素质,既能在某个岗位做出骄人的业绩,又能胜任有一定关联性的其他岗位的工作。只有这样才能使高校去掉落后"产能",在培育新兴专业的过程中得到及时有效的师资保障。学校一方面应当引导和鼓励教师关注产业发展和科技前沿动态,突破学科和专业壁垒,加强相关领域的课题研究和技术攻关;另一方面要加强教师的培养培训,根据学校发展规划和专业建设重点,提前安排教师进行新知识、新技术和新能力的培训。对专业调整之后的富余师资,也要通过进修培训,找到并胜任新的工作岗位。

3. 坚持以教育发展规律为遵循

优化教师队伍结构必须严格遵循高等教育发展规律,既不能照搬照抄其他行业和部门的做法,也不能搞长官意志和轻率决策。

(1)坚持眼前与长远相结合

优化教师队伍结构,既要着眼当前,按照问题导向思维,解决好教师队伍结构失衡、效率低下的问题,特别要破解好学校教师资源不足和浪费严重、"产能过剩"和有效供给不足同时存在的矛盾,以优良的师资结构来提升育人质量和办学效益。同时又要放眼长远,把握经济社会发展趋势和变化规律,把握高等教育的发展方向和内在规律,让思想观念紧跟时代发展的步伐,用前瞻性思维来谋划专业布局和师资结构,防止结构调整大起大落,劳民伤财。

(2)坚持坚守与应变相结合

教师队伍结构优化调整应当坚守高等教育的话语体系,用符合高等教育规律和高知识群体特点的思维和方法来推进,不宜完全套用市场经济的方法和物质刺激的手段来推进师资结构调整;应当坚守本校的办学特色,以学科特点和专业特点为基础,打造独具特色的师资队伍结构。与此同时,又要用开放和开明的心态谋划师资结构,善于和勇于吸纳新的资源,吸收新的理念,吸取新的经验,因势而变,顺势而为,使师资队伍结构与时俱进,充满活力。

(3)坚持实际与创新相结合

实事求是、从实际出发是马克思主义的思想路线,也是优化高校教师队伍结构的基本方法。一方面打造优良的教师队伍结构,要立足于学校的实际,包括办学条件和教师队伍实际情况,循序渐进,协调推进,切忌贪大求全、好高骛远、急躁冒进。另一方面又要大胆创新,在路径上、方式方法上独辟蹊径,根据不同的情况、不同的对象和不同的问题采取不同的方法和措施,因时施策,因事施策,切忌食古不化、简单粗放。

4. 坚持以服务促优化为原则

教师队伍结构优化既要有科学求实的精神,更要有服务至上的理念。过分强调行政推动力和制度约束力,而忽略高校自身的特点和优势,放弃服务师生的基本宗旨,是无法实现优化教师队伍结构目标的。以提供优质服务为手段,激发教师的主动性和创造性,是教师队伍结构优化的最佳路径。

(1)寓服务于以人为本之中

确立以人为本的思想,是开展优质服务的逻辑起点,一个以物为本或视人为物的管理者是不会有服务意识的。在优化师资结构过程中,必须突破把人与财、物并列起来作为管理对象的传统思维,突出人的主体性和主体地位,教师队伍结构优化要让教师在各个岗位上都能有所建树,必须激发和保护好教师内在的主动性和创造性,否则师资结构调整只能成为一种摆设。把教师作为学校学科专业建设和优化师资结构的主体,竭诚为他们服务,是激发和保护他们主动性与创造性的唯一途径。

(2)寓服务于思想政治工作之中

教师队伍结构优化必然会对一部分教师的切身利益产生影响,导致一部分教师对个人事业的发展定位做出新的调整。我们既不能要求每一位教师都有很高的思想境界和大局意识,也不能一味运用行政权力和制度规定强迫他们绝对服从,而是要通过耐心细致的思想政治工作和周到细微的服务赢得他们的信任,用学校未来发展的愿景培育共同的价值取向,用独特的校园文化情结达成群体意识,使每一位教师都对学校的学科专业建设和师资结构调整发自内心地认可和支持,形成强大的工作合力。

(3)寓服务于民主决策之中

无论是优化学历结构还是职称结构,抑或是打破学缘、地缘结构,每一项政策措施的出台,都应当尊重和保护教师的知情权、参与权和决策权,坚持人格平等、相互尊重,通过平等对话、沟通交流,达到集思广益、科学决策的目的。教师参与决策,并不只是起着提建议、谋良策的作用,更重要的是统一认识、达成共识、推动落实。如果仅仅把教师当成执行学校政策规定的工具,再好的决策都难以落到实处,难以实现预期效果。

(4)寓服务于竭诚为教师排忧解难之中

受办学条件和经济实力的制约,高校相当一部分教师的工作和生活都存在一些不尽如人意之处。师资结构调整还会给一部分教师增加新的困难和困惑。如果我们只两眼盯住前方的目标,而不顾后面留给教师的困难和问题,这样的进步是走不了多远的。只有"瞻前顾后"、协同推进,才能获得成功。所以对师资结构调整过程中出现的矛盾和问题,特别是教师遇到的困难,应当高度重视,及时主动为他们排忧解难。对那些专业过剩的教师,对那些专业转换有困难的教师,对那些因能力或业绩不能胜任本职工作而受到降级降职的教师或管理人员,要因人而异,有的放矢,用不同的方法,有针对性地帮助他们卸掉包袱,提供新的创业机会和事业平台,以和谐安定的干事环境保障师资结构调整工作的有效进行。

第五章 新时代高等教育国际化发展

20世纪末,经济合作与发展组织(OECD)先后召开两次高等教育国际化会议并指出:高等教育国际化已从边缘因素逐渐变成了高等学校管理、规划、培养目标和课程改革的一个中心因素。联合国教科文组织也在1996年发表的《高等教育变革与发展》文件中将高等教育的主题定为"质量、针对性和国际化"。自此以后,高等教育国际化越来越受到世界各国的共同关注,而进入21世纪后,高等教育国际化更是成为高等教育发展与变革的中心议题。

第一节 高等教育国际化的内涵和动因

推动高等教育国际化发展的重要前提是明确高等教育国际化的内涵。另外,通过分析高等教育国际化的动因,可为高等教育国际化发展寻找动力源,建立高等教育国际化发展的动力机制。

一、高等教育国际化的内涵

虽然"国际化"一词由来已久,有关其含义的讨论也在不断进行,但直到20世纪80年代初,伴随着互联网的普及,高等教育界呈现出加速国际化的趋势,"高等教育国际化"这一概念才应运而生。高等教育国际化是一个逐步形成的概念,其内涵和外延也处于不断的发展之中,出现诸如国际化教育(International education)、比较教育(comparative education)、全球教育(global education)、多元文化教育(multi-cultural education)等相关概念。尽管在不同的国家、地区,对于不同的高校、参与者而言,高等教育国际化有着不同的含义,不能一概而论,但是"国际高等教育"和"高等教育全球化"始终都是与高等教育国际化关系最为密切的概念。

(一)国际高等教育

潘懋元教授是我国高等教育界的元老,其将高等教育定义为"建立在普通教育基础上的专业教育,以培养专门人才为目标"。此后,众多学者提出了有关高等教育的定义和内涵,但均未超过潘懋元先生给出的概念框架。高等教育根据涉及的专业类别不同、地区国家不同、时间年代不同,又包含许多子概念,其中国际高等教育就是从地域范围角度提出的一个概念,与中国高等教育相对比区分,是倾向于从国际视角而非国内视角定义高等教育的。国际高等教育这个词语与国际化高等教育有着密切的联系,因此,除了从地域范围角度来定义国际高等教育之外,还应该从其功能和趋势角度来定义,即国际高等教育是指在世界范围内开展的、适应国际化趋势和全球化进程的、强调国际交流和交往的高等教育。

(二)高等教育全球化

维基百科英文版(Wikipedia)对全球化作了这样的形容:"由世界观、产品、理念和文化交流剧增所导致的国际一体化进程。"世界银行将全球化定义为"日益一体化的国际经济和社会"。国际货币基金组织(the International Monetary Fund,IMF)将全球化划分为四个基本的领域,即国际贸易、资本流动、人口迁移和知识传播。英国《经济学人》(*The Economist*)杂志用约翰·伦农(John Lennon)一首歌里的歌词来比喻全球化:"想象那国家将不再存在,而要做到这点也并不困难。"加拿大学者简·奈特(Jane

Knight,1993)则认为,"全球化是指技术、经济、知识、人类、价值和观念的潮流以各种不同的方式对每个国家的历史、传统和文化所产生的影响及作用"。从中可以发现,全球化的含义各有不同,因人而异。全球化影响着我们日常生活的方方面面,其中当然包括高等教育。美国著名比较高等教育学家阿特巴赫(Philip G. Altbach)认为,从广义上讲,高等教育全球化指的是高等教育已经超越单个国家的影响,其影响结果包括:高等教育的大众化;面向学生、教师和学校职员形成的全球化市场;全球范围内的以因特网为基础的网络教育等。随着世界贸易的发展和各种贸易规则协定的制定,高等教育将逐渐由国际化走向全球化。按照周洪宇等学者的说法,高等教育国际化发展为全球化,将从高等教育市场全球化指标、留学生市场全球化指标和高等教育质量全球化指标三个方面来考查。衡量高等教育发展的程度,也即判断高等教育处于从国际化向全球化发展的何种程度,主要是根据各国高等教育服务贸易纳入世界贸易组织服务贸易总协定的程度,如果不作任何限制,全部履行规定,则意味着高等教育市场全球化时代的真正到来,它是高等教育全球化的最高标准、最终标准。同时,为了更加简便地衡量高等教育全球化的程度,可以使用留学生市场指标这个单一量化指标,一旦一个国家高等教育机构的在校留学生比例超过8%,就意味着该国高等教育开始由国际化进入全球化阶段,它既是高等教育全球化的起点指标,也是高等教育全球化的通用指标。[1] 因此,可以认为,高等教育全球化是随着经济全球化,尤其是各种国际贸易规则协定的制定和实施而产生的,以促进高等教育领域的全球性交流与合作为主要宗旨,以开放性、同一性和互动性为主要特点的全球性活动。

(三)高等教育国际化

日本学者江渊一公(Ebuchi kazuhiro,1990)对高等教育国际

---

[1] 周洪宇,黄焕山.论高等教育全球化的指标体系[J].高等教育研究,2008(7):11-20.

化进行了这样的定义:"高等教育国际化是高等教育系统的教学、研究和服务功能变得更加国际化和便于跨文化交流的过程。"简·奈特(1993)首先把高等教育国际化定义为"将国际的、跨文化的、全球化的理念与大学或学院的主要功能整合起来的一种视角、活动或项目",后来奈特(1999)又对此定义进行了修正:"高等教育国际化可以定义为从国际化的、跨文化的维度来整合高等教育机构的教学、研究和服务功能的过程。"在我国的相关文献中,有关高等教育国际化的一些解释如下:加拿大雷森综合技术大学教授曾为OECD的机构管理项目撰文,把高等教育国际化定义为"是把国际的、跨文化的维度整合到教育机构的教学、科研和服务功能之中的过程";"国际技术援助与合作计划给出的高等教育国际化的定义是与国际研究国际教育交流与技术合作有关的各种活动、计划和服务";"实际上,所谓高等教育国际化,就是指一个国家的高等教育从国内走向国外,在教育目标、教育内容、教育方法等方面都进行相应的变革和创新,以适应国际教育需要的过程";"所谓高等教育国际化,是指跨国界、跨民族、跨文化的高等教育交流与合作";"所谓高等教育国际化,是指高等教育国际交流、合作与融合的一种发展趋势,它是一个动态的渐进过程"。

高等教育国际化与全球化这两个术语经常被学者们交互性地使用,并不作特别的内涵区分。汉斯·迪·威特(Hans de Wit,2002)指出,这种混用且不加区分的做法是有很大问题的,两者差异的明晰实质上就是对国际化内涵的更准确把握。我们可从以下两个方面加以简要解析。

第一,这两个概念有着不同的本质内涵。简·奈特所做的区分非常清晰明了。她认为,"全球化本质上是一种跨越国家边界的技术的流动、经济的流动、知识的流动、人的流动、价值观的流动、观念的流动等,全球化会根据一个国家自身的历史、传统、文化及其倾向等以不同的方式影响每个国家"。而国际化则是应对全球化影响而采用的一种方式,并且该方式也会遵从一个国家的独特性。由此,全球化的出发点是整体世界的变化、流动与整合,而国际化的出发点则是国家层面的应对措施和战略构建。这也恰如彼特·斯科特(Peter Scott,2000)所指出的:"国际化与一种由国家所主导的世界秩序相关联,它所强调的是一种战略关系;而相反,全球化则暗含着将这种世界秩序重新秩序化,以形成新的区域集团和联盟,暗含着通过高技术和世界文化去打破国家的边界。"由此可见,上述一系列思想与阿特巴赫的观点存在本质上的一致之处,即国际化的核心成分是一个国家的身份和文化,也就是说,国际化强调国家之间、文化身份之间的关系,它是以一个国家及其文化的保存为基础的;而全球化则是将文化的同质作为其结果或基础,强调的是文化的最终融合与统一。

第二,高等教育的国际化与全球化之间又存在着辩证的联系。从前文的分析可以看出,全球化是一种具有理想负载(ideologically loaded)的状态,它超越了"国家主义的动力学"(the dynamics of nationalism),而将一种国际主义(internationalism)作为其逻辑指向。作为当今世界发展的主要潮流与趋势,全球化的发展必然带来高等教育中的信息的国际流动、学者的国际流动、学生的国际流动,这必然引发高等教育国际化的深入发展,而这种发展又是以世界范围内的高等教育系统的结构及政策的融合为支撑的。很显然,这种融合、统一可明显地看作整个社会全球化发展的一个直接结果。由此可见,全球化引发了国际化的发展,而国际化的实施与运作又必然推动全球化的发展进程,通过相互之间的紧密联系,两者均走向更高的发展螺旋。

二、高等教育国际化的特征

进入 21 世纪后,一波崭新的高等教育国际化浪潮在全球范围内兴起,高等教育国际化进程呈现出加速发展的势头,具备了与以往存在显著差异的鲜明特征。进一步认识世界高等教育国际化的特征,有利于推进高等教育现代化进程。

(一)综合化

虽然高等教育国际化由来已久,但当时的形式比较单一、内容比较简陋,无法真正发挥高等教育国际化的作用和优势。如今,高等教育国际化逐渐表现出综合化的特征,主要表现在三个方面。(1)形式更为多样。除了最为传统的国际学生交流之外,高等教育国际化的形式已经拓展至教学交流与课程共享、科技交流与合作研发、教师交流与师资培养、文化交流与跨文化知识传播等各种形式。与此同时,随着信息技术的飞速发展和新传播工具的运用,高等教育国际化逐渐摆脱了时空的限制,其形式更为丰富和多样。(2)内容更为广泛。从最初的知识传播和人才培养,到如今的文化交流、科研合作和组织建设,高等教育国际化所涉及的内容几乎已经涵盖高等教育的全领域,甚至已经超越高等教育领域,拓展到社会服务、经济发展和政治交流领域,并逐渐成为一种无所不包的全球性社会活动。(3)地域更加宽广。以往的高等教育国际化通常集中在欧洲、北美和日本等地区,且主要表现为发展中国家向发达国家或在发达国家之间的交流互动。如今,随着广大发展中国家的崛起,高等教育国际化的范围已经扩展至全球每一个角落,不少西方发达国家也开始同中国、印度这样的发展中国家开展国际交流与合作,高等教育国际化活动更为广泛和深入。

(二)组织化

各种社会组织机构的大量涌现是高等教育国际化迅速发展的重要表现,高度组织化成为高等教育国际化的关键特征。第二次世界大战之前,从事高等教育交流与合作的机构只有国际教育局(International Bureau of Education,IBE)一个,而第二次世界大战之后国际化的组织机构大量出现,已经形成了以联合国教科文组织(UNESCO)为核心的全球性国际教育组织网络。同时,一些地区性教育机构如东南亚教育部长组织、阿拉伯教科文组织、欧洲文化财团教育研究所等也相继成立。这些国际性或地区性教育机构的成立促进了各国教育、文化的传播与交流。组织化对于推进高等教育国际化进程是大有裨益的：(1)有助于使相关高等教育国际化活动更加规范、科学和有章可循，进而提高高等教育国际化的效率和效益；(2)有助于世界各国和各地区通过组织进行合作，协同开展相关的高等教育国际化活动，充分彰显高等教育国际化的价值；(3)有助于扩大高等教育国际化的影响，让更多的国家和地区，尤其是欠发达国家和地区接受相关的理念、政策、措施，通过高等教育国际化来提升本国的高等教育水平。

（三）个性化

高等教育国际化是世界高等教育发展的趋势，世界各国在推进高等教育国际化的过程中固然会遵循一些共有的原则和要求，但基于不同民族、不同地区和不同文化的差异，高等教育国际化仍然体现出其个性化的特征。

(1)高等教育国际化要充分考虑本国的实际情况。每个国家的高等教育国际化进程都是基于其特殊的政治、经济和文化环境，不可能适用于任何国家或地区。因而，任何一个国家都应该在原有文化传统和教育体制的基础上吸收国际高等教育办学经验与先进科学技术知识，走出一条属于自己的高等教育国际化之路。

(2)高等教育国际化必须坚持创新性原则。每个国家在推进高等教育国际化进程中，绝不能生搬硬套别国的高等教育经验，否则只会招致失败。只有根据本国的实际情况，创新性地学习和借鉴他国经验，实施个性化的高等教育，才有可能真正推动本国的高等教育国际化进程，从而为本国高等教育的进一步发展创造条件。

(3)高等教育国际化要更多地考虑自身的需求。高等教育国际化在促进世界范围的知识传播、文化交流和教育发展的同时，需要更多地强调为本国、本地区和本民族服务的目的。换言之，在推进高等教育国际化的进程中,要充分考虑自身的利益。一直以来,世界的文化和教育的发展都是以欧洲与北美为中心的,甚少考虑其他经济落后的地区和民族。如今,随着广大发展中国家的逐渐崛起,高等教育国际化应改变过去以西方发达国家为中心的价值观,实施符合自身需求和利益的高等教育国际化政策与路径。

三、高等教育国际化的动因

高等教育国际化有着深刻的政治、经济和文化背景,是世界高等教育发展的一种不可逆转的客观趋势。通过审视高等教育国际化的发展历史,尤其是现在的发展状况,我们不难看出正是以下几种力量在推动高等教育国际化的过程中发挥了重要作用。

(一)政治因素

争夺霸权与文化渗透是政治动因的两个主要方面。大学与社会的关系历来是高等教育争论的焦点。在过去几百年里,学院和大学已经成为其所在社会不可分割的一部分。正如管理学大师德鲁克所言:"大学现在不仅是美国教育的中心,而且是美国生活的中心,它仅次于政府成为社会的主要服务者和社会变革的主要工具。"正因如此,高等教育国际化被作为一种工具向外渗透和传播本国的政治观念。

第二次世界大战以来,政府与大学的关系已经难解难分,一方面政府需要大学提供科研和公共服务,另一方面大学也需要政府给予经费和政策保障。二者的密切关系使政府在处理国际事务时,常常将大学作为其外交战略的一张王牌。

高等教育国际化还体现在吸引第三世界国家的留学生和学者方面。由于"在工业化国家接受训练使学生适应了'东道国'的教育体制、知识倾向科研方法以及工作习惯和职业前景",归国后的学生和学者常常会秉持"东道国"的高等教育理念,并依照"国际"标准打造本国的高等教育。由冷战时期形成的争夺霸权和文化渗透,至今影响着国际高等教育。此种动力,已经成为高等教育国际化的一个重要的政治维度。正如美国总统克林顿 2000 年 4 月曾明确指出的教育国际化对美国的重要意义那样:为了成功地在全球经济中进行竞争并维护美国作为世界领袖的作用,美国需要确保其公民能够广泛地认识世界,熟练地掌握其他语言并了解其他文化。美国的领袖地位还依赖于同那些在未来将领导其国家的政治、文化和经济发展的人士建立联系。一贯而协调的国际教育战略将帮助美国满足如下的双重挑战:既使美国的公民为一种全球的环境做好准备,又继续吸引和教育来自国外的未来的领袖。这种政治作用促使一些大国更热衷于国际化教育。

(二)经济因素

经济是社会结构的基础,对整个社会包括教育的发展起着决定性作用。随着社会经济的高速发展,其为教育提供的物质条件越来越雄厚,对教育的要求也会越来越高,进而要求教育做出适当的变化以适应新的经济发展的要求。反过来,教育的生产性又决定了教育,尤其为社会发展培养高级专门人才的高等教育,对社会经济发展起着积极的促进作用。经济因素对高等教育国际化影响主要表现在以下两个方面。

1. 经济全球化要求并促进高等教育国际交流,旨在培养国际型的高素质人才

自 20 世纪 80 年代后期,经济全球化的浪潮波及包括教育在内的众多领域。比利时根特大学旺达姆对经济全球化的影响进行了深刻剖析,他认为:全球化和向知识社会的转换,对大学这一知识中心产生了新的需求和紧迫感;世界范围内对高等教育的需求显著增长;较之于其他,全球化和国际化对大学影响深远的是国家法规和政策受到破坏;全球化明显的表现之一是无边界、跨国界的高等教育市场的出现。原上海师范大学校长杨德广认为,高等教育国际化是世界经济一体化进程的必然要求。高等教育

国际化在以知识为基础的世界经济竞争中提供人才与科技优势，成为制胜源泉和长期保持国际竞争力的因素。经济全球化在加强各国之间在教育资源方面交流的同时，也迫使各国教育市场面向全球开放，所以说高等教育国际化是应经济全球化而生，是世界经济一体化进程的必然产物。

经济全球化的发展使得教育也应达到全球化、国际化，从而要求在经济建设中，以人才培养为主要场所的高等学校，培养出不仅具备专业知识和技能，还需要了解国际经济和社会的规则，了解外国历史、文化和风俗习惯等的高素质人才。显然，光靠一个国家高等教育的努力是不够的，这就要求高等学校的教师、学生和技术人员突破观念和文化差异的障碍，将科研、学术等引出国门、引向世界，加强国际交流与合作，通过合作办学、留学生教育等多种形式和手段，发挥各国高校间联合的职能。

近些年，我国沿海发达地区更是掀起中外合作办学的热潮：2014年3月31日，教育部正式批准设立温州肯恩大学，标志着浙江第一所中美合作大学的正式设立，秋季迎来首批204名新生入学；教育部正式批准武汉大学和美国杜克大学合作设立昆山杜克大学，2014年秋季招生，首批开设全球健康医学、物理学和管理学3个颁发美国杜克大学学位的硕士研究生项目，总计划招生人数100人，平均一个硕士项目仅在全球招收30多名学生。目标生源50%来自中国，50%为国际学生。2014年3月8日，教育部正式批准香港中文大学在深圳开设分校。

2. 经济利益的推动

经济全球化作为当今世界不可逆转的趋势，其推动了高等教育成为国际自由贸易的重要组成部分之一，并使得营利性高等教育部门的影响力不断扩大。可以说，有些国际化项目开办的重要动机之一就是营利。不仅在商业性学校中是这样，就是在一些想要从国际化项目中谋利来解决财政问题的传统非营利性学校中也是如此。对很多国家来说，高等教育国际化的重要形式之一的跨国办学,不论是直接或间接,均被视为高等教育输出国缓解高等教育经费压力的有利途径。很多国家的高校通过招收大量全额自费留学生等手段参与到国际化的进程中。例如,在高等教育国际化的过程中,澳大利亚、新西兰和英国已经采取相应的创收方式,它们纷纷在国外建立国际机构为国内高等教育进行宣传,授权本国高等教育机构向外推销没有本国政府资助的教育服务项目。高等教育发展中国家,如马来西亚和中国等则倾向于按照贸易条款向外国教育机构和教育提供者开放本国教育市场以此来扩大本国高等教育入学机会,从而也为本国学生增加高等教育的多样选择权,缓解办学经费方面的压力。还有一些组织,通过在别国收购、建立学校或与别国公司或教育机构合作等方式参与到高等教育国际化进程中来。这些都在很大程度上推动了高等教育国际化的快速发展。

当前,很多国家已经将高等教育国际化纳入政府的议事日程。如英国、澳大利亚和加拿大等国家,已调整了各自的签证政策和移民条件,以吸引更多的外国留学生。可以说,这些国家如此做的目的就在于维持其经济竞争力,意识到招收大量自费国际留学生有着巨大的经济收益。

(三)文化因素

随着经济全球一体化及信息、传播的全球化,不同国家、不同文化的人们交往越来越频繁,人们要了解世界其他国家文化的需求越来越大,而文化又是依靠教育来传递、保存和发展的。高等教育的文化功能表现为:(1)高等教育本身就是文化的一部分;(2)高等教育承担着人类优秀文化的传承、传播以及创造先进文化的使命。在这样的背景下,各国高等教育不仅要发扬本国优秀传统文化,而且还应该借鉴和吸收各国先进文化,使本国文化既体现其民族特点又迎合国际化的发展趋势。例如,加拿大大学和学院协会做的一项调查发现,一些高校推进国际化进程的主要目的是提高学生国际性、跨文化的知识技能或促进有关国家间文化、经济、环境、政治等方面相互依存的研究。面对高等教育的国际化趋势,特别是面对师生对丰富国际化经历、开阔国际化视野和提升国际化素质的强烈需求,中国对外友好合作服务中心与各高等院校合作成立了"国际师生教育及文化交流中心"和"国际青年师生教育实训基地",在高校内开展面向在校青年优秀师生的国际教育文化交流活动,积极鼓励和支持师生到境外调研和实习。其中"青年师生赴美社会调研项目"是推动本土教育走向教育国际化重要的第一步。该项目是由中美教师带领学生组团,以开展不同课题的社会调研为基本方式,对中国和美国的社会情况进行调查和研究,目的是培养青年师生发现、解决问题的综合能力。通过该项目的过程,他们可以从中清楚了解异国的社会文化,能够积极面对不同文化之间的冲突与融合,更能站到一定高度去思考中国在全球化进程中所面临的各种问题,对开阔师生的国际视野有十分重要的影响。这些举措极大地促进了高等教育国际交流,推动了高等教育国际化的进一步发展。因此,了解别国文化,满足各国相互交流的现实需要,构成了高等教育国际化的文化动因。

(四)科技因素

世界范围内的科学技术特别是新科技革命所带动的信息产业的迅速崛起给高等教育带来了很大的冲击。因为任何一所作为科学技术的创造和孵化基地的高等院校,都不可能提供科技全才或者在所有科学领域上都保持领先地位,它必须同世界其他国家的高等院校进行交流与合作才能适应这种趋势。因此,高等院校为了适应高科技发展的需要展开了更加广泛的竞争、交流与合作。另外,由于以电脑、电视和卫星为主体的现代化信息网络已经把世界联系成一个整体,进一步有可能把全球的高等院校、研究机构、图书馆和其他各种信息资源结合起来,组成一个超大规模的资源库,打破人类交往基础上的国家和地域之间的界限,消除人们观念和文化上的障碍,方便各国之间的交流与合作。全国、地区及世界性网络的形成,使知识与技术的传播瞬间即成。网络化已成为21世纪知识、经济与信息社会的一个重要特征,极大地推动并为高等教育国际化提供了有力手段与捷径。

大型开放式网络课程,即 MOOC(Massive Open Online Courses)是互联网与教育的融合,是经过多年摸索出来的互联网环境影响下的教育发展模式。犹如一块石头坠入平静的水面,MOOC 让全球高等教育掀起阵阵涟漪。MOOC 意味着校园围墙正在被打破,优质教育资源的共享已经成为时代的必然,传统意义上的大学职能将会发生颠覆性变化,教育会超出现有教育范畴,成为国家文化和软实力输出的重要载体。而且,MOOC 以其新颖、科学合理的课堂教育设计,正在吸引和启发学校管理者和一线教师对传统的课堂教学模式除旧布新,以提高学校教学质量。可以预言,MOOC 这一教学技术如能被善加利用,一定会成为移动智能时代传统课堂教学改革的"助推器"。MOOC 的出现真正体现了高等教育的国际化。伴随着经济全球化趋势的加强和科学技术的不断进步,高等教育国际化的发展将更加快速有力。

(五)其他外部因素力量的积极推动和影响

高等教育国际化除了上述提到的政治、经济、文化和科技等重要因素外,以下两种力量也加快了高等教育国际化的进程。

1. 国际组织

在高等教育国际化的进程中,越来越多的国际组织纷纷介入到高等教育问题上来,扮演着重要的角色,主要集中于以下两方面。

(1)联合国教科文组织起着举足轻重的作用。联合国教科文组织成立于 1946 年 11 月 4 日,总部设在法国巴黎,宗旨是促进教育、科学及文化方面的国际合作,以利于各国人民之间的相互了解,维护世界和平。王英杰、高益民指出,在世界日益走向一体化的今天,各种国际组织越来越成为各国进行交流、合作的舞台。

自成立以来,联合国教科文组织所召开的大会、颁布的文件都从各个角度不断促进国际理解、和平、人权与合作,成为推动高等教育朝着国际化方向发展的重要里程碑。联合国教科文组织通过教育部部长会议、国际教育局专家会议定期的区域性会议或世界性会议,以及其他交流渠道积极促进国家间的交流和沟通。在高等教育方面,UNESCO从成立之日起便一直致力于促进高等教育的国际合作与发展,特别是1998年10月在巴黎组织召开的"世界高等教育大会",其规模之大与影响之深,可谓空前,而在会上发表的《21世纪的高等教育:展望和行动世界宣言》已成为高等教育国际化的指南针。

(2)其他国际机构的努力。还有其他很多国际组织,如国际教育局经济合作与发展组织(OECD)、东南亚教育部部长组织(SEAMEO)、国际教育成就评价协会(IEA)、亚太国际教育协会(APAIE)、国际劳工组织(ILO)等也在积极促成高等教育国际化目标的实现。这些机构以论坛、国际会议等形式就各国共同的教育问题进行讨论,对不同的高等教育政策进行比较,收集并分析比较数据,提出种种有利于教育改革的建议和计划,对高等教育国际化进程起到了极大的促进作用。如1992年联合国环境与发展大会关于《21世纪议程——促进教育、公众知识和培训》的行动计划;1993年9月人口大国全民教育首脑会议的"行动纲领"及1995年第四届世界妇女大会的《行动纲领——妇女的教育和培训》;2003年在UNESCO的支持下,国际高等教育质量保障机构网络组织(INQAAHE)制定的关于评估机构的《行为规范指导原则》,经过2006年的修订,已经成为质量保障机构尤其是外部质量保障机构合作、相互了解、提高认证能力、加强自身能力建设的指南;等等,都是推动教育向国际化方向发展的重要里程碑。

2. 时代需求

两次世界大战曾给世界各国人民带来了太多的不幸和灾难,

对世界文明造成了巨大的破坏,战后的"冷战"政策又严重阻碍了国内各项事业的正常发展。这些都让众多国家政府和人民普遍意识到,人类的生存和发展有赖于和平安定的国际环境以及和谐的国际关系。各国人民都渴望世界持久和平,渴望过上稳定的生活,渴望促进共同发展和繁荣,共创人类美好的未来。那么,实现这种和平安定的必要前提就是各国人民之间的相互交流、合作以及理解,而教育则是这一前提实现的主要途径和手段。高等教育国际化的发展在很大程度上可以归结为各国普遍追求和平相处、促进理解交流的结果。

然而,不仅仅是人类对世界和平的追求需要来自教育方面的共同努力,放眼世界,随着经济全球化的深入发展,世界各国在政治、经济、文化等方面相互渗透、相互依存,人类面临着贫富差距悬殊、局部战争不断、生态环境恶化、人口极度膨胀、自然资源枯竭、国际恐怖主义活动愈演愈烈等全球性问题。这些问题或现象波及全球所有国家,而解决问题又非单靠某个机构或某个国家的力量所能及的,需要世界各国共同担负起责任。正如联合国教科文组织在《教育——财富蕴藏其中》报告中认为的:"教育在建设一种更加团结一致的世界方面负有特殊的责任,而对于未来的种种挑战,教育看来是使人类朝着和平、自由和社会正义迈进的一张必不可少的王牌。"2011年在清华大学举行的"2011大学校长全球峰会暨环太平洋大学联盟15届校长年会"上,加州伯克利大学校长就曾指出:当今世界的一些大挑战比如全球减贫、能源等问题都需要跨学科的交流与合作以找到解决之道,大学就是这样一个唯一能使全球性问题得到解决的场所。研究性大学,比如说清华大学在深度和广度上都实现了卓越的发展,并且在解决全球性问题上也有着自己独特的优势,必须要在各自学院中建立交流和联系,并且还要和社会各个部门,乃至世界建立联系来实现问题的解决。国家之间、民族之间需要沟通、理解,国际化教育可以加强交流,促进理解,时代发展需要教育国际化。

第二节　国外高等教育国际化的实践

一、美国高等教育国际化发展

美国是当今世界高等教育最为发达的国家之一，也是在高等教育国际化方面走在世界前列的国家。美国为适应世界贸易组织框架中教育国际化发展的新形势，采取了许多行之有效的战略举措，数年来一直保持着世界最大的留学生接受国地位，其教育出口额也位居世界前列。美国各大高校都有着不同程度的国际化实践，但美国高等教育体系庞杂，各种高校的教育国际化程度并不相同。20世纪90年代以来，政府和大学成为高等教育国际化的两大推手，高等教育国际化浪潮在美国高等教育发展中形成。其主要外在表现是：大量招收外国留学生和学者；大量派出留学生和学者；在世界各地建立学校或联合机构；一批高水平大学正在成为全球性大学，建立面向世界的教育和研究体系等。

（一）国际学生规模持续增长

国际学生数量是一国教育国际化的重要指标。依托其发达的教育体系和优势专业，美国不仅吸引了为数众多的欧洲发达国家的学生，而且成功开发了亚洲学生市场。美国的国际学生招收规模在全球排名第一，广泛分布在全美各个高校之中。第二次世界大战后，就有相当数量的国际学生进入美国留学。到20世纪70年代，受到石油危机的冲击，美国缩减了教育投入，高等教育的国际政策也由争夺国际教育与科学的统治地位转向以经济利益为主，自此美国高校的国际学生数量开始飞速增长，国际学生数量的高速增长给美国带来了丰厚的经济回报。

以中国为例,美国的学院和大学仍是中国学生首选的海外留学目的地。根据2017年国际教育交流门户开放报告,2016—2017学年,中国留美学生人数从328 547人增加到350 755人,同比增长6.8%。中国连续第8年成为美国外籍留学生的主要生源地,占美国国际学生总数的32.5%。2016年,在美国大学和学院就读的中国学生为其经济贡献了125.5亿美元,在某种情况下,这有效地补贴了其国内学生的成本。

依据门户开放发布的数据,2015—2016学年以及2016—2017学年这两年间,本科生人数同比增长5.3%。门户开放报告称2016—2017年,40.7%中国赴美留学生为本科生,36.6%为研究生,5.6%为其他,17.1%为OPT(选择性实习训练)。赴美留学的中国高中生数量也在上升,2016年,有33 275名中国学生在美国高中学习,该数量在美国所有国际中学生中占比42%,从2013—2016年,增长48%。近年,中国赴美留学人数持续增加,中国依然是最大生源国。

根据《2017美国门户开放报告》可知,除中国外,留学美国人数最多的国家或地区依次是印度、韩国、沙特阿拉伯、加拿大、越南、中国台湾、日本、墨西哥和巴西。

赴美留学的国际学生持续增长,在经济方面给美国社区和高校做出了很大的贡献。根据美国商务部的数据,2016年,国际学生通过支付学费、食宿费、生活费,对美国经济的贡献超过390亿美元,比去年总计350亿美元有大幅增长。这其中,中国学生的贡献超过1/3,达125.5亿美元。留美的100多万名学生中,2/3是自费留学。

(二)高速增长的海外留学

在重视招收国际学生的同时,美国还积极推动本国学生出国学习,虽然总体规模不大,但是近年来发展速度很快。在1999—2000学年,美国只有143 590人赴海外学习,但是这个数字到了2007—2008学年激增到262 416人,短短不到10年的时间,这个数字几乎翻了一番。

美国赴海外学习地首选是经济与教育相对比较发达的国家与地区,但是其专业选择却并不一味以应用性为主。欧洲发达国家是美国学生留学的首选地区,而经济欠发达地区在表中只占有三席。这三个发展中国家里,墨西哥是美国邻国,具有地缘优势。值得说明的是,随着中国经济和科技创新的迅猛发展,越来越多的美国学生选择留学中国。中国是美国学生去亚洲留学的首选国家。

瓦萨尔学院院长布拉德利表示,过去几年来美国和中国之间的教育交流发生了很大变革。布拉德利说:"现在,中国已成为对美国学生来说最有吸引力的目的地之一,而中国留学生的到来也令美国人受益。"美国《外交政策》网站载文评论认为,在中美两国交流学习的年轻学生对中美关系具有重要意义,"那些熟练掌握中英两种语言、通晓中美两国文化、了解两国商业模式的人将是新世纪最需要的跨文化人群"。

2017年9月在华盛顿举行的首轮中美社会和人文对话中,中美双方决定进一步促进中美双向留学,推动两国教育机构和学者间的交流合作。《首轮中美社会和人文对话行动计划》中包括实施中美双向留学"双十万计划",即未来4年中方将公派10万人赴美学习,美国10万名学生将来华留学。此外,中国还将在未来4年为美国青年提供1万个奖学金名额。

(三)普遍设置的国际化课程

作为知识传播的主要载体,课程设置是一个非常重要、切实可行且成本较低的国际化策略。课程国际化主要表现在国际化课程的开设上,这已经是美国高校中的一个普遍现象。在政策层面上,美国对课程国际化十分重视。《2000年目标:美国教育法》强调必须将全球的观念渗透到学校所有的课程领域。各高校也相应地从教学管理制度上确立了高等教育课程国际化的重要地位。早在20世纪80年代,75%的美国高校已将面向国际领域的课程列入普通教育计划,至今已有超过50%的院校增设了国际课程。有些学校甚至将国际课程作为学生的必修课。如斯坦福大学规定,每个学生必须选修一门亚洲或非洲文明课程;西部密歇根大学要求所有学生必须修完一门非西方的基础课才能毕业;克利夫兰州立大学也要求学生至少选修两门美籍非洲文化以及一门欧洲以外地区文化的课程。

国际化课程的设置及其所起的作用,取决于教师。教师在课堂和学术活动中的角色起到了鼓励或抑制学生参与国际化活动的作用。教师可以吸纳国际学生作为课堂的学习资源,在课堂上使用国际化案例和阅读材料,鼓励学生开展国际化研究、出国学习,但同时也可能渗透进自己知识上的狭隘、文化中心主义和对国际学习的淡漠。据迪莉斯·斯库里南(Dilys Schoorinan)对一所美国中西部大型高校及其国际化5年后的研究发现,"在国际化进程中教师是关键,课程设置是核心"。在课程国际化的开设中,美国开发了连接美国与国际化对接并强调美国独特因素的例外性(有的围绕国际化主题展开,也有的开发具有国际视野的跨学科课程),同时强调了外语学习的重要性。美国高校在其课程设置体系中,尽可能提供海外实习的机会,通过增加国际化教师来提高课程国际化程度,并且通过应用因特网以及先进教育技术等手段来提供国际化课程。

二、英国高等教育国际化发展

(一)政府重视推进高等教育国际化,并充分发挥有关部门的作用

近些年来,在推动高等教育国际化发展的进程中,英国政府发挥了举足轻重的作用。英国在积极响应欧盟关于高等教育国际化政策的同时,先后出台了一系列法律、政策和措施,为高等教育国际化发展提供重要依据。2006年4月英国时任首相布莱尔

第五章　新时代高等教育国际化发展

曾明确指出,为了能够凸显各个阶段教育的日益国际化趋势,对国际学生市场将会颁布新的招生计划。对于英国而言,经济全球化和资本国际化运动的现实为高等教育国际化发展铺平了道路。2007年时任首相布朗对高等教育管理部门进行了调整,组建了旨在推动高等教育国际化的创新、大学与技能部(DIUS),明确和强化了其职责。该部门与分布在世界各地的有关政府组织和机构密切合作,共同向政府决策者提供有关向国际推广的深度与广度的支持、意见和指导。2009年英国政府发表《绿皮书》,提出要使英国大学保持世界一流水平,加强同世界其他大学的联系,吸引国外优秀留学生、学者和管理者,以保持国家竞争力和在国际上的领先地位。近年来,快速增长的国际学生给英国带来了丰厚的经济回报。据英国有关机构统计,每年留学生总计向英国缴纳80亿—130亿美元的学费,是英国经济发展的支柱之一。值得注意的是,目前英国已成为接受中国留学生的主要国家之一,总数仅次于美国。招收国际学生不仅缓解了英国高校教育经费不足的问题,而且在客观上促进了英国高等教育国际化的进程。

(二)积极开展跨国高等教育,推行境外学分和学历的互认

英国政府和高校在大力开拓留学生市场的同时,还积极发展跨国高等教育,通过与国外教育机构合作在境外办学。从近年情况看,主要有两种办学模式:一种是英国某大学与国外同行共同新建一所大学,合作开展教学和科研工作;另一种是英国某高校在境外与当地大学联合培养大学生。其授课方式大致也分为两类:(1)在境外实施教学的全过程,即所招学生在当地的合作教育机构读完所有课程;(2)学生在当地学习两年或完成大部分课程,未完成的学年或课程转入英国大学继续学习,完成规定的课程并取得合格成绩后,即可获得英国大学颁发的学位和资格证书。例如,近年英国诺丁汉大学在中国宁波和马来西亚分别建立了校园,还设立了当代中国问题研究中心。英国牛津大学与普林斯顿大学建立了深远的国际合作关系,包括交换学生、合作开展项目

研究、联合培养博士生等。此外,牛津大学还与北京大学、新加坡国立大学、日本东京大学、澳大利亚国立大学、美国耶鲁大学和加州大学伯克利分校建立了广泛的联系,既跨国别、跨学科培养学生,也开展国际科研合作。

随着经济全球化迅速发展,近年跨国高等教育呈现双向发展的特征,一方面"走出去"办学,另一方面也"引进来"办学。英国在发展境外合作办学的同时,也允许和支持外国个人与机构在英国独立或与他人合作开办教育机构。对于以社会公益为目的的办学,英国政府实行鼓励政策,可以享受减免税收等优惠待遇;而对于以营利为目的的办学,英国政府实行开放政策,但要求依法纳税。由于英国高等教育的规模和质量处于世界前列,国外教育机构很难与英国本土高校展开竞争,因此,目前在英国境内开展的外国教育活动尚处于边缘地带。

为了推进跨国高等教育的发展,英国还推行境外学分和学历的互认。英国教育部门与境外许多高校都签订了学分和证书互认协议,相互之间还承认其他的教育项目。特别是欧盟出台《学分转换制》以后,英国教育机构积极响应,加快了境外学分和学历互认的步伐,从而使学生能方便地从一所欧洲院校转到另一所欧洲院校,在国外大学获得的学分也能够被本国大学完全认可,这对高等教育国际化发展无疑起到了重要的推动作用。

(三)注重高校课程的国际化建设,积极推进远程网络教学

20世纪90年代以来,英国高校课程的国际化建设有了长足的进展。许多高校在现有课程中加入国际性的内容,使学生深入了解国际上本学科发展的最新动态,及时掌握该领域的国际前沿理论知识和研究成果。有些高校还开设了新的、与国际事务密切相关的专业或课程,包括国际关系、世界经济、国际政治、国际商务、跨国企业管理、多元文化比较等。进入21世纪以来,英国高校课程的国际化步伐明显加快,国际化课程的数量和比重进一步增加,成为实施课程内容和结构改革、提升高校办学质量和水平、

培育适应国际领域竞争人才的重要手段。例如,以培养世界级"精英"而闻名的英国曼彻斯特商学院近年开设了许多可供学生选择的国际教育课程,或在国际框架之下安排某门学科。随着欧洲一体化向纵深发展,近年曼彻斯特商学院还增加了以"欧洲研究"为主题的相关课程,鼓励学生深入探讨欧盟各国经济发展的特点及趋势,根据研究主题的需要允许学生奔赴欧洲有关国家进行实地考察,以便使学生拓宽国际视野,获得丰富的国际实践知识,或取得更有价值的研究成果。

英国在推进高校课程国际化建设的同时,还积极推进远程网络教学。根据欧盟教育与社会事务委员会通过的《促进信息技术和社会改革的决定》,英国较早在大学的课程教学中引进了新的科技手段,大力开发教育软件和课件,为发展远程网络教学奠定了坚实基础。2001年2月,英国高等教育基金理事会颁布了一个名为"E-University"的网络教育计划,旨在综合利用全国大学的教育资源,创办新的、更大规模的网络大学,将远程网络教学提升到一个新水平。在政府有关部门和高校的共同努力下,目前英国已形成了较为庞大的教育机构进行远程教学,如"英联邦公开学院"(COL)等。为了适应国际化和网络化教学的需要,近年英国还实施了新的高技术移民项目(Highly Skilled Migrant Program),一方面鼓励本国教职员工跨国流动,另一方面吸引其他国家高素质的教职员工来英工作。据统计,近年英国大学约有27%的教职员工来自海外,他们对英国高校课程的国际化建设和远程网络教学起到了不可忽视的作用。目前,英国政府已将建立国际性虚拟大学、通过网络提供学位课程以保持和提升英国高等教育的国际竞争力作为今后重要的发展战略之一。

三、国外高等教育国际化发展的启示与借鉴

(一)解放思想,积极推动高等教育国际化进程

随着经济全球化趋势的发展,每个国家的高等教育都将融入

国际化体系之中,而且竞争将日益激烈。更新陈旧、传统的思想观念,是加快高等教育国际化的前提。纵观美、英、澳的高等教育国际化进程,政府都无一例外积极引导高校的开放意识与全球意识。面对经济危机的冲击,在政府削减教育经费的困境下,美、英、澳各高校迅速摒弃了狭隘的教育观念,积极推动高等教育国际化,不仅一举摆脱了高等教育的困境,而且还从国家、社会和市场的推动力下迅速找到了高等教育的位置和发展方向,并且进一步提高了高等教育的质量和国际竞争力。

(二)保障质量,提升高等教育的国际竞争力

高等教育的存在就是为社会培养人才,而高等教育的竞争力,其根本就在于教育质量的保证上。联合国教科文组织也已经将"质量"作为有关高等教育发展的三个核心概念之一。回顾以上分析的发达国家的高等教育国际化,虽然无一例外地强调了国际学生数量增长的重要性,但也无一例外地重视高等教育的质量控制。我们应该借鉴其成功经验,努力提升高等教育的质量与水平,创造具有国际竞争力的教育品牌。我们倡导高等教育国际化,其核心是人才培养质量、学术水准和管理水准的国际化。我国有实力的高校应采用国际承认的、具有国际可比较的质量标准,明确本校在国际教育体系中的地位,采用有效措施逐步缩小与国际一流水平的差距。在创建名牌高校的同时,要加强名牌学科、名牌专业的建设,坚持以创新的思维推动学科建设,逐步形成相互交叉、相互补充的新的学科增长点。为此,要以能力为本位,加强教师队伍建设;以国际化为标准,优化课程设置;以创新为核心,改进教学方法。

(三)结合本土,确立合适的国际化发展战略

发达国家在高等教育国际化发展战略选择上具有惊人的相似性,包括积极推进自费国际学生的招收,加快教师队伍的国际化建设,改革课程设置,建立与国际接轨的学位机制,重视国际合

作与网上教学的发展。以上这些涵盖了高等教育国际化发展的各个方面,任何国家要推动高等教育国际化都应该在这些方面作出努力。但是,各国依然需要立足本土,创建适合各国的国际化发展道路。比如,英国高等教育的高度集权化与去国家化的发展道路选择,澳大利亚利用地缘优势创建以亚洲为战略重点的三位一体的高等教育出口模式,这些无一例外都是结合民族化与国际化的典型案例。只有将民族的与国际的相结合,制定合适的高等教育国际化策略,才能真正形成有特色与有生命力的高等教育体系。

（四）抓住重点,培养具备国际化理念的创新人才

高等教育国际化归根结底是要培养具备国际化理念的创新人才。目前,我国高等教育重视书本知识的灌输,忽视学生个性和创新精神的培养,这不利于高素质创新人才的成长。我们应该借鉴上述发达国家的经验,以创新教育为核心,科学设计人才培养模式,对学生进行以创新精神和创新能力为核心的教育。要转变人才评价的观念与制度,营造民主自由的学习与研究氛围,支持和保护学生的兴趣与选择权。这样才能使培养的人才视野更加开阔,认识更为新颖,学习更加主动,对新事物的反应更加敏感,实践能力更强,并敢于面对新的挑战,准确把握时机,打破常规,创造性地开展工作。在着力培养学生创新能力的同时,还应该注重拓宽学生的国际视野,努力增强学生的国际意识、国际素质以及国际交往能力,使其具备参与国际竞争的能力。

（五）加强宣传,树立良好的高等教育国际形象

无论是英美这种高等教育的传统强国,还是澳大利亚这种高等教育的后起之秀,有一点都是共通的,在当今高等教育国际市场竞争激烈的环境下,各国甚至各国的各个高校都建立了专门的机构提供咨询服务与进行国际宣传。通过一系列的政策引导与

宣传,一些发达国家在短期内实现了提高高等教育的国际声誉、树立良好的国际形象的目标。这无疑会为高等教育国际化的其他策略目标的实现提供极大的便利。

第三节 新时代中国高等教育国际化发展的机遇和挑战

一、新时代中国高等教育国际化发展的机遇

(一)我国高等教育国际化发展所具有的内部优势

我国高等教育国际化发展所具有的内部优势主要包括三个方面:一是国际化发展的理念已经为我国大部分高校所接受;二是我国大部分高校为国际化发展在基础设施方面提供了必要的保障;三是大部分高校的国际化课程与教学设置也已经到位。

(1)我国大部分高校接受并认可了高等教育国际化发展的理念,这是我国高等教育国际化发展的重要内部优势之一。因为任何一项发展战略的实施前提都必须是该实施主体能够对该战略具有清晰的认识并真正地接纳,否则该战略会很难进行下去。高等教育国际化的发展理念在诞生初期并没有在我国高校间形成很高的认可度,20世纪90年代每年的出国留学生仅相当于目前的30%,而选择到我国留学的外国学生就更少。可见高等教育的国际化观念在随着经济全球化不断发展的过程中其自身也被我国高校广泛接受了。特别是在我国加入WTO之后,签订了《服务贸易总协定》(GATS)。该协议第13条中有关"教育服务"的条款规定,除政府彻底资助的教育活动外,凡收取学费、带商业性的教育活动,均属"教育服务"范畴,且明确规定所谓"教育服务"包括提供远程教育、提倡海外办学、鼓励出国留学和开展专业人才

第五章　新时代高等教育国际化发展

国际流动四项主要内容。从此之后,我国高校对高等教育国际化接受和理解的速度明显加快。

(2)我国高校已经为高等教育的国际化发展提供了必要的基础设施保障。根据相关调查显示,约有69.57%的高校在国际化基础设施保障问题上达到了"符合"水平,这意味着约有七成高校在国际化理念的指导下已经为国际化进一步的发展做了基础性的准备。这是我国高校国际化发展的一大基础性优势。高等教育的国际化发展不可能是一蹴而就的,对高校而言,单是基础设施的建设和准备就是一个纷繁复杂的过程。我国高校在资金保障不足的情况下能够抽出有限资金用在国际化设施的建设上,这说明我国高校对高等教育国际化发展的重视,也意味着我国高等教育国际化发展中的基础设施建设已基本到位。

(3)我国大部分高校的国际化课程与教学设置已与国际接轨,初步达到了国际化的要求。根据相关调查显示,我国约有68.7%的高校在国际化课程与教学设置方面达到了"符合"水平,而且各地域高校对高等教育国际化课程与教学的设置水平并没有显示出强烈的差异,说明我国近七成的高校在国际化理念的指导下完成了国际化所需要的课程与教学设置方面的必要准备。我国高校在国际化课程和教学设置方面主要遵循了三个要求。第一,根据国际经济新形势新增与经济全球化相关的专业和课程。特别是为了适应国际市场运作的需要,面向市场调整专业结构,加强涉外人才的培养。第二,增强其他专业和课程的国际性。除了新开设的面向市场、面向实际的专业和课程之外,对其他的专业和课程也进行了改造、更新以增加它们的国际性,开阔学生的国际视野。第三,增加用英语教学的课程。这些措施保证了我国高校与时俱进地进行国际化教学与课程设置,保证了这一优势的持续性。

(二)我国高等教育国际化发展所具有的外部机会

结合当前宏观经济形势以及国际经济格局,我国高等教育国际化发展所具有的外部市场机会主要包括国际政治经济关系良好、国际市场需求潜力旺盛以及国内供给潜力巨大三个方面。

（1）目前我国与世界主要经济体政治经济关系保持良好发展态势，国际环境优良。我国与美国、欧盟、日本和俄罗斯等主要经济体在经济发展合作领域取得了良好的双赢局面，同时我国宏观经济也呈现出稳定高速增长局面。宏观经济发展的水平决定了我国在国际政治舞台上的话语权将逐步增强。在该背景下，一方面宏观经济的增长能够为我国高等教育国际化提供更多的资金支持和其他保障，另一方面在与世界各国合作过程中也将增大我国在高等教育国际化方面的合作砝码。不仅如此，我国加入WTO也从侧面支持了我国高等教育国际化的发展。加入WTO十多年来，我国逐步开放了高等教育市场，从语言层面到行为层面再到制度层面进而到心态层面都实现了国际化的发展。因此，当前良好的国际经济政治关系为我国进一步推进高等教育国际化发展提供了良好机会。

（2）随着我国经济的增长以及改革开放政策的进一步深化，国际地位在稳步提升，世界各国希望了解我国文化的需求在日渐增强。目前形成的"汉语热"以及我国高校在国外纷纷设立"孔子学院"的事实都是很好的例证，这说明世界需要了解中国，这一需求潜力很大。随着这个潜在市场的进一步挖掘，必将带动我国诸如旅游业、教育业等相关产业的发展，这无疑是推动我国高等教育国际化发展的重要外部动力。事实上，国外公民到中国留学或参加其他形式的高等教育本身就是高等教育国际化的一部分，这个需求反过来又提升了我国高校的国际知名度，进一步促进了高等教育的国际化发展。同时，我国高校师生到国外留学、访问等需求也在逐步提升，这也间接地支持了我国高等教育的国际化发展。

（3）我国高校在高等教育国际化供给方面潜力巨大。虽然近年来高校扩招程度在逐步加深，但由于我国高校已经在基础设施和课程与教学设置方面做了必要的应对措施，我国高等教育国际化的资源供给潜力依然巨大。我国高校从1999年开始扩招,近年速度逐步放缓。我国高等教育在国际化资源供给、机会供给方面潜力不容小觑,这也构成了我国高等教育国际化发展的重要机会之一。

二、新时代中国高等教育国际化发展的挑战

(一)高等教育国际化教育质量的监控评价问题

高等教育国际化中的不少合作项目由东道主主动提供,部分项目则主要是根据提供者自身的利益而设立。这些跨地区的新项目通常以项目提供者本国的体制和模式为蓝本,既有可能与东道国的教育体系、文化观念、劳动力市场需求相一致,也有可能是相矛盾的。常见的问题是,无论哪一方均缺少足够的能力去监控合作教育项目的质量、伦理准则及其必须具备的条件。这种局面迫切要求在高等教育国际化领域建立相应的国际标准、监控体系和证书架构。高等教育国际化同样需要走内涵式发展道路,需要质量监控与评价。仅靠经济利益驱动而无质量可言的国际化教育是不会走太远的。

(二)MOOC背景下教育模式创新和优质教育资源扩张问题

教育国际化一个重要的表现形式就是远程教育和网络教育的发展,通过国际互联网抢占世界教育市场。现代化的远程教育主要是通过国际互联网实现的,MOOC也许是互联网时代高等教育领域和信息科技领域融合最好的概念。在MOOC风靡全球的时代,有人发出这样的质疑,"有了MOOC,考名校的意义何在?"对传统意义上的国际学生流动来说,全球教育体系的构建在一定程度上会降低学生流动的必要性和需求;对于学生而言,名校、名课没有了门槛,学生可以根据自己的节奏和学习方式选择名校的名课,安排学习进度;对于高校而言,教育资源的跨国、跨区域传播,使得一些名校的称号岌岌可危。加入MOOC后,各国高校课

程如何脱颖而出,摆在每位教育者面前的考验接踵而至。然而,任何新事物在发展的过程中都会遇到许多挑战,MOOC 也不例外。鉴于此,李志民提出几点顾虑:首先是要应对变革之痛,教育机构延续的惯性将成为最大阻力。大学是否能提供足够规模的优质课程资源,开放资源会不会做成"面子工程"？国际名课对本校的适应性如何？学校能不能带头认可本校学生的 MOOC 学分？其次,MOOC 平台技术不是问题,但商业模式如何运作是需要探索的,没有可持续的商业运营模式,MOOC 将无以为继。营利还是非营利,这是个问题。如果没有营利模式,就需要政府经费投入。当然,在线学习文化的建立也需要一个过程,提供有价值的学习,才能成功地让人参与。考试、评估如何取得社会的信任？如何建立新的教育管理评价体系？证书是否能被社会广泛接受？这些问题的解决情况决定着这场教育革命能走多远。

不论怎么样,MOOC 时代的到来会影响高等教育国际化形式的改变,可能会超越时空,随时随地可以接受国际化的高等教育,不出家门、不进教室就可享受到国际化的高等教育。在未来区域高等教育国际化发展规划中应考虑这种因素的影响。尤其是在不以学历而以能力为取向的时代。

MOOC 是一种国际化的更为广泛而又便捷的渗透方式,人们可以更便宜地接受国际化的教育。高等教育国际化未来的一个发展方向可能就是 MOOC 的发展。为此,作为大学,应该为引进合适的 MOOC 课程打下前期基础,应该为参与到国际化教育行列而打造更好的国际化课程作前期准备,对一些优秀课程做进一步开发。MOOC 是以课程的形式影响高等教育,而许多学科仍有大量的实验、实践课程,而这些在培养学生能力方面有时更重要,又不能以 MOOC 课程进行。因此,国际化合作实验室建设值得加大投入,MOOC 课程多以普通本科层次的开发为主,研究生以上层次的课程较少,因此,高层次人才的培养、研究生层次的合作办学应是一个更有前途的方式,应成为未来高等教育国际化的重点。

第六章 高等教育大众化向普及化发展

高等教育普及化是一个量与质统一的概念，量的增长指的是适龄青年高等教育毛入学率要超过50%，质的变化包括教育理念的改变、教育功能的扩大、培养目标和教育模式的多样化、课程设置、教学方式与方法、入学条件、管理方式以及高等教育与社会的关系等一系列变化。高等教育普及化是高等教育发展的必然趋势，是高等教育强国的前提。

第一节 高等教育普及化是时代发展的要求

高等教育是衡量一个国家教育水平的重要指标，高等教育普及化是时代发展和社会进步的必然结果。改革开放40余年，我国高等教育发生了翻天覆地的变化，20世纪70年代末高等教育招生规模仅20多万人，2019年的高等教育招生规模达到820多万人。现在，中国高等教育普及化的脚步越来越近了，这是中国社会发展的重要指征，是时代推进的根本要求。

一、社会发展和人自身发展的要求

随着人类社会不断进步，人类社会的各个方面都会受到一定影响，教育也是如此，每一次的重大变革和进步都带来了新的教育思潮。任何一种新的教育思潮、教育机构和教育形式的出现都反映着社会的进步，深深地烙着社会进步与发展的印记。

18世纪资本主义教育制度在西方的确立是机器大工业发展的产物,近现代大学的诞生是科学技术进入大学的结果,20世纪美国社区学院的出现是美国社会发展使然,终身教育作为一种教育理念是现代社会知识不断膨胀与加速发展的结果。教育领域的每一次变革都不同程度地折射着社会的发展,社会的不断发展都能够在教育系统的革新中找到它的痕迹,教育正成为衡量人类进步的一项重要标志。

(一)高等教育普及化是社会发展的必然结果

在社会不断发展的背景下,高等教育必然会不断发展和普及,由精英教育向大众教育直至普及教育的转变是经济社会发展的必然结果。社会发展通常会带来阵痛,高等教育实现普及化的过程也是矛盾和痛苦的。高等教育普及化的一个必要途径是改造精英教育体系,改变精英教育体系下的传统教育观念,不再将高等教育看作"象牙塔",而是使其成为为社会培养人才、培养良好人格的现代公民的基地。当前,高等教育的结构、类型和组织等已经发生了颠覆性改变,社会与高等教育形成了密不可分的关系。经济社会发展是推动高等教育发展的重要力量,能为高等教育普及化提供坚实的物质基础,高等教育是社会向更高层次发展的重要保证。

(二)高等教育普及化是人类自身发展的必然要求

高等教育普及化是人类对自身发展提出的要求。高等教育的水平不断提高,不仅是社会发展的结果,同时也是人类自身充分发展的必然结果,人类发展也表现在对知识的渴望不断增强,从而形成了推动高等教育发展的强大力量。随着人类社会不断发展,人类不再是被动接受教育,而是开始主动追求教育,教育不再是少数人的需求,而是已经成长为国家和社会的整体需求。在高等教育向普及教育转化的过程中,人类自身需求才是最主要的推动力量。

(三)高等教育普及化是迎接知识经济挑战的必然选择

随着人们对知识经济的深入研究,提出了知识经济理论,知识社会也不断发展,这就促使人们开始从不同以往的新角度对社会进步进行深刻审视。人们逐渐认识到,世界各国发展水平之间的不平衡,既表现为一种经济差距和技术差距,同时也表现为一种知识差距和教育差距。知识经济是以智力资源为基础的经济,它以信息生产和利用为核心,以人力资本和技术为动力,以高新的技术和服务产业为支柱,以强大的系统化、高新化、高效化的科学研究为后盾。

知识经济时代表现为生产资料与劳动的一体化,知识价值成为衡量商品和服务有效性的原则,投资向知识和智力开发倾斜。从世界范围看,国家之间知识差距和教育差距主要集中在高等教育领域,发展中国家与发达国家在高等教育阶段的差距存在逐渐扩大的趋势,而缺乏自然资源的类似"亚洲四小龙"这样的国家或地区取得经济成功的重要经验,就是注重知识和教育,这些国家或地区在实现经济发达时就十分重视教育,它们的高等教育发展水平甚至高于一些工业国家。

知识经济时代,人才是第一资源,而教育是培养人才的必要途径。对于社会发展而言,高级人才的数量和质量具有重要意义和作用,尤其是在当前的知识经济时代更是如此。因此,必须推进高等教育普及化,只有这样才能保证我国在国际竞争中具有雄厚的人才优势。

(四)高等教育普及化是建设人力资源强国的必由之路

人才强国战略作为一项国家的重大战略,有着丰富而深刻的科学内涵。人才强国战略的制定和实施,是中国共产党以马克思列宁主义、毛泽东思想、邓小平理论、"三个代表"重要思想、科学发展观和习近平新时代中国特色社会主义思想为指导,从当代世界和中国深刻变化着的实际出发,根据党和国家事业发展的迫切要求而作出的重大决策。

中国人口众多,农村有大量的剩余劳动力,每年全国还新增就业人口1 000多万。必须承认,我国是劳动力资源大国,但还不是劳动力资源强国,劳动力平均受教育水平与发达国家有着不小的差距,尤其是高素质的劳动力相对还比较缺乏,不可避免地会产生就业形势严峻的巨大困境。经济社会发展面临着市场多变的现实问题,高素质劳动力缺乏也是一个亟待解决的发展难题。通过观察研究发达国家的发展经验不难看出,在市场机制健全的背景下,物质产品生产过剩会导致社会资源流向技术创新的基础产业,也就是教育、研究与开发等领域,这就要求劳动力素质在一定程度上有所提高,为新一轮的经济变革奠定人才基础。

因此,实现经济发展最关键的还是在于人的素质的提高。个体的教育接受水平直接影响其就业选择,决定其在社会中的适应能力和变换能力。我国当前的一个重要任务就是大力推动教育事业和科技创新事业的发展,实现高等教育普及化。一方面这是经济供给侧结构性改革的要求,另一方面也是改善人力资源素质、优化需求结构和供给结构的重要策略。

(五)高等教育普及化是构建和谐社会的重要保证

和谐稳定对于人类社会的发展和改革具有重要意义。为了促进中国特色社会主义建设事业不断取得胜利,我们必须创造一个良好、和谐、稳定的社会环境,建设社会主义和谐社会。构建社会主义和谐社会,必须坚持科学发展观,要求中国高等教育通过实现自身的可持续发展,为社会的可持续发展提供人才保证。

我国社会的主要矛盾已经转化为人民日益增长的美好生活需要和不平衡不充分的发展之间的矛盾。中国高等教育发展十分迅速,在规模上已经首屈一指,但是同样也面临着各种矛盾和挑战,这些矛盾和挑战只有通过高等教育在中国进一步普及化才能解决。高等教育普及化不仅表现为若干数量指标,更重要的是它应该成为一个在科学发展观指导之下的稳定、和谐、持续的发展过程。教育公平是最大的公平,通过高等教育普及化保证每个公民受教育的机会,让每个想接受高等教育的公民都实现上大学、上好大学的美好需要,让每个人都有完善自我、实现人生出彩的机会,这样的社会一定是和谐美好的。

二、国家高等教育政策的调整

一方面,我国高等教育普及化发展是在原有体制、模式基础上的渐进式发展;另一方面,这一发展过程也是国内、国际高等教育思想不断施加影响的过程。回顾中国高等教育的发展轨迹,可以清晰地看出中国高等教育精英型—大众化—普及化的历史脉络。

中华人民共和国成立后,中国高等教育仍然在很长一段时间内受到计划经济理念的影响,导致当时的高等教育强调的是以国家为中心的功利性,严格依据专门人才需求预测来规划发展,期望以最少的人才投入,达到较大的经济和社会效益。其间,这种计划性又受政治性和随意性因素的影响,高等教育规模曾经有过几次大的起落。1992年后高等教育走"内涵式发展"(控制高校数量,平衡规模、质量、结构、效益)的道路,因顾虑财政、就业等因素,规模主要呈现缓慢增长的态势。到1998年前后,政府的发展理念发生了较大变化,出台了一系列促进发展的新政策,中国的高等教育大众化发展战略逐渐形成。

直到20世纪80年代,我国教育理论界才开始正式对高等教育大众化进行思考探讨,并且直到90年代末才在真正意义上确立了高等教育的大众化发展理念。引起这种转变的原因主要有以下几点。一是政治经济方面的因素。主要是国内经济运行背景发生了重大变化,特别是1998年以来,积极的财政政策从经济领域延伸至高教领域,客观上要求更新发展思路。二是高等教育内部的因素。以1992年《中国教育改革与发展纲要》颁布为契机,中国在高等教育的结构与体系调整、改革方面取得一定进展,客观上为加速发展创造了条件。三是外来因素的影响。譬如经济全球化竞争、知识经济发展、社会民主化发展、国际比较借鉴等。尤其是中国政府出席了1998年在巴黎召开的世界高等教育大会,会议所形成的《宣言》,渗透着世界高等教育发展的若干新理念,强调高等教育对促进整个社会的可持续发展和进步的意义,并主张顺应世界范围内空前高涨的高等教育需求,用高等教育带动整个社会系统的发展,它对中国的影响是很大的。

随着社会经济发展,高等教育不断发展,高校"扩招"成为高等教育发展的一个重要表现。而与之相应的就是高等教育大众化进程的不断推进,但是高等教育发展战略却被不断调整。实现大众化的数量标志是"高等教育毛入学率"(高校在校生与适龄人口之比)达到15%,为此制定的战略目标最初是定在2010年实现,后来确定为在"十五"(2001—2005)期间达成,该目标早已完成。中国高等教育朝向大众化目标的迅速迈进,显然跟历史上一些国家特别是发展中国家的教育步入大众化阶段的过程颇多相似,即建立在一定物质基础和相应价值观之上的必然性发展,往往是通过"偶然性"的来自政府的发展政策实现的,政治经济的需要起了关键作用。

现在,中国高等教育毛入学率即将冲破50%的界限,而毛入学率50%是国际公认的进入高等教育普及化阶段的重要标志数据。即将迎来的高等教育普及化阶段依然是建立在原有体制和运行机制的基础之上的。根据我国经济社会和高等教育发展实际,国家的高等教育政策还应进一步进行调整,主要包括以下内容:(1)放缓增长速度,着重质量提高,开拓就业市场;(2)调整高等教育结构,构建多样化的高等教育模式,加大高等职业教育、继续教育和民办高等教育的投入;(3)在确立中央与省两级管理、以省为主管理体制基础上,进一步尝试将管理权下放到省以下;(4)重视利用高等教育来发挥全球影响,引导中国成为全球留学生首选目的地,成为全球最大的留学目的地国。目前,高等教育普及化的数据指标即将达到,高等教育规模增长速度已经放缓,政策重心应有所调整,对大众化阶段的快速发展成果进行"消化""吸收",从关注数量增长向关注质量增长转移。

三、高等教育国际化、民营化、产业化思潮的影响

"后发外生性"是我国高等教育发展的一个重要特征,如我国高等教育大众化从一开始就受到了国际高等教育思潮的影响,这是我国高等教育大众化发展的背景之一。

作为中国高等教育重要组成部分的中国民办(私立)高等教育的发展是从自发走向自觉。20世纪80年代,单一公立办学体制受到冲击,中国民办(私立)高等教育重新兴起后,走过了一条不断壮大的道路。当前,民办高等教育得到了长足的发展,民办高等教育已经从最初办成人辅导班,到"自学考试助学",再到办专科和高职,发展到办本科教育。

社会、政治、经济等因素均会对中国民办高等教育产生影响,高等教育会随着宏观基本面的变化而获得良好的发展契机。20世纪80年代,商品经济和区域经济发展促使民办高校产生;1992年社会主义市场经济体制改革促使民办高校大发展;1997年党的十五大突破所有制理论的束缚,随后全国人大修订宪法,为民办高等教育发展扫清了根本障碍;1999年实施高等教育大众化政策后,民办高等教育的地位和作用在实践中得以确立,获得了更大的发展空间。

当前,我国民办高等教育发展已经获得了一定成绩,并且面临着进一步发展的迫切需要。当中国高等教育规模扩大,其结构与体系改革深化之后,世界范围内的高等教育民营化思想开始自觉地、全面地影响中国民办高等教育政策。我们已经注意到了这样一些现象,如高等教育产业化理论兴起并逐步完善;学校产权

问题日益受到重视;高等教育办学体制改革成为重点,高等学校介入资本市场也成为研究探索的热点;等等。

高等教育国际化是高等教育发展的必然趋势,随着我国高等教育越来越多地参与国际交流与合作,国家化特征会越来越明显。如果把它当作一个发展过程或趋势,它一般包含这样几方面内容:(1)按照国际承认的教育、学术、管理标准,逐步构建为各国人士普遍接受的高等教育机构和组织;(2)借鉴各国的教育思想、教育措施,逐步形成有利于国际交流、交换的高等教育制度和规范;(3)以所有人员不分国籍、一视同仁的交流为基础,实施跨国的人才培养和科学研究;(4)使高等教育的教育内容和科研实力、科研成果在世界上处于领先地位。也可以把它看作一种结果或状态,即指一个国家的高等教育体系具备了先进性、开放性、国际性(即达到上述四方面的要求)的特征。

需要注意的是,高等教育国际化的概念并不是一成不变的,随着高等教育不断发展这一概念会不断变化,当前高等教育国际化的理念和实践有从传统的、政府主导的国际交流与合作向高等教育产业国际化及高等教育课程跨国服务演变的趋势,后者呈现出高度开放和服务竞争的特点。这在西方发达国家表现得尤为明显。

随着改革开放进程不断加深,我国高等教育领域内的各项国际交流与合作措施不断升级和完善,这主要包括人员交换、科研合作、学历互认、面向海外的专业与课程建设等方面的内容,增强了中国高等教育体系的竞争力、吸引力,同时也在改革中积极吸收、借鉴国外的高等教育思想和高等教育制度。目前,在中国高等教育大众化发展的策略之下,中外合作办学活动发展较快,已逐渐超越了传统的跨文化人才培养、MBA教育等形式,而向中外合资合股办学、跨国职业培训等产业化方向发展。中国加入WTO后,高教界也开始深入研究教育服务领域的全球化和产业化趋势。

四、从精英型、大众化到普及化跨越的高等教育规模表现

高等教育规模的增长对于高等教育强国建设具有重要的意义。作为高等教育发展的重要内涵,规模的增长是评价高等教育发展水平的重要指标。虽然在逻辑上质和量之间没有必然的线性关系,但经验告诉我们,高等教育质量的提升需要以规模的增长作为前提,高等教育量的增长是质的提升的基础,没有量就没有质。一个潜在的高等教育强国在成长的过程中首先需要达到一定量的积累。如果没有一定的高校数量,没能实现高等教育的大众化与普及化,没有相对稳定的在校生数量和教师数量,高等教育系统无法保持合理的师生比,就根本无法建成高等教育强国。就现有高等教育强国来说,卓越的教学和科研质量也是建立在一定规模的基础上的。

对于我国来说,改革开放以来的 40 余年里,各项事业都经历了翻天覆地的变化,在强大的经济实力的支持下,经过锐意改革,我国高等教育规模增长十分显著,一跃成为世界高等教育第一大国。

(一)高等教育毛入学率不断攀升

高等教育毛入学率指的是高等教育在学人数与适龄人口之比。高等教育毛入学率主要用于衡量一个国家高等教育的发展属于哪个阶段。根据美国著名的教育社会学家马丁·特罗的教育大众化理论,一个国家高等教育实现大众化的显著标志是适龄人口毛入学率达到15%,低于15%为精英高等教育阶段,而高于50%则为高等教育普及化阶段。1999年我国启动了高等教育大扩招,高等教育毛入学率首次实现了10%的突破,2002年达到了15%,2007年突破20%,达到23%。2012年我国高等教育毛入学率达到了30%,2017年高等教育毛入学率已经提升至

45.7%,2018年高等教育毛入学率已经达到48.1%。相比其他国家,我国高等教育从精英型到大众化的过渡时间较短,规模增长迅速。1999年之前,我国高等教育毛入学率一直在10%以下。从1991年至1998年高等教育的毛入学率分别是3.5%、3.5%、5.0%、6.0%、7.2%、8.3%、9.1%、9.8%。虽然逐年有所增长,但增幅相对来说比较缓慢。1998年本专科招生数量为108.4万人,研究生当年招收7.25万人。2000年本专科招生实现了数量上的大突破,当年本专科招生220.61万人,研究生招生12.85万人。[1] 从1999年开始,我国高校招生规模不断攀升,从1999年到2005年,我国高校的扩招增幅都在10%以上。

从1999年到2006年,我国高等教育招生人数处于一个持续增长期。2007年之后,高校扩招人数的增长开始放缓,但仍然处于增长趋势。从扩招增幅上看,除了2008年比上年增长幅度超过了7%之外,2007—2012年的增幅一直在6%以下。2007年以后每年的高校招生人数保持在600万—700万。根据相关统计,在高等教育大众化的过程中高校专科招生数在1999年、2000年的增长幅度最大,2001—2003年幅度趋于放缓,2004年之后,招生增幅持续下降,到2007年首次出现负增长。

根据《国家中长期教育改革和发展规划纲要(2010—2020年)》的规划,2020年我国高等教育毛入学率将达到40%,高等教育在学总规模扩大至3 550万人。可以看出,高等教育毛入学率这一发展目标即将完成,高等教育在学总规模目标也几近完成。但即便如此,与那些高入学率国家相比,我国高等教育规模增长仍然有很长的路要走。因为在北美、西欧、东欧和俄罗斯,以及除中国以外的东亚,高等教育入学率明显超过50%。

(二)高校数量与在校生规模不断增长

我国近现代以来的高等教育机构具有显著的后发性和外生

---

[1] 2001年全国教育事业发展统计公报[EB/OL]. http://www.moe.gov.cn/s78/A03/ghs_left/s182/moe_633/tnull_844.html.

第六章　高等教育大众化向普及化发展

性,也就是说我国这些高等教育机构从一开始就受到了西方高等教育机构发展的影响,这些机构为西学东渐的产物,高校数量相对较少有一定的历史原因。改革开放以来,为了满足国家建设、社会发展的需要,我国高校数量实现了快速的增长。以中国共产党十一届三中全会的召开为开端,高等教育通过恢复高考、高等教育管理体制改革等措施,逐渐从封闭走向开放,为以后高校数量与规模的增长奠定了基础。从时间上来看,1977年到2007年的30年内,我国普通高校的数量与规模实现了历史性的跨越。改革开放之初的1977年,普通高校数量仅有404所,校均规模1 500人;而到了2007年,普通高校数量上升到1 908所,校均规模10 500人。统计数据显示:2007年以后,全国高校在经历了扩招和合并后,逐渐在数量上趋于平稳。普通高校的总数量保持在2 000所左右。2008—2012年普通高校的数量分别是2 263所、2 305所、2 358所、2 409所、2 442所。回顾30多年我国高校数量的变化,1978—1987年,学校数量增长较快,年递增率为60%。1988—1993年,学校数量变化不大。1993年,高校体制改革和结构调整工作开始进行,到2000年,普通高校的数量减少到1 041所。[①] 2008年以后,随着高校合并的基本结束,普通高校的数量变化逐渐趋于稳定,年度之间的波动主要是由于独立学院的增设所造成。

从我国高等教育实践来看,高校教育结构与体制的改革影响了高校的数量与规模。1993年,我国开始对高等教育管理体制进行改革,并且对高校布局进行大的调整。特别是党的十五大召开之后,中央制定了"共建、调整、合作、合并"的方针,全国31个省、自治区、直辖市与中央多个部门进行改革,经过前后十年的时间,完成了高校布局的宏观改革与调整。从1993年到2004年这十几年的时间里,已有964所高校(普通高校619所,成人高校345所)合并组建为405所高校(普通高校354所,成人高校51所),

---

① 潘懋元.中国高等教育大众化的理论与政策[M].广州:广东高等教育出版社,2008:36.

原来由国务院有关部门直接管理的高校中,有421所高校(普通高校247所,成人高校174所)划转省级政府管理,实行地方与中央共建的体制。到2006年,全国大学合并数达到了431所。我国高等教育在这十年间迅速扩大招生规模,但是中央高校的数量并没有发生明显变化,从1998年的263所到2001年减少到111所之后再无明显的变化。在这期间,地方高校作为办学主体,数量急剧增加,逐渐在高校数量上占据绝对优势。从2002年开始我国民办院校开始出现数量上的迅速扩张,民办高校从2002年的131所到2008年已经上升到638所,数量上的增长令人震惊。截至2013年6月,我国有独立设置的民办高校424所,占普通高校数的17.02%;民办高校在校生约254万人,占普通本专科在校生人数的10%左右。除民办高校数量的快速增长之外,2003年以来独立学院的逐年增加也是我国高等教育规模快速发展的重要因素。作为自下而上的制度创新,2003年以前是独立学院的试办阶段,从2004年到2008年则是独立学院发展最为迅速的阶段。根据相关文件,2004年经教育部审批,全国具有招生资格的独立学院共计有211所,到2008年发展到最多的320所。截至2017年年底,全国民办高校747所,其中包含独立学院265所。

在校生人数相较于高校数量增长,可以更真实地反映我国高等教育规模的增长。在世界范围来看,根据联合国教科文组织统计的数据,全世界大学生在校生人数由1960年的1300万增长到2000年的8700多万,增长了近6倍。其中,发达国家从1985年的2150万人增长至1995年的3430万人,发展中国家从1985年的2440万人增长至1995年的3660万人,只有转型国家(苏联及东欧各国)从1985年的1090万人下降至1995年的1080万人。[①] 1998年我国高校在校生人数为643万人,到2006年,普通高校和成人高校的在校生人数达到了2697万人,增长了3.2倍。其中,全日制普通高校本专科在校生达到1739万人,增长了4倍

---

① 闫亚林. 高等教育层次与科类结构研究[D]. 华南师范大学,2005:64-65.

多;研究生从不足20万人增加到110多万人,增长了近5倍。2008年,我国在校生人数达到2 826万人,总量排名世界第一。总体上,自2007年之后,我国高等教育招生数的增长速度开始出现下降,由此所产生的结果是在校生数增长幅度的放缓。2013年全国各类高等教育机构在校生人数已经达到了3 460万人。到了2017年,普通本专科在校生已经达到2 753.59万人;在学研究生263.96万人,其中,在学博士生36.2万人,在学硕士生227.76万人;成人本专科在校生544.14万人。[①]

第二节 高等教育普及化的现实基础

随着社会的高速发展,我国的高等教育即将迈过大众化的阶段,一举进入普及化发展阶段。在计划经济向市场经济转变过程中,随着观念、管理、体制等方面的变化,高等教育的大众化阶段对高等教育产生深远影响。而高等教育普及化的实现更需要一定现实基础,这主要包括社会基础和发展策略基础。

一、高等教育普及化的社会基础

我国高等教育普及化必须符合社会发展实际需要,要符合我国基本国情。对于我国而言,制约高等教育普及化发展的社会因素主要是社会对于高等教育发展的基本价值观念,以及中国社会同高等教育有关的实际发展水平或国情特点。

（一）社会价值观基础

中国特色社会主义建设始终坚持辩证唯物主义和历史唯物

[①] 2017年全国教育事业发展统计公报[EB/OL]. http://www.moe.gov.cn/jyb_sjzl/sjzl_fztjgb/201807/t20180719_343508.html.

主义相统一，在处理高等教育发展问题时也必须坚持以这一基本世界观和方法论作为指导。具体来说就是社会物质生产和政治经济制度决定着教育发展，教育对社会物质生产和政治经济制度具有巨大的能动作用。改革开放以来，我国逐步形成了国家层面的"科教兴国"战略和可持续发展战略，教育特别是高等教育发展成为国家发展战略的重要组成部分。

当前，随着各国经济、政治、社会等各方面的发展出现的新情况新问题，各国政府开始积极转变观念进行改革，在经济发展模式、国际关系格局、人—社会—自然关系、理想与道德追求、教育发展改革等课题上，都通过这种方式寻求合理答案。中国步入21世纪时，改革开放已进行20多年，既面临新机遇又面临新挑战：在外部，经济全球化进程加快；在内部，中国政治经济改革进入攻坚阶段。这一时代背景促使作为中国高等教育大众化社会基础之一的中国社会思想体系做出应有的转变。

当前，高等教育大众化发展已经取得巨大进展，普及化也是指日可待，而国家和社会对高等教育的基本态度决定了高等教育能够持续、健康、稳定地发展。社会思想体系中包含着的高等教育思想体系，是国家和社会所确立的针对高等教育发展的、稳定的社会思想体系。

由于高等教育社会思想体系直接反映了社会政治、经济和文化的现实状况及要求，因此它对高等教育发展具有决定性影响。为了深入细致地分析、概括政治因素、经济因素、文化因素各自对高等教育发展的制约，可以将高等教育社会思想体系粗略地分解为政治高等教育观、经济高等教育观和文化高等教育观。

就我国高等教育发展实际来说，高等教育社会思想体系呈现出以下特点和变化趋势。

第一，从文化角度来说，我国对高等教育一直实行有选择的开放，这主要是为了保证我国高等教育可以有效抵御意识形态领域的侵略，不论在过去、现在还是未来这都具有重要意义。但是为了满足国家发展需要，经济全球化是必然趋势，人才培养国家化是必然选择,因此文化开放成为国家发展的重要战略选择。在文化开放的背景下,高等教育可以推动民族文化与世界优秀文化的广泛交流,实施有选择的文化开放可以通过不同的方式影响高等教育政策。一种是强调谨慎权衡的原则,根据政治经济需要选择高等教育国际化的内容和速度,有限制地发展;另一种是通过立法、财税、评估等宏观调控方式,在保证高等教育主权的前提下,主动出击,积极推进高等教育国际化和教育服务贸易。从变化趋势看正逐渐倾向于选择后者。

第二,从我国的社会性质和基本国情来看,我国高等教育必须坚持正确的政治观,也就是既保证国家朝着富强道路的长远发展,又尽可能满足人民日益增长的受教育的美好生活需要,即致力于在社会发展与个体发展之间求得一定平衡。这一观念未来不会发生根本改变。不过,如同政治经济上"强国富民观"正向"民富国强观"转变一样,个人发展将逐渐被置于更加优先的地位。

第三,随着我国经济社会发展,计划经济体制逐渐转向市场经济体制,并且市场机制的作用越来越强。也就是说,虽然宏观调控手段依旧参与市场调节,但是会越来越多地发挥市场机制的作用,实现更好的资源配置,降低政府调控作用,提升市场资源配置作用。在这样的背景下,经济高等教育观会发生一定变化。相较于原来会更加强调顾全经济建设大局,加强高等教育发展的规划,按照规划推动高等教育发展而言,逐渐转变为更多地发挥市场的调节作用,实现国家宏观调控与高等教育市场机制协调相统一。

通过以上分析可以看出,我国在政治高等教育观、经济高等教育观和文化高等教育观中做出了正确的选择,这些观念有利于推动高等教育发展。而对于当前高等教育发展模式的选择,在政治高等教育观、经济高等教育观和文化高等教育观中则留有余地。随着改革开放的程度不断加深,伴随着深刻的社会变革,同时还伴随着人们思想的转变,在全新的环境下,新的高等教育社会思想体系将不断孕育形成。发展背景制约发展目标和思路,我国的高等教育普及化发展同样受到环境制约。

(二)社会发展基础

我国高等教育与西方国家的高等教育存在本质区别,前者属于后发外生型,后者属于先发内生型。西方国家的高等教育大众化、普及化基本上是一个自然的过程,背后的主要推动力量是教育民主化浪潮、教育机会均等和教育公平等理论,这构成了大众化、普及化发展的理论基础。

中国高等教育大众化在总体上表现为一种国家发展战略和政府行为。尽管中国高等教育大众化也反映了人们对高等教育的强烈需求,也考虑到现有高等教育资源不能满足社会需求的现状,但其启动过程和实施过程是由政府主导的。政府对高等教育资源的控制和垄断,决定了相当长时期内中国高等教育大众化、普及化的主体是公办高等教育系统。中国财政性高等教育经费始终不足,不可避免地会制约高等教育规模的持续增长。西方国家高等教育大众化的完成有"市场机制"的充分参与,在整个教育资源的配置中,市场这只"看不见的手"无形中起了很大的作用。中国目前正处于社会转型期,中国高等教育大众化、普及化过程中教育资源配置方式仍带有某种"计划经济"色彩。随着中国经济多元化发展,高等教育大众化、普及化应该并且已经开始打破单一的政府财政渠道来源的束缚。

对于西方国家而言,高等教育大众化、普及化的一个基本理念前提是"高等教育是一项公益事业"。在这一理念推动下完成大众化、普及化目标,尤其在西方福利国家,高等教育被看成是"义务教育"和社会福利的范畴,政府承担了大量的财政投入和责任。在中国,高等教育明确属于非义务教育范畴,国家不可能也没有条件提供全部的教育投入。在中国高等教育大众化启动前后,教育成本分担理论和"缴费上学"已经成为一种共识。但是,中国是一个典型的二元社会结构的国家,面对收费上学的高等教育改革，无论从观念上和经济承受力方面，对那些收入偏低的社会群体而言，都存在巨大的压力，从而在一定程度上影响到中国高等教育大众化进程。从最近几年国内外学者对中国的基尼系数分析中可以看出，中国国内各类群体之间的收入差距呈现增大的趋势，其中城乡收入差距显著。据统计，2018年全国居民人均可支配收入为28 228元，农民人均年收入为14 600元。

研究表明，在高等教育大众化阶段，约束居民对高等教育消费的支付能力的主要是收入"瓶颈"，即年收入水平。中国人口大部分在农村，随着经济社会发展，农村居民收入逐渐提高，但是城乡收入差距依然十分显著，甚至还出现了差距拉大的趋势，农村家庭供子女上大学依然是一件艰巨的事情。因此，中国高等教育大众化、普及化进程的重点在农村，只有真正提高农村适龄青年上大学的比例，大众化才能持续发展。资料显示，近几年全国高校年平均收费水平在5 000元到6 000元，生活费、住宿费，加上其他一些开支需要上万元，这一状况无疑会增加农村适龄青年上大学的难度。

即使考虑到中国民间的高储蓄率，也需要正视这个问题。收费机制是制约高等教育规模发展的重要因素，中国高等教育一方面需要摆脱传统福利型模式，另一方面又要考虑控制高校收费过高过快上涨。当前在考虑社会承受力和社会稳定的大前提下，高等教育收费体制改革一方面应利用市场和宏观调控，实行"分轨收费"，另一方面应通过扩大各种来源的资助刺激教育需求的持续增长。高等教育机构在运行过程中应形成自主与自律，通过合理决策、内部挖潜、稳定学费水平，增加对贫困学生的资助。

二、高等教育普及化的发展策略基础

以入学率为基本指标衡量我国高等教育的发展水平，在过去很长一段时间都表现出比较低的水平，高等教育面临着来自各方要求增加入学机会的巨大压力。对此,政府始终持谨慎的态度,总是在对发展目标做出许多的设定。当外部发展动力与高等教育内部的发展愿望相汇合时,高等教育大发展的时机便逐步成熟了,中国高等教育新的"积极发展"战略迅速形成,表现为突破传统发展阻力、确立大众化并过渡到普及化高等教育发展目标。

需要注意的是,中国有自己的基本国情,导致中国高等教育大众化、普及化发展必然有别于美国和西欧。美国在 20 世纪初即形成了有利于规模扩张的多样化高等教育形式与结构,西欧是依靠较为雄厚的财力在相对不变中扩张,中国则两种条件皆不具备:既没有"早熟的"高等教育模式,又缺乏雄厚的经济实力。中国高等教育"有效的"规模扩张必须通过渐进改革才能实现。在中国高等教育改革与发展过程中,某些传统理念需要坚持不动摇:第一,应始终坚持与高等教育毕业生就业前景紧密相连的对质量保证和结构优化的追求;第二,应始终坚持通过"重效益"的投入方式,充分利用有限的政府财力这一价值倾向。前者和构建合理的高等教育的结构与体系相关,后者强调高等教育发展的规模效益和质量效益,由此形成了中国高等教育大众化、普及化发展策略基础的两个重要方面。

(一)宏观调控高等教育的结构与体系和发挥市场机制作用相结合的发展策略基础

我国在高等教育大众化、普及化发展过程中,始终坚持结构带动规模的发展思路,这就表现为政府试图通过预先规划对高等教育结构与体系做出调整,来确保达成发展目标。中国高等教育发展进程在策略上,是通过主动设计合理的高等教育结构来实现可接受的规模增长;在发展过程中还确立了中央与省两级管理、以省为主的体制;同时逐步重视利用市场、引导市场。

当前我国高等教育大众化发展就是以上述思路为出发点进行规划设计的。例如,为推动高等职业教育发展而出台"三改一补"举措,便属于主动的政府调控行为;中国民办(私立)高等教育虽然是自发形成的,但政府根据需要对其培养目标和发展方向做出了一系列规定或限制。1999年开始启动的中国高等教育大众化进程,其扩张教育规模所依据的基本思路,是在结构多样化的基础上实施扩招,并且根据政治经济的特殊需要,采取了一种"超常规"的发展政策,迅速实现了15%的高等教育大众化的临界目标。在实际操作中,政府力图围绕职业市场和生源市场,尽力使高等教育结构合理多样,在此基础上加速规模发展。针对中国高等教育的结构与体系的改革,政府宏观调控工作的重点,初期放在高校合并上面,随着高等教育规模不断扩大,发展中的矛盾和问题不断出现,宏观调控工作日益复杂化,构建多样化高等教育结构的重点转向规范社会力量办学、优化高等职业教育、建立终身教育制度、发展现代远程教育等方面。

我国高等教育为了实现大众化发展目标,制定并实施"结构优先"的发展策略,政府在其中发挥了重要作用,凭借政府规划以及行政管理的强度和方向实现"合理结构"的构建。在高等教育大众化结构与体系的理论上,对于中国高等教育结构究竟是采用"多样化"的多层次多功能框架,还是"层级"制金字塔形,抑或是中央与地方分工负责的二重性结构,已成为政府和学术界关注的研究课题。在中国高等教育界的有关人士中,秉持各种观点的都有,也都有各自的论据。在中国高等教育大众化初期发展中,政府实际采纳的是一种着眼于实现发展指标的、务实的混合式改革思路。这种思路的缺点是"遇到问题解决问题",有可能出现"朝令夕改"的情况。

我国在推行高等教育大众化的初期阶段,实施的是以宏观调控为核心的发展策略,也就是十分强调政府主体在高等教育大众化中的作用,通过计划手段和行政管理来实现高等教育的内外协调。这种做法,较少依靠众多的高等学校自身的主动性,也忽视了社会力量的广泛参与。它仍然属于传统的高等教育结构调整方式。不过,随着中国社会主义市场经济改革的深入,以及中国高等教育自身不断的改革,在中国高等教育大众化进程中,权力分散的理念将逐渐确立,市场因素越来越受到重视。首先,表现为宏观调控的主体由中央下放到地方;其次,表现为理顺政府与高校的关系,使高校自身的价值观念有表露的意识和表露的机会;最后,表现为高等教育市场对高等教育的结构与体系的影响力不断增强。

从本质上来分析,可以看出我国高等教育大众化的渐进发展过程,实际上就是一个在不断变化的背景下谋求高等教育内外发展要素相互协调的动态平衡过程,尤其是通过积极调控高等教育大众化的结构与体系来反映。从具体的平衡方式看,以往主要是借助计划管理手段来实现的。一般情况下,计划管理可以有效地降低潜在风险发生的可能,"令行禁止"符合谨慎行事的传统。但需要注意的是,推动高等教育大众化发展不能仅依靠计划管理和行政手段。首先,单纯地依靠计划管理和行政手段会在很大程度上助长功利意识,将落实具体发展指标作为重点,而忽视观念和思路转变的重要性;其次,计划管理和行政手段受到自身作用范围的限制,也就是说这些方法和手段在使用上受到的约束较多,在高等教育大众化的过程中,这些手段的局限性会愈加明显。因此,为了推动我国高等教育大众化进一步发展,需要改变发展策略,将单一计划管理转向灵活多样的宏观调控方式。

我国在高等教育大众化发展的过程中,始终十分重视高等教育结构改革,在其发展战略中也有所体现。而构建中国高等教育大众化的合理结构不仅要依靠宏观调控方式,同时需要借助市场的力量。政府可以在一定程度上宏观调控高等教育结构,但是要适当,不能强制推行或包办代替,要避免政策的盲目性。高等教育结构与体系的形成,会受到主体因素的制约,只有政府、高等教育机构、社会都找准了自己的位置,在建构过程中合理发挥各自作用,方能逐步达到现实合理的高等教育的结构与体系。中国高等教育结构与体系不可能预先完全计划好,而是通过宏观调控和市场机制的双重作用,加以动态调整。

(二)内涵发展与外延发展相结合、分层分工与合理竞争相结合的发展策略基础

内涵式发展是我国高等教育发展的一个重要战略,也就是通过挖掘高等教育内部潜力的方式促进高等教育的进一步发展,扩大高等教育的规模。20世纪90年代末的中国高等教育大众化发展带来高等教育规模的急剧扩大,强烈地冲击了原有的高等教育系统,促使高等教育领域深化改革,适度超前的外延式发展成为一种新的发展策略选择。

高等教育内涵式发展策略重视规模效益和质量效益,但随着中国高等教育大众化进程中不断涌现所谓"巨型大学",使得高等教育机构的内涵发展空间缩小。高等教育外延发展战略是从外部扩展高等教育系统,优化和完善高等教育的结构与体系,在该发展战略实施下组建的全新的高等教育系统与曾经的精英教育系统不同,这体现在价值取向、功能、定位等各个方面。在新环境新要求下,高等教育大众化必须选择外延式发展策略,在这一发展策略下,高等教育可以在短期内实现精英教育向大众教育转化的目标,同时还不会对原有高等教育系统造成巨大的负面影响。

在我国高等教育大众化发展的初期阶段,公立高等教育系统和传统的精英教育机构发挥了主要作用,但是这也在一定程度上导致了公立高等教育系统资源紧张和办学条件不足的情况发生。因此,中国高等教育大众化不能机械地依靠内涵式发展,而应适时采用"体制外增长"及外延式发展策略,利用高等教育大众化发展的有利时机进行高等教育资源的重新配置,突破原有的高等教育体制,建立新的高等教育体制。

高等教育大众化实施外延式发展策略,必须有健全的体制为其提供有力支撑,这就要求我国高等教育体制必须实现重大突破,进行高等教育体制创新,包括高等教育管理体制、高等教育办学体制和高等教育投资体制几方面的改革与创新。中国高等教

育管理体制改革已进行了多年的尝试和努力,初步解决了中央与地方、集权与分权的矛盾。外延式发展的核心是办学体制上的突破,办学体制的多样化必然带来投资体制的多元化,投资体制的多元化反过来可以促进办学体制的多样化。

随着我国高等教育不断发展,办学体制也不断改革、升级和突破,例如城市大学、民办高等学校、国有民办二级学院、国内外合作办学、大学园区、教育集团化等。这些新的办学模式都属于外延发展的范畴。这些利用市场机制形成的新兴办学模式给高等教育的改革和发展注入了极大的活力,尤其是冲破了政府作为单一办学主体的格局,形成了社会力量办学与公办高等教育共同竞争和发展的趋势。针对中国高等教育资源不足的现实,利用社会力量对高等教育投资的积极性,推进大学制度创新,是当前正确的选择。中国加入WTO后,利用国外教育资源成为中国大学制度创新的又一途径。

需要注意的是,高等教育外延式发展策略并不具有普遍意义,而是单纯地就中国高等教育发展的一般意义而言的,对不同的省份或区域,特别是对个体的高等教育机构而言,不同的高等教育机构应该根据自身的实际情况,选择符合个体发展需要的策略。因此,高等教育内涵式发展与外延式发展应该相互结合,发挥两种策略各自的优势。但就总体来说,鉴于前一阶段着重内涵式发展导致教育资源不足,影响教育质量,当前一个时期,应以外延式发展为主。

我国高等教育不是先发内生型,而是后发外生型,我国高等教育在很长一段时期都实行精英化的发展模式,高等教育大众化也是在传统精英高等教育体系上发展的,精英高等教育系统的无限度扩张可能瓦解精英高等教育机构,造成高等教育质量的危机。是改造精英高等教育系统,还是在精英高等教育系统之外建立新的大众高等教育系统,是两种不同的选择。

基于我国基本国情和发展实际,我国高等教育大众化发展采用的是分层分工与合理竞争相结合的发展策略。与中国高等教

第六章　高等教育大众化向普及化发展

育大众化相适应的分层分工理论,主要体现在对"段"和"支"的看法上。"段"是从纵向层面而言的高等教育结构组成部分,这些部分相互衔接,高低层次不同;"支"是从横向层面而言的高等教育结构组成部分,这些部分相互并列,类型不同。从实践中看,"段"与精英高等教育联系密切,"支"与大众高等教育联系密切。推动高等教育健康发展,必须合理安排"段"和"支","段"过多可能导致优胜劣汰的社会问题,"支"过多可能导致不思进取的社会风气。在理想的模式下,"段"和"支"应该密切配合。分"段"不分"支",不符合从教育经费到学生就业的社会实际情况。从各国实践均可看出,高等教育大众化、普及化是必然趋势,坚持精英教育主义是不利于高等教育发展、也不利于社会进步的。分"支"不分"段",机械化执行双轨制同样不利于高等教育发展。一方面这样无法满足越来越多的学生升学愿望,政府在实现教育公平上的压力不断增加;另一方面这样不利于高等教育适应不断变化的市场需要,无法向社会输送合适的专业化人才。专业从某一层面来说就意味着效率,这是众所周知的普遍规律。

中国不少高等教育机构都以建设研究型大学或一流大学作为自己的目标,并制定了雄心勃勃的发展规划,大学改名更姓频繁,名头越取越是响亮甚至唬人。从具体的某一所高等教育机构来看积极进取无可厚非,但是如果所有高等教育机构都盲目追求升格升级,在教育资源依托政府财政、教育资源总量不足以及面临严峻的就业市场压力的情况下,显然是不可行的。根据中国高等教育大众化发展的现实状况,倡导构建类型层次分明的高等教育结构是一种比较现实的选择。

随着我国经济发展水平不断提高,高等教育不断发展,社会价值理念发生巨大变革,高等教育运行方式也发生了一定变化。在新形势下,我国高等教育的类型和层次之间的界限逐渐模糊,类似美国的多层次多样化的高等教育结构与体系可能成为未来合理的选择。

第三节　加速高等教育大众化向普及化进军

高等教育普及化是建设教育强国的必然结果。2019年2月26日,教育部召开发布会介绍2018年教育事业发展情况。教育部高等教育司副司长范海林表示,我们已经建成了世界上规模最大的高等教育体系。中国高等教育即将从大众化时代迈向普及化时代,高等教育体系重构对于高等教育发展阶段的顺利更替有着极其重要的意义。普及化时代呼唤高等教育更均衡更充分地发展,高等教育体系既要建基于普及化高等教育阶段的发展性需求,又要兼顾大众化高等教育阶段所建立的现实性基础。

一、实现高等教育普及化的主要条件

我国即将由高等教育大众化阶段迈入普及化阶段,这意味着我国高等教育在最终跨入普及化阶段之前尚有一个不长的过渡阶段。高等教育由大众化跨入普及化阶段,本应以高等教育自主发展为基础,以社会选择为根本动力,但显然从国家体制和一以贯之的高等教育治理模式来看,我国政府必然将在推动高等教育跨越式发展中发挥主导作用,这就需要思考我国迈入普及化高等教育所需要具备的客观条件,即构建普及化高等教育的基础。

(一)高等教育资源丰富充足化

这是普及化高等教育得以存在的物质基础。高等教育是高资源消耗型行业,高等教育普及化的到来及其未来运行更是建立在充足的资源保障基础之上,因此,完善和创新高等教育多元筹资机制,形成公共财政充足、社会资本积极投入的资源供给格局,在很大程度上决定着我国未来高等教育普及化的质量。

总之,高等教育体系的多样化、高校及其基层组织的办学自主、完善的高等教育质量治理体系和充裕的高等教育资源,是我国迈入高等教育普及化并确保其发展质量的主要条件,但也是我国高等教育改革发展中面临的一系列难题,因而也是我国在由大众化迈向普及化的过渡阶段需加强教育治理的着力点。

(二)高等教育体系多元化

这是高等教育实现普及化的组织基础,也就是要在高等教育的结构与功能上做好准备。在普及化时代,高校生源将更趋多样化,学生的素质基础、就读动机、修学方式、职业面向等都是个性化、多元性的,这就决定了普及化时代高校在培养目标、课程体系、教学方式、学生评价标准、学制要求、管理与服务模式等方面必须适应复杂生源的不同需求。尤其是在信息化时代,以现代信息技术为基础的新教学模式甚至以智能科技为支撑的智能化教育手段将更好地满足不同受教育者的需求,未来高校必须加强以在线教学平台为代表的新教学体系的建构。同时,高职教育和民办高校的办学环境、办学能力必须得到优化,以提供不同的教育服务。事实上,大量的地方高校、职业类院校、民办院校将成为普及化高等教育体系的主体。

(三)高等教育质量治理体系成熟化

这是普及化高等教育得以维系和深化发展的保障性条件。受教育者接受和选择高等教育,源自其积极的教育价值预期,这是普及化高等教育发展的根本动力。未来我国普及化高等教育必须是高质量的,大众化时期的质量缺陷不能延续至普及化阶段,低质、无质的普及化是没有意义的。但一个有质量的高等教育体系需要得到有效的质量保障,这就要求建立起科学的高等教育质量治理体系,提高高校满足不同需求的能力。

(四)高校办学自主化

高校及其内部基层组织具有充分的办学自主权,这是高等教育体系走向多元化的客观基础。一方面,高校在法律上具备充分的独立法人地位,从而以社会需求为导向,立足自身条件自主办学,尤其是围绕自身优势和区位要求建立个性化、特色化的办学模式,成为多元高等教育体系的有机组成部分;另一方面,在高校内部,各院系应作为更大意义上的办学实体,进一步实现基层自主,从而依据学科专业发展规律来制定最适宜的办学方案,尤其是在精准把握市场所需及其变化趋势的基础上,动态调整知识生产模式优化服务能力。高校与院系在各自层面上的自主是提升高等教育创造力的根本,而高等教育的创造力则是适应更加多样化需求、提高服务质量的前提。

二、高等教育大众化向普及化推进的主要任务

高等教育由大众化走向普及化,需要一个深刻、系统、全面的结构调整和优化过程,以适应新的高等教育体系的要求。但在当前这个较短的过渡阶段,高等教育的治理则更加强调针对性,尽量减缓普及化阶段初期的"阵痛",争取普及化高等教育体系的"软着陆"。在此过渡阶段我国高等教育治理的核心使命是为实现高等教育普及化创造必要的条件。

(一)推进管办评分离改革,充分保障高校办学核心自主权

2010年《国家中长期教育改革和发展规划纲要(2010—2020年)》提出"促进管办评分离",尤其是党的十八届三中全会提出"深入推进管办评分离"后,政府大量削减教育审批管理权限,高校自主办学的主体地位不断凸显。据统计,近几年教育部在贯彻管办评分离精神中取消管理职责22项,下放职责13项,转移和委托职责50项,精简规范评审项目23项,取消法律法规和国务院规定以外的评估检查项30%以上。政府只有退出微观管控,赋予高校真正办学自主权,高校才能由服从政府意志转向尊重社会需要,依据不同的社会需求及其发展趋势来调整自身结构,适应

高度多元化和渐趋自由化的社会需求。在此,政府须进一步转变职能。

第一,进一步完善高等教育法规,明确政府、高校及重要利益相关者的权责,规范教育行政部门权能和保障高校自主权,引导第三方合理参与教育治理。

第二,赋予高校更多核心办学自主权,主要包括学科或专业调整权、学生管理权、学制与学位管理权等。这是高校办学自主化水平的重要标识,也是适应普及化时代生源高度多元化的基本条件。

第三,积极培育第三方评价主体,实现高等教育评价的社会化和专业化。在质量至上时代,教育评价是质量监控的主要手段,而一个成熟、专业的第三方评价系统既是约束政府干预的重要力量,更是普及化高等教育质量的重要保障。

第四,深化校院两级管理改革,扩大高校基层单位办学自主权,因为高校办学最终要落实到院系活动上;同时,要探索契约式、目标式管理,激发基层办学创造力。唯有如此,学院灵敏捕捉社会需求变化、依据变化趋势及时优化办学体系的优势才能得以充分发挥。

(二)改进政府治理方式,引导高校分类发展和分类管理

我国高等教育在很长一段时间内都是由政府兼管、办、评三权,这就导致我国高校具有比较明显的同质化特征。在普及化时代,高校必须走向多样化,而政府需要发挥引导作用。需要指出的是,高校分类发展应是一个社会或市场选择的结果,而非完全靠政府通过行政权力强行调整。但显然,由大众化到普及化的过渡阶段容不得一个漫长的自然选择过程,而需要政府积极干预,这也是我国高等教育体制的基本特征。事实上,分类管理是我国政府实施高等教育治理的传统理路,在"双一流"背景下被寄予更多期望。但目前我国高校分类发展与分类管理的具体实施办法还需要进一步优化。

第一,从我国高等教育财政投入模式来看,政府往往是按高校类型或层次实施差别化投入,在其他相关政策上不同类型或层次高校也面临着差异化对待。简言之,不同类型、层次高校的发展环境是不一样的,这会导致高校分类发展缺乏基本动力,这也正是当下部分高校在国家大力发展应用型高等教育进程中转型不力的重要原因。

第二,高校分类标准不应过于具体、细化甚至烦琐,否则既难以真正体现不同类型高校在办学定位上的本质差异,导向性不足,又将高校组织及其办学过程简单化、碎片化,损害高校作为复杂组织的有机性及其办学过程的整体性,从而有悖于高校内涵式发展的客观要求。

因此,要促进我国高等教育体系的多样化,政府要建立起以公平、绩效、竞争为核心取向的财政投入模式,创设公平的高校分类发展环境,让各类型高校安于其位,各司其职。从当前来看,其就是要解除地方本科院校向应用技术型高校转型的后顾之忧;跳出烦琐化指标体系的窠臼,立足不同类型高校的本质及核心特征,在宏观层面上制定高校分类框架,给予高校以自行选择类型定位、自主探索特色发展路径的空间;避免分类发展模式的统一化、标准化,鼓励各地政府在引导高校分类管理中发挥创造性,探索具有区域特色的高校分类发展机制。

(三)充分释放民间资本,促进民办高等教育健康发展

随着高等教育大众化向普及化的推进,高等教育体量会出现进一步扩大,而公立高校已经难以再行扩大招生,否则将对高等教育质量造成很大冲击,故大力发展民办高等教育是我国走向高等教育普及化的重要选择。发展民办高等教育具有多重意义,除了推动高等教育扩容之外,还有助于进一步引导民间资本投入教育、缓解普及化时代政府的高等教育财政压力,通过发展民办高职、应用技术型教育及其他非学历教育等方式使高等教育体系更加多样化。但目前我国民办高等教育发展仍面临着诸多障碍。

以民办高校分类管理为例,于2017年新修订的《中华人民共和国民办教育促进法》规定民办高校分为非营利性、营利性两类,这为营利性高校的建立和发展提供了法律依据,但在具体实施分类管理过程中,一些地方政府往往要求现存民办高校自愿按营利性或非营利性学校注册,继而按不同的政策要求实施办学。这种简单的两分法并不符合我国民办高等教育发展的现实需求,因为我国绝大多数民办高校都是以投资办学而非捐资办学的方式兴办和发展的,在本质上具有营利的需求。但在新的法律框架下,民办高校一旦选择非营利性则失去营利的可能,甚至失去财产所有权;而若选择营利性,则需要承担高额税负,这并不符合我国民办高等教育发展的特殊性,将影响民办高校的积极性,束缚民间资本活力。此两分法将营利性与公益性对立起来,否定了两者间可能的辩证统一关系,但从国际上看通过制度约束是能够实现两者相对统一的。显然,重新修订法规并不现实,这就需要在现有法制框架下进行政策优化,如政府为非营利性高校提供一定的财政扶持,加大对非营利性高校举办者的奖励力度;为营利性高校提供多样化的税收优惠与激励,尤其对于办学质量较高的示范性营利性高校加大优惠力度,为之营造公平的办学环境,最大化地保持其市场竞争力,激活营利性高等教育的公益能量。

(四)树立精英高等教育质量观,强化质量治理

20世纪我国高校为了适应发展需要开始扩招,此时我国学界有一部分学者提出了多样化的高等教育质量观,但是这一教育观念却在实践中被异化,多样化的质量观变成了多层次的质量观,这是我国大众化高等教育质量下滑的重要原因之一。因此,当前及未来亟须树立精英高等教育质量观。首先,从精英阶段到大众化、普及化阶段,高校类型和生源类型逐渐走向多样化,统一的精英标准为类型多样的质量标准所代替。但无论是培育研究型人才还是应用型、技能型人才,每个类型定位都应是高标准的,高校所培育的各行各业人才都应具有卓越的胜任力和不同内涵的创

造力。从这个角度来说,普及化高等教育的质量观应是多样化精英取向的,这是树立精英高等教育质量观的第一重含义。其次,在大众化阶段,对高等教育公平和大众教育的强调,导致传统意义上的精英教育发生弱化甚至缺失。正是在这个意义上,刘道玉先生才呼吁"中国急需构建精英教育体系,充分发挥精英人才在各个事业领域里的先导作用"。在普及化阶段,高等教育不仅要提供大众教育,为每个人的职业或生活需求提供便捷的教育服务,还要通过少数研究型大学来培养在国家建设事业中发挥引领作用的精英人才,这是树立精英高等教育质量观的第二重含义。还需特别指出的是,未来普及化高等教育要实现健康发展,还必须改变当前统一以就业率为核心指标的评价模式,这不仅是因为普及化高等教育的质量观本就是多元的,还因为虽然促进就业是高校固有功能,但保证就业却绝非高校职责。若仍以就业率为高等教育质量评价核心标准,人们所面临的将仍旧是一个缺乏"质量"的高等教育,但这显然是违背教育本质的,因为教育的终极价值取向必然是"使人成人",这是大学的文化秉性。树立起精英高等教育质量观是第一步,要真正落实这一质量观,需要强化质量治理。所谓质量治理就是高等教育各利益相关者共同参与高校教育过程——从人才培养目标的确立,到学科专业和课程设置,再到教学实施乃至质量评价,以及整个过程中的管理与服务,各利益相关者都应参与其中,以确保高等教育的实施立足于真实的社会需求、真正满足社会需求,从而推动高等教育实现真正意义上的多样化。

三、构建普及化时代的中国高等教育体系

推进高等教育发展,建设高等教育强国,是新时代中国特色社会主义建设的重要内容。我国大力推进"高等学校分类体系"建设,实际上就反映了我国高等教育强国建设直面问题的决心,高等教育理论界也颇多以分类替代分层的观点和主张。尽管高

等教育进入普及化阶段的一个"基本逻辑"是高等教育系统内部将更富有弹性和呈现多元化特征,分类思路也确实比分层思路更能支撑这种弹性以及多元化的需求,并且长远来看也更有利于提高我国高等教育整体竞争力。对于过渡期的高等教育体系构建,一方面,要建基于普及化高等教育阶段的发展性需求;另一方面,又要兼顾当前大众化高等教育阶段的现实基础。因此,分类虽然应当成为我国高等教育体系未来构建方向,但并不意味着应马上全面性地向分类转轨。从中国经验而言,采取分步走的方式可能更加合理,即此阶段建立"普通高等教育"和"职业高等教育"两大类,而且学位授予权分层的"层类交错"的过渡性体系更加贴合实际。

（一）进行合理可行的分类

为了推进高等教育普及化发展,我国大力推进多样化高等教育院校发展,教育部大力推行"应用型本科转型"和"现代职业教育体系",这为职业高等教育取得相对独立的体系和地位提供了重要条件。当今世界各国有不同分类方法,有的分为"研究型高校和应用型高校"两大类别,也有不少国家划分为"综合性大学（或研究型大学）、应用技术大学、高等职业学院"三个类别。结合我国国情来看,类别不宜过多,建立"普通高等教育"和"职业高等教育"两大类可能更加有利于实现真正分类和高校清晰定位。因为从长远来看,普及化高等教育之后,中等职业教育将很可能出现规模不断缩减的趋势,"现代职业教育体系"一方面在前端缺乏中职的支撑,另一方面如果在后端又没有本科甚至硕士、博士层次教育的话,其将缺乏一个真正意义上的体系所应具备的层次性,并因此会在向来"重学轻术"的中国社会里很难获得认同基础,只会依然延续前文所述的"低水平,低配置,低声望"状态继续居于金字塔底端。因此,更合理也更可行的思路是,在"应用型本科转型"取得全面而有效的进展后,将转型后的应用型本科纳入作为"现代职业教育体系"的一个主要部分,而且这个部分也应该根据发展情况逐步拥有应用型硕士、博士学位的授予权。在这样的基础上，"职业高等教育"才得以成为一个和"普通高等教育"相提并论的大类。如果按照三个类别来分，则很可能依然维持一种"以分层代替分类"的现实而削弱改革力度。分为两大类别则因为增加了职业教育的层次性，有利于"先分类，后分层"的理想性改革目标的达成。其后，随着普及化高等教育时代的发展和推进，再根据以描述性分类为主要特征的"分类学范式"，在这两大类里进一步细分小类：比如在"普通高等教育"类里再细分出类似美国卡耐基分类里的综合性大学、文理学院和专门学院等，在"职业高等教育"里再细分出应用技术大学和高职高专院校等。

（二）以"层类交错"促进均衡和充分

需要注意的是，以上两个类别的思路，并不是为了使其最终各自分离形成独立体系，而是为了实现各个层次体系的结合，从而形成一个科学合理的高等教育体系，一个"层类交错"的大体系。如果将两个类别当作一个缺乏相互连通机制的独立体系来建设的话，"现代职业教育体系"势必难以取得足够的支持基础。"现代职业教育体系"要取得相应的地位，需做到以下两方面。一方面，是需要通过本身的发展而获得更加丰富的层次，建立起一个"中职—高职—应用型本科—专业硕士—专业博士"的以应用型学位授予权分层的内部分层体系。另一方面，是要建立和"普通高等教育"之间灵活转变的斜向沟通机制，两个体系之间的学分互认和学位认可，在两个类别之间以转学为核心的斜向沟通关系必须得以建立，才符合普及化高等教育时代多样化的高等教育需求。只有这样，建立起一种"层类交错"并且每个类别中都有足够而合理层次的高等教育体系，既符合人民群众愈发增长的高等教育需求，又符合中国高等教育在世界舞台竞争的需求。这一设计体系以"顶层设计"和"基层创新"并重，使得教育整体上既善于利用层级系统维持稳定，又善于调动各方的竞争意识以推动发展。

从我国高等教育大众化实践中可以看出,高等教育分层体系导致我国高校过于"攀附"科研,这在一定程度上影响了高校在人才培养质量上的完成度。如果这种趋势进入普及化阶段仍得不到有效解决,将意味着我们只是进入到一个低质量的普及化高等教育阶段。更为根本的方式是通过"层类交错"的高等教育体系构建和制度设计,引导和鼓励不同高校各展所长,而不是都争当"全能冠军",人才培养问题也将迎刃而解。在USNews美国大学本科排名榜中,本科教育排名前列的更多是美国的文理学院而不是那些著名的常青藤大学。正因为美国高等教育进入普及化时代后,很多小型文理学院能够在分类体系中最大限度地发挥特色,坚持以学生为本,受众面小,成本高昂,其本科教育堪称精英教育。而常青藤大学则更侧重科学研究以及研究生教育,本科教育相比之下反而有些大众化了。在这样的情况下,考生在高考报考时就"用脚投票",可能会选择看起来名气不是那么大的文理学院或应用型本科,并且如果下个阶段想申请研究生还可选择向研究型大学进军。因此,"层类交错"的制度设计,其主旨正是有利于各类高校的均衡和充分发展。这样,我国高校才会既在各自类别中各安其位并获得相对均衡的发展,同时又以办学特色参与竞争并寻求更充分的发展,在不同类别和层次中都能办出一流。

(三)以管理体制改革支撑高等教育体系构建

高等教育普及化是高等教育大众化的下一阶段,这意味着人们在普及化高等教育时代会对高等教育提出更高要求,高等院校必须加强自身的教育教学质量来满足这种不断增长的需求,而这就要求我国教育部门必须进一步激发和释放办学活力,实现更高质量的高等教育,迫切需要宏观层面的高等教育管理体制改革予以支撑。

一方面,要改变高等教育资源配置方式。效率优先、重点扶持是我国长期以来使用的高等教育资源配置方式,"集中力量办大事"也确实有利于支持部分高校参与国际竞争。但进入普及化高等教育时代,应当更多兼顾均衡原则,需要将更多的资金投入到处于相对不利地位的高职院校、西部高校中去。这样,"职业高等教育"作为一个类别才能更有发展前景并具备地域上的整体基础。另一方面,要切实扩大办学自主权尤其是地方办学自主权。从区域而言,我国已有不少地区已经进入指标意义上的高等教育普及化阶段,但也有研究结果表明,这些地区和高校并未做好普及化之后的应对:高校学生在家庭经济背景、学业资质、学习投入以及学习行为中出现了多元化和异质化趋势,而高等教育机构的教学课程、教学方法等方面却没有对此作出及时应对,人才培养模式的转型出现了滞后。其根本原因在于地方和高校缺乏办学自主权,难以对学生群体的变化和新业态的发展做出灵敏而迅速的反应。

随着新型城镇化和城市的发展与成熟,大学办学地方化的积极性越来越高,并对高等教育改革发展的战略提出了新的地方化要求。首先,应逐步推动"中央—省"的二级管理体制向"中央—省—市"的三级管理体制转变,激发城市办学的动力和活力。其次,应加大放权力度,尤其要在建立质量监控机制的前提下逐步下放自主招生权、专业设置权,才能让地方和高校灵活地根据新业态的发展较为迅速地做出反应。最后,对于分类机制和评价指标还要保持开放性,对新型高等教育机构持鼓励态度,也让各地方和各高校可以在更大程度上因地制宜地进行办学,使高等教育更好地为国家和区域经济社会服务,真正做到面向现代化、面向世界和面向未来。

总而言之,只有以高等教育管理体制改革作为支撑,我国才会拥有一个与普及化高等教育时代相匹配的高等教育体系,使得不同类别和层次的高校都能得到更均衡和更充分的发展,从而成为真正意义上的高等教育强国。

四、以全国高等学校本科教育工作会议精神为指导

当前,我国本科教育共有92个专业类、630种专业、56 818个

第六章　高等教育大众化向普及化发展

专业点,开展本科教育的高校有1 243所,在校本科生达1 648.6万人,本科教育是中国高等教育最大的供给体系,专业齐全、类型多样、区域匹配。如何让这样一个体量的本科教育更中国、更国际,如何让本科教育在高等教育后大众化阶段、迈进普及化阶段的进程中做到超前部署、超前谋划,不仅需要体制机制的保障,还需要实实在在的工作举措。而这次新时代全国高等学校本科教育工作会议就是回答和解决这个问题。概括起来,就是形成了"一个纲领性讲话""一个战略性意见"和"一组领跑计划"。

"一个纲领性讲话"即教育部党组书记、部长陈宝生代表部党组作的重要讲话,向全国教育战线明确了"以本为本""四个回归"是高等教育改革发展的基本遵循。

"一个战略性意见"即《关于加快建设高水平本科教育全面提高人才培养能力的意见》,简称"新时代高教40条"。落实好这个文件,要坚持立德树人,德育为先;坚持学生中心,全面发展;坚持服务需求,成效导向;坚持完善机制,持续改进;坚持分类指导,特色发展。高校应从做好"八个一"着手:落实一个根本任务,培养德、智、体、美、劳全面发展的社会主义建设者和接班人;坚持一个根本标准,把立德树人的成效作为检验学校一切工作的根本标准;突出一个基础地位,本科教育是具有战略地位的教育,是纲举目张的教育;强化一个基本抓手,专业是人才培养的基本单元和基础平台,是建设一流本科、培养一流人才的"四梁八柱";打造一支育人队伍,政治素质过硬,业务能力精湛,育人水平高超,方法技术娴熟;完善一套协同机制,加强理论教学与实践教学相结合,完善协同育人机制,加强实践平台建设,强化科教协同,深化国际交流合作;下好一步"先手棋",教育改变人生,网络改变教育,持续推进现代信息技术与教育教学深度融合;培育一流质量文化,把人才培养水平和质量作为一流大学建设的首要指标,使之成为大学精神的核心。

"一组领跑计划"即"六卓越一拔尖"计划2.0,以"一流本科、一流专业、一流人才"为目标,形成覆盖全部学科门类的中国特色、世界水平的一流本科专业集群,全面服务于竞争力中国、健康中国、幸福中国、法治中国、形象中国、教育中国、科学中国建设,这是卓越拔尖人才培养的施工方案,目前已全部正式发布。

这次会议结束之后,教育部党组书记、部长陈宝生指出:"这次会议把握住了中国教育改革发展的关键,把握住了人民普遍的心理期盼,确定了本科教育的基本方针、发展路径和重要举措,是可以写入教育史的会。"之所以这样来评价这次会议,一个重要的原因是,会议对形势和任务有一个清醒的认识,推出的举措适应了时代发展、技术进步的要求,具有超前性、系统性、战略性。具体来讲主要体现在以下几个方面。

(1)明确了新工科、新医科、新文科、新农科建设的主要方向

新工科是主动应对第四次工业革命的"先手棋",以新技术、新产业、新业态和新模式为特征的新经济呼唤新工科,国家一系列重大战略深入实施呼唤新工科,产业转型升级和新旧动能转换呼唤新工科,提升国际竞争力和国家硬实力呼唤新工科。加强新工科建设,是着眼"新的工科"和"工科的新要求",发展新兴工科专业,改造升级传统工科专业,前瞻布局未来战略必争领域人才培养,提升国家硬实力。

医学教育一头连着民族昌盛和国家富强的健康中国,一头连着中华民族伟大复兴基础工程的教育强国,医学教育的定位可以概括为三个"大":大国计、大民生、大学科。加强新医科建设,一是理念新,实现从治疗为主到生命全周期、健康全过程的全覆盖;二是背景新,以人工智能、大数据为代表的新一轮科技革命和产业变革扑面而来;三是专业新,医工理文融通,对原有医学专业提出新要求,发展精准医学、转化医学、智能医学等医学新专业。

加强新农科建设,用现代生物技术、信息技术、工程技术等现代科学技术改造现有涉农专业,加快布局涉农新专业,助力打造天蓝水净、食品安全、生活恬静的美丽中国。

加强新文科建设,把握新时代哲学社会科学发展的新要求,培育新时代中国特色、中国风格、中国气派的新文化,培养新时代

的哲学社会科学家,推动哲学社会科学与新一轮科技革命和产业变革交叉融合,形成哲学社会科学的中国学派。

(2)明确了卓越人才教育培养计划2.0的主要内容

卓越工程师教育培养计划2.0,坚持面向工业界、面向世界、面向未来、服务制造强国等国家战略,紧密对接经济带、城市群、产业链布局,以加入国际工程教育"华盛顿协议"组织为契机,以新工科建设为重要抓手,持续深化工程教育改革,加快培养适应和引领新一轮科技革命和产业变革的卓越工程科技人才,服务竞争力中国建设。

卓越医生教育培养计划2.0,树立大健康理念,立足服务生命全周期健康全过程,加快现有医学专业的改革升级,推动医科与工科、理科等多学科交叉融通,前瞻性布局新兴医学专业,加快新医科建设,培养具有"仁心仁术"的卓越医学人才,服务健康中国建设。

卓越农林人才教育培养计划2.0,树立"绿水青山就是金山银山"的理念,围绕乡村振兴战略,加快新农科建设,坚持产学研协作,深化农科教结合,用现代科学技术改造提升现有涉农专业,建设一批适应农林新产业新业态发展的涉农新专业,培养精农业、爱农村、爱农民的卓越农林人才,为乡村振兴发展和生态文明建设提供强有力的人才支撑,服务幸福中国建设。

卓越法治人才教育培养计划2.0,构建法治人才培养共同体,健全法学院校和法治实务部门双向交流机制,培养造就一大批宪法法律的信仰者、公平正义的捍卫者、法治建设的实践者、法治进程的推动者、法治文明的传承者,切实增强学生法学素养,培养德法兼修的高素质法治人才,服务法治中国建设。

卓越新闻传播人才教育培养计划2.0,适应媒体深度融合和行业创新发展,深化宣传部门与高等学校共建新闻学院,培养全媒化复合型专家型卓越新闻传播人才,讲好中国故事,传播中国声音,服务形象中国建设。

卓越教师培养计划2.0,深化协同育人,贯通职前职后,建设一流师范院校和一流师范专业,建设一批省级政府统筹,高等学校与中小学协同开展培养培训、职前与职后相互衔接的教师教育改革试验区,培养教育情怀深厚、专业基础扎实、勇于创新教学、善于综合育人和具有终身学习发展能力的高素质专业化创新型中小学教师,服务教育中国建设。

(3)明确了基础学科拔尖学生培养计划2.0的建设方向

提出这项几乎是培养仰望星空者的计划,是培养理、文未来领跑者的计划,是培养创造"科学春天"的计划,是播种1万颗未来火种的计划,是新时代高等教育吹响的最动人的冲锋号,是"功成不必在我"的计划。要加强使命驱动、大师引领、科教融合、国际合作,加快建立自然科学和哲学社会科学拔尖人才脱颖而出的机制,培养具有家国情怀、人文情怀、世界胸怀、勇攀世界科学高峰、引领人类文明进步的未来科学家和思想家。在数学、物理学、化学、生物科学、计算机科学的基础上,增加天文学、地理科学、大气科学、海洋科学、地球物理学、地质学、心理学、基础医学等自然科学基础学科;增加哲学、经济学、中国语言文学、历史学等哲学社会科学基础学科。

1.0版的"千人计划"升级为2.0版的"万人计划",探索书院制模式,搭建高校与科研院所深度合作的战略平台,探索建立本研衔接的培养模式、招生考试及配套制度体系。

(4)明确了创新创业教育的重要举措

创新创业教育是新时期大学素质教育的新突破,是人才培养模式的新探索,是当代大学生绽放自我、展现风采的新平台,是为世界高等教育改革贡献的新经验。中国创新创业教育正在领跑世界,实现从就业从业教育到创新创业教育的战略转型。中国"双创"理念写入联合国决议,毕业生创业率已超过3%,约为发达国家1.6%的2倍。中国"互联网+"大学生创新创业大赛由李克强总理亲自提议举办,自2015年以来,四届大赛累计有490万名大学生、119万个团队参赛,涌现出一大批科技含量高、市场潜力大、社会效益好的高质量项目,已经成为覆盖全国所有高校、面向全体大学生、影响最大的高校双创赛。2017年8月15日,习近平总书记给第三届大赛"青年红色筑梦之旅"大学生回信,深切勉励青年学子把激昂的青春梦融入伟大的中国梦,用青春书写无愧于时代、无愧于历史的华彩篇章,为实现中华民族伟大复兴提供源源不断的青春力量。第四届大赛自2018年3月启动,经过7个月的校赛、省赛、国赛,共有265万名大学生、64万个团队参赛,超过前三届总和。来自50个国家和地区的700余支境外团队同台竞技,全球上万名师生和行业企业、投资机构代表共聚总决赛现场,被国内外媒体誉为惊艳非凡的空前盛会。中央广播电视总台《新闻联播》两次专题报道,新华社播发大赛新闻通稿,《人民日报》《光明日报》头版报道大赛并配发评论员文章,累计有30多家中央媒体对大赛盛况进行深度报道。新华社客户端、人民网等国家级新媒体播发的大赛视频累计点击量达数千万人次。大赛已成为深化创新创业教育改革的载体、促进学生全面发展的重要平台、推动产学研用结合的关键纽带。

此外,2018年,教育部深入贯彻落实习近平总书记重要回信精神,在更大范围、更高层次、更深程度开展"青年红色筑梦之旅"活动。在福建古田、江西井冈山、陕西延安、山东沂蒙山、河北西柏坡、安徽小岗村、宁夏闽宁镇等地组织开展了大学生创新创业项目与当地需求的全国对接活动,来自全国高校的3 000余名大学生、1 000余支项目团队与当地乡镇、企业、农户代表深入对接,现场签约近200项。各地高校也广泛组织省级和校级对接活动,据统计,全国有31个省(区、市)的70万名大学生、14万个团队积极参加,累计有2 238所高校的大学生创新创业项目对接农户24.9万户、企业6 109家,签订合作协议4 200余项,产生直接经济效益近40亿元。

(5)明确了"变轨超车"计划

信息技术与教育教学的深度融合,将从形式的改变转变为方法的变革,从技术辅助手段转变为交织交融,从简单结合物理变化转变为发生化学反应。也就是说,把线上线下教育的深度融合变成一种真正的教学理念、教学方法、教学技术、教学方式、教学模式的变革,这是真正的革命性变化。线上线下结合可以让教育得到改变,实现快速发展,"变轨超车"。如果说"弯道超车"是在体制内跑,那么"变轨超车"则是开辟另一条路径,是一项革命性变化。

例如慕课,即我们说的在线开放课程建设,当前正在成为世界各国争夺教育主导权、话语权的重要阵地和焦点领域,并日益成为争夺教育对象、价值观输出的重要载体。美国、法国、俄罗斯、以色列、印度等国政府都在大力推进慕课建设。这件事我们起步不晚,2013年我国高水平大学的慕课就开始陆续上线。2015年,教育部发布了《关于加强高等学校在线开放课程建设应用与管理的意见》,全国高等学校教学研究中心为此做了很多开拓性的工作。经过几年的建设,上线慕课数量达到8 100门,其中500余门慕课登录国际著名课程平台,高校学生和社会学习者选学人数突破1.4亿人次,超过4 300万人次大学生获得慕课学分,2017年西部地区高校选用慕课达到8 600门次。可以说,中国高校慕课总量、参与开课学校数量、学习人数均处于世界领先地位。目前我们已经首批认定了490门国家精品在线开放课程,计划累计推出3 000门国家精品在线开放课程。此外,我们还研发全球首个虚拟仿真实验教学项目集中展示平台,首批认定了105个虚拟仿真实验教学项目,计划累计认定1 000个左右,实现"网上做实验、虚拟仿真实验",破解高校实践教学中长期存在的做不了、做不好、做不到、做不上的难题。

下一步,工作重点是推动优质资源开放共享,加大慕课平台开放力度,建立慕课学分认定制度,推动教师用好慕课和各种数字化资源,着力破解区域之间、校际优质教学资源不平衡的突出问题;重塑教育教学形态,将现代信息技术深度融入教育教学,打造智慧学习环境,探索实施智能化的精准教育,提升教学效果,培养学生智能时代核心竞争力。总之,要紧紧抓住信息技术变革带来的历史性机遇,加快提高我国高校人才培养的整体水平,推动实现高等教育质量的"变轨超车"。

第七章　向新时代高等教育强国迈进

高等教育发展水平是一个国家发展水平和发展潜力的重要标志。党和国家事业发展对高等教育的需要,对科学知识和优秀人才的需要,比以往任何时候都更为迫切。世界发达国家高等教育创新的脚步从未停止,我们必须致力于推动高等教育创新发展。我国高等教育规模扩张并不意味着质量和效益增长,走内涵式发展道路才是我国高等教育发展的必由之路。我们要建设高等教育强国,必须"以本为本",坚持教育要"回归常识、回归本分、回归初心、回归梦想",建设一流大学、一流学科和一流本科专业,不仅要与世界高等教育理念同频共振、相向而行,还要在"更国际"基础上"更中国"。

2018年5月2日,习近平总书记又在北京大学考察时发表重要讲话,他指出:"教育兴则国家兴,教育强则国家强。高等教育是一个国家发展水平和发展潜力的重要标志。今天,党和国家事业发展对高等教育的需要,对科学知识和优秀人才的需要,比以往任何时候都更为迫切。"①以上论断从理论和战略高度指明了新时代高等教育乃至整个教育发展的重大使命。在全新的历史背景下,建设高等教育强国成为高等教育发展的方向与使命,这也是推进新时代中国特色社会主义发展的重要内容和途径。

---

① 习近平在北京大学师生座谈会上的讲话[EB/OL]. http://cpc.people.com.cn/n1/2018/0503/c64094-29961631.html.

第一节 建设新时代高等教育强国的意义

高等教育是培养高素质创新型人才的重要途径,青年是中国的未来,是中国发展的希望。习近平总书记指出:"新时代青年要乘新时代春风,在祖国的万里长空放飞青春梦想,以社会主义建设者和接班人的使命担当,为全面建成小康社会、全面建设社会主义现代化强国而努力奋斗,让中华民族伟大复兴在我们的奋斗中梦想成真!"[①]大力推进新时代高等教育强国建设就是为了实现这一伟大目标。

一、建设新时代高等教育强国是我国经济实现科学发展的客观要求

(一)有利于推动经济转型和发展方式转变

高等教育发展是促进国家和社会发展的重要力量,推动我国的新型工业化、现代化国家建设,必须充分发挥高等教育的作用,要让高等教育成为促进经济转型和发展方式转变的重要力量,加强高等教育发展,实现高等教育强国建设目标,是推动我国经济社会可持续发展的重要基础。

转变经济发展方式需要进一步推动经济的快速转型升级,同时对经济发展的理念、战略和途径等提出了更高要求,强调的不仅是提高经济增长效益,还包括促进经济结构优化、经济增长与资源环境相协调等。我国经济社会科学健康发展的实现,必然是建立在高等教育强国的基础之上,高等教育将发挥不可替代的重要作用。

---

① 习近平在北京大学师生座谈会上的讲话[EB/OL]. http://cpc.people.com.cn/n1/2018/0503/c64094-29961631.html.

(二)有利于促进区域经济发展

根据相关研究表明,高等教育发展对于推动区域经济发展具有重要作用,这也是高等教育发展的一项重要使命。关于高等教育与区域经济发展的关系,国外学者提出了三螺旋理论、区域竞争力理论、非均衡增长理论、后发优势理论等,我国学者也提出了教育外部关系规律理论、教育成本分担理论和第三职能理论等。[①]这些理论都在一定程度上说明,高等教育优势也就是区域发展的优势,为区域经济与社会发展提供了动力之源。

当前正处于知识经济时代,科学技术对经济发展具有重要的推动作用,科技是推动区域经济平稳快速可持续发展的重要动力,而这也要求数量更多、质量更高的知识资源,同时这也要求高等教育更加重视发挥知识创新的作用,推动区域经济社会发展就要更多地发挥高等教育的知识创新能力。高等教育要在不断的自我更新和调整中满足区域发展对人才、知识、创新等方面的需要,使高等教育成为区域竞争力的重要组成部分。

(三)有利于增强综合国力和国际竞争力

创新是推动国家发展的重要动力,知识则是实现创新的基础,因此提升我国综合实力和国际竞争力就必须加强人才培养,而建设高等教育强国就是一条重要途径,加快我国从教育大国向教育强国、从人力资源大国向人力资源强国迈进是我国提升综合实力的必然选择。当今世界,经济全球化趋势进一步加强,科技革命和产业革命正加速形成,国际竞争日趋激烈,知识已经成为提高综合国力和国际竞争力的决定性因素,人力资源越来越成为提高整个国家和民族竞争力、创造力,从而在国际竞争中取胜的关键性、战略性资源。联合国教科文组织与世界银行曾在《发展中国家的高等教育:危机与出路》一文中提出:"没有更多更高质

---

① 王守法. 高等教育与区域经济发展研究[M]. 北京:经济科学出版社,2006:11-12.

量的高等教育，发展中国家将会越来越难以从全球性知识经济中受益。"国际竞争力的增强有赖于国民素质的提高，而国民素质的提高与接受高等教育的数量和层次密不可分。充满活力的高等教育以及大批高素质的创新人才是发达国家具有较强的国际竞争力的决定因素之一。因此，我国必须将建设高等教育强国作为重要战略，培养大批优秀人才和创新型人才，才能拥有发展的主动权，进而推动我国综合国力和国际竞争力的提高。

高等教育是国家培养人才的重要途径，高等教育的一个重要任务就是为国家、区域及行业发展提供具有丰富知识涵养、创新意识和能力的高素质人才，高等教育肩负着建设人力资源强国的历史重任，肩负着培养和储备高水平创新型人才的历史使命，通过竭力提高人才培养质量，为国民经济和社会发展输送大批高素质劳动者和领军人才。高等教育也必须肩负起科学研究、服务社会以及文化交流的历史责任，瞄准学科前沿，对接国家需求，创造更多的高水平理论和技术创新成果，以及精神文化产品，更好地推动国家科技、经济和文化进步。因此，建设高等教育强国，是建设人力资源强国和创新型国家、实现全面建设小康社会的必要条件和迫切需要。

二、建设新时代高等教育强国是促进科技进步的客观要求

（一）当代科技发展趋势与我国的战略选择

1. 科学技术是推动经济社会发展的主导力量

随着社会进步，科学技术的发展日新月异，科学技术的高速发展实际上意味着社会经济结构必然面临重大变革。归纳起来，可以表现在以下几个方面。

首先，随着科学技术不断发展，这些技术会不断突破人类传

统认识的极限,而这就意味着人类社会必然会迎来全新的科学革命和技术革命。学科之间、科学和技术之间、自然科学和人文社会科学之间不断相互交叉渗透,必然会产生众多跨学科领域。其次,科学理论超前发展将引领新的技术和生产发展的方向。基础科学理论的突破,使得核能、集成电路、生物技术以及纳米技术不断兴起。再次,科技成果产业化周期进一步缩短,大多数国家在一些新兴领域上起点相当,如纳米技术、生物技术等领域,这就为后发国家的突破和赶超提供了条件,后发国家一旦在新兴领域有所突破就可以带动自身科技领域的整体发展,提升科技竞争力。最后,随着科技全球化进程不断加深,一个国家的国际竞争力在一定程度上由自主创新能力决定。在全球化环境下,信息、技术、资本和人才等要素在全球范围内的流动与配置日益普遍。即便如此,这些变化并不会改变国家间人才、信息、资本等资源竞争的本质,对技术、人才和知识产权的占有更加突出。总之,在科学技术的引领和推动下,人类正经历着从工业社会向知识社会的演进。

2. 科学技术发展与创新成为国家竞争的焦点

当前,世界经济政治格局在发生着深刻而复杂的变化,经济全球化和新科技革命既带来历史机遇,也使各国面临空前的挑战,国家之间的竞争更加"高端"和尖锐,但竞争的焦点主要体现在科技实力和科技手段上。主要表现在以下几个方面。

(1)发达国家依靠先进技术控制媒体

随着通信网络技术的发展和普及,美欧等发达国家凭借其掌握的先进信息技术,通过对各种传媒的控制,利用各种渠道和手段大力传播西方意识形态、文化和价值观,甚至以此影响他国重大决策,北非、中欧、东欧近些年来出现的国家和社会动乱不能说和这方面的因素没有关系。

(2)发达国家依靠先进技术控制资源

各国对空间、海洋和生物等战略资源的争夺已成为竞争的焦点,在这个过程中,发达国家利用其先进的技术手段控制国际资源使用和配置。

(3)发达国家依靠先进技术控制市场

据统计,目前全世界86%的研发投入、90%以上的发明专利都掌握在发达国家手里。发达国家及其跨国公司凭借其科技优势和建立在科技优势基础上的国际规则,形成了对世界市场特别是高技术市场的高度垄断,并从中获取大量超额利润。

3. 促进科技创新是国家改革发展的重要战略

(1)明确科技创新的战略地位

美国十分重视科技领域的发展,将科技前沿领先地位作为国家战略目标;日本在发展过程中,科技创新提供了重要的推动力量,日本政府将促进科技创新作为国家战略,相继提出了科技创新立国和知识产权立国的国家战略;韩国也清晰地认识到科技发展对国家发展的重要作用,在国家层面制定并执行以科技为基础的政策,以科学技术为推动力实现国家发展。

(2)超前部署和发展战略技术及产业

当前,科学技术已经成为推动国家发展的重要动力,科学技术创新发展在推动国家进步中的地位越来越重要,为了促进自身发展并在国际市场上抢占先机,很多国家开始超前部署和发展战略技术及产业。当前,已经有很多国家通过实施超前战略而在航空、核能、汽车、微电子、软件等产业领域取得领先地位。一方面,后发国家可以利用科技革命的机遇实现自身发展,提升自身的社会生产力,实现跨越式发展;另一方面,科技革命也可能进一步拉大后发国家与发达国家之间的发展差距,导致后发国家最终被边缘化。

纵观各国发展史可以看出,各国都基于自身实际情况探索实现工业化和现代化的方法,并逐步实现了自身目标。一些国家主要依靠自身丰富的自然资源增加国民财富;一些国家主要依附于发达国家的资本、市场和技术;还有一些国家把科技创新作为基本战略,致力于提高科技创新能力,形成强大的竞争优势。国际学术界把后一类国家称为"创新型国家",它们共同的特征是:创新综合指数明显高于其他国家。

(二)高等学校科技工作要接轨国家发展实际需要

虽然全球经济处于复苏阶段,基本上处于稳定向好的态势,但不可否认的是,从整体上看全球经济仍然受到金融危机余波的影响。

1. 建立教学与科研的良性关系,保证科研为人才培养服务

高等院校普遍担负着较重的科研任务,但在这些科研课题和项目中有很大一部分并不是源于教师的研究兴趣,同时也并不是为了教学服务的。很多高校都会将科研任务作为教师职称、奖励评定的重要指标。科研任务是比较容易量化的工作,高校教师为了职称评定、获得更高薪酬等目的重视科研工作,将做课题、发论文作为其工作重点,但是却不够重视教学水平提高、人才培养质量提升,这严重阻碍了高等教育质量提升。从本质上来说,高校最根本的任务就是为社会培养高素质高质量的人才,高校重视科研工作是为了人才培养,专门搞科研的是科研机构,高校应该将教育放在首位。因此,高校必须明确以人才培养为根本任务,并且要在实践中长期坚持,以人才培养为前提,推动高校科学研究和服务社会,只有这样才可以促使高校健康可持续发展。高等教育与国家发展息息相关,尤其是随着经济全球化进程的推进,高等教育的国际竞争不可避免,为了在正常竞争中占据有利地位,我们有必要培育和引进复合型、创新型高层次人才。为了推动高等教育发展,国务院审议通过的《国家中长期教育改革和发展规划纲要(2010—2020 年)》明确提出要推动高等学校创新组织模式,培育跨学科、跨领域的科研与教学相结合的团队,从而实现科研与教学的良性互动,实现高等教育的健康发展。经济危机不仅对经济造成重创,同时还伴随着人才的规模性流动转移。对于高

校而言,应该抓住经济危机带来的人才转移机会,利用这个机会吸纳高质量师资,优化师资队伍结构,提升教学水平。

2. 瞄准学科前沿,围绕国家经济社会发展的重大需求开展科技工作

促进科研工作发展,必须要抓准重点。从科技与产业的长远关系看,通常全球性经济危机会为科学进步和科技革命提供条件,带来机会。早在金融危机爆发前,很多科学技术发展中出现的问题以及关键核心技术发生革命性突破已经有所征兆。高等院校必须关注科学前沿,要充分发挥自身在学科方面的显著优势,解决制约经济社会发展的关键科技问题,要将科学技术发展与国家实际需要以及宏观部署结合在一起研究,推动科学技术创新发展,加强自身与企业以及科研机构之间的合作,推动产学研发展,发挥各方优势,攻克核心技术、关键技术、集成技术研发,充分发挥自身在引领经济社会发展中的作用,尤其是要支撑一些行业技术创新发展;继续推进引进消化吸收再创新,继续推进产学研相结合,努力为实现自主创新能力的跨越式发展、建设创新型国家贡献力量。

3. 加强高等院校与科研机构的合作,推动科技联合攻关

就我国企业发展实际来说,科研能力不足是一个显著问题,即使国家大型企业中的研究机构,在科研能力和水平上都不够强;高等院校承担了相当大比重的科研基地作用,我国很多国家级研究基地都设立于各大高等院校。在过去很长一段时间,高等院校都是自己独自开展科研工作,高校有各自的研究课题,很少进行交流与沟通,但随着国家科技和社会经济的发展,很多大型科研项目要求团队参与,各高校之间的合作逐渐变多和加深。例如,我国制定的"863计划""973计划"等重大项目,并不是仅仅凭借一个高等院校可以完成的,近年来,联合研究成为主要研究组织形式,很多科技进步奖都颁给了联合形成的集体,在这样的趋势下,高等院校和科研机构之间的交流和配合必然会越来越频

繁,程度也会不断加深,集体攻关成为重要形式。而高等院校在合作中发挥了不可取代的重要作用。

三、建设新时代高等教育强国是推动文化建设的客观要求

(一)传承创新文化是高等教育的天然属性

有一部分西方学者站在文化功能的角度对高等教育进行研究分析,并且取得了一定研究成果。比如,英国学者托尼·比彻(Tony Becher)在《文化的观点》一文中为高等教育文化研究拟定了一个分类框架:一是以院校为基础的研究;二是对学者及其作用的描述;三是对各学科领域的研究。但由于篇幅原因,他对高等教育文化的探讨范围显得狭窄了一些,也不很深入。[1]

我国也有学者从文化角度研究高等教育,主要是从大学文化入手探讨高等教育具备的文化功能。大学文化具有"四功能",即传承文化、创新文化、研究文化、融合文化的功能;有"五追求",即追求真理的意识和传统,追求高尚的意识和精神,追求理想的意识和精神,追求社会责任的意识和境界,追求文明进步的意识和传统。从本质上来说,这些都是大学的文化特性,并且都有道理可寻,但大学具有十分丰富的文化内涵,想要科学把握这些内涵很难,如何科学合理地论述大学文化是一个难点,因为大学文化具有丰富的内涵,导致对其论述容易出现交叉重复、挂一漏万的情况。此外,大学虽然是高等教育的实体形态,但是高校也是不同个体的集合体,不同类型和层次的大学在文化层面也有所不同,目前,大学文化功能并不能涵盖高等教育的文化功能。

当前,很多专家学者在研究高等教育文化功能的过程中指出,高等教育的文化功能可以划分为四个方面,即文化传承、文化

---

[1] 胡显章. 先进文化建设中的大学文化研究[M]. 北京:高等教育出版社,2009:408-409.

选择、文化批判和文化创新。高等教育从本质上说是文化发展的必然产物,是文化传承和发展的重要载体,因此文化功能是高等教育的本质功能。高等教育的文化功能是有机融入高校各项工作中的重要功能,高校在人才培养、科学研究、社会服务的过程中,都蕴含着文化引领,文化功能是贯穿于高校工作的天然属性。

(二)高等教育是文化建设的坚实基础和强大支撑

文化建设是一项复杂的系统工程,这是一项长期持久且十分艰巨的任务。对于我国当前的文化建设而言,改革文化体制、发展繁荣社会主义文化、建设社会主义文化强国是十分艰巨的现实任务。社会主义文化建设,人才是关键,教育是基础。高等教育能够为文化建设提供丰厚的思想底蕴、坚实的专业基础和强大的人才、技术和智力支撑,同时也为文化建设提供了得天独厚的阵地平台。

文化建设的一个基本前提和重要途径是教化人性,文化建设的目的是促进人的全面发展,人的全面发展则是文化建设繁荣的必然结果。社会主义文化建设以人为本,其根本任务是建设社会主义核心价值体系,满足群众精神文化需求是其出发点、落脚点,提高全民族文明素质,是社会主义文化建设的一项重要目标。高等教育在立德树人,培育有理想、有道德、有文化、有纪律的社会主义公民,加强大学生思想政治教育,增强公民的思想道德和科学文化素质,培养文化自觉、文化自信等方面的作用无可替代。

在我国文化建设过程中,必须有大批高素质文化人才储备为文化产品生产、文化事业和文化产业发展提供基础人才力量。我国社会主义文化建设涵盖了哲学社会科学研究、文学艺术、广播影视、新闻出版、文物保护等众多文化领域,文化产品涉及文学、戏剧、音乐、舞蹈、电影、电视、书法、美术、摄影、曲艺、杂技及群众文艺、民间艺术等诸多学科门类。培养造就一支高素质文化人才队伍,才能创作出更多更好、形式多样的高质量文化产品,推动文化事业、文化产业发展,促进社会主义文化繁荣。

第七章 向新时代高等教育强国迈进

高等教育的一个重要功能就是教化,而文化的传承与创新也需要教化,因此高等教育在文化的传承与创新中承担了教化载体的重要职责。文化建设是一项薪火相传、推陈出新的事业。高等教育在人才培养以及对外文化交流的过程中,吸收各国文明成果,传承传播中华优秀文化,创新思想文化,培育崇尚科学、追求真理的思想观念,增强我国文化软实力和中华文化国际影响力。

(三)高等教育推动文化建设的途径

1. 高等教育为社会培育专业化、高素质的文化人才

文化的传递方式大致上可以划分为纵向传递和横向传递两类。文化的纵向传递是指"社会遗传"——"文化传承",文化的横向传递是指"文化扩散"——"文化传播"。对于高等教育的文化传递功能,使用"文化传播"描述比较贴切。高等教育的本质功能是教育,通过恰当的教育和培养,可以将各种优秀文化转化为知识传递给学生,引导学生将这些文化内化为自身的思想道德品质、审美追求和科学文化素养,通过这种方式传承和宣传文化精神。此外,培养高水平文化人才有利于一个国家的文化长足发展,有利于推动一个国家的经济发展。

同时,随着我国改革开放程度不断加深,各国高等教育也会在更广更深的层面开展交流合作,在这样的环境下,各国高等教育者和受教育者也会进行更广泛的交流,这就会推动不同国家文化的交流与融合,以此可以有效推动世界文明的延伸和发展。从高等教育本身的发展历程看,高等教育始终通过对外交流,吸收和整合别国文化,实现文化的传播、选择和创造功能。

2. 高等教育为文化建设指明正确方向

人类社会在发展过程中积累了大量的文化知识与文化经验,这些知识与经验随着时代发展不断丰富和更新。当前,我们正处于知识经济时代,每天都会有大量的知识产生,在这样的知识洪

流中很多人会感到目不暇接,甚至无所适从。因此,高等教育的一个重要任务就是充分发挥自身的文化选择功能,判断并选择那些有利于社会发展的世界观、价值观、人生观、道德观,引导学生接受正确的文化,树立正确的思想。文化选择是高等教育的功能,文化批判是文化选择的有效手段,高等教育发挥文化传播功能时必须对其传播的文化进行甄选,剔除那些陈旧、有害的文化,选择那些优秀、积极的文化,做到恰当的扬弃。高等教育选择文化知识的主要途径,包括恰当地安排文化教育内容、设置专业与课程等。只有那些被选择作为文化知识进行传承的文化才会被保存、发扬;那些不被选择、被批判的文化需要随着时代发展不断完善自己,适应社会发展的要求;而那些彻底被摒弃的文化则会随着社会发展和时代进步而消散,不会作为人类文明得到传承与发展。一般情况下,高等教育会选择那些符合社会发展需要的主流文化,这种选择对社会的深层文化结构而言具有重要意义和作用,高等教育必须谨慎使用这一功能。

3. 高校校园文化为弘扬学术风尚、塑造价值体系发挥了导向和示范作用

校园文化建设可以划分为很多层面,其中包括大学精神文化建设、制度文化建设等,内容十分丰富广泛。大学精神、校园文化是社会文化的组成部分,对社会风尚也有导向作用。从五四运动中高扬"科学""民主"旗帜的北京大学,到抗日战火中南迁办学、为国家培育无数栋梁的西南联大,中国高校一直唱响着时代的最强音,寄托着民族振兴的希望。高校着力培养自由包容的学术环境、推陈出新的学术氛围,努力汇聚各学科领域有独立见解的专家学者进行科学研究,孕育形成新文化的各种元素。高校师生政治立场坚定,对中国特色社会主义和社会主义荣辱观的理解和认同度较高,可以在建设社会主义核心价值体系中发挥导向和促进作用。大学师生良好的道德风尚、积极向上的精神风貌,对提升社会道德水平发挥着积极的影响。

第二节　国外高等教育强国建设的经验

近年来,为适应经济社会发展变化的新要求,我国高等教育改革不断深入,逐步向大众化、多元化、多层次方向发展,但高等教育改革中还存在一些问题。充分借鉴国际高等教育发展的先进经验,加快高等教育体制改革步伐,对促进我国高等教育健康发展,提高高等教育整体教育质量与水平具有重要意义。

一、国外高等教育强国建设促进经济发展的经验

(一)美国经验

著名教育学家克拉克·克尔(Clark Kerr)在论及大学的发展时指出:"每个国家,当其变得具有影响力时,都趋向于在其所处的世界上发展居领导地位的智力机构——希腊、意大利的城市,法国、西班牙、英国、德国以及现在的美国都是如此。伟大的大学是在历史上伟大政治实体的伟大时期发展起来的。"发达国家的历史经验证明,教育特别是高等教育,对人力资源开发和经济增长有着重要的推动作用。

美国高等教育在世界范围之内处于领先地位,是公认的高等教育强国。美国高等教育发展在很大程度上得益于其在科技和经济方面的丰厚发展基础,这就使其可以长期在政策和资金等方面对高等教育给予大力支持。1876年,美国向德国大学学习,创立约翰·霍普金斯大学,并在其带动下,将哈佛、哥伦比亚、耶鲁、普林斯顿等老牌文理学院成功转变为强调教学和科研统一的具有现代意义的研究型大学。当时美国高等教育"提供了高质量的专业训练,实现了工业化时代所要求的较早专业化;通过提供高级技术和科学教育,提高了国民经济的效率"。自1913年美国人

均 GDP 超过英国成为世界第一强国之后,一百多年来,美国的经济、军事、人力资本水平一直处于世界首位,对教育的重视,以及人力资源优先发展的战略正是其经济保持强盛的不竭动力。高等教育对美国经济的发展起着强有力的推动作用。从 20 世纪初起,美国凭借其创新思维及优质大学,名列世界上竞争力最强的经济体,高等教育作为知识创新、创新人才培养的基地,是美国成为世界经济大国的重要推动力量。

(二)日本经验

从整体上看,日本经济发展经历了两次飞跃,这两次经济飞跃均与教育发展存在紧密联系。日本高等教育入学率由 1947 年的 5.8% 上升到 1970 年的 18.7%,由此进入了高等教育大众化阶段;此后 10 年,日本大学在校生人数增长了 2 倍,1990 年毛入学率达到 53.7%,实现了高等教育的普及。① 在《激荡的百年史》一书中,日本前首相吉田茂总结日本在明治维新后的发展历程时认为,教育在日本现代化进程中发挥了主要作用,是日本现代化的最大特点。

1956 年,日本结束了战后经济恢复期,在其当年的《经济白皮书》中就提出"现在已经不是'战后'了"。这就意味着"日本战后的经济恢复期已经结束"。这在现实中也得到了验证,在接下来的 15 年间,特别是 20 世纪 60 年代,日本经济进入了高速发展时期,GNP 的实际增长率达到年平均 10% 左右。为保证经济实现高速发展,并应产业界的强烈要求,日本政府开始有计划地扩大高等教育规模,尤其注重增招理工科学生,以满足产业界对科学技术人员、管理人员、工程师的迫切需要。1960 年日本高等教育机构(含大学、短期大学等)学生数为 709 878 人,到 1970 年达到

---

① 中国教育与人力资源报告课题组.从人口大国迈向人力资源强国[M].北京:高等教育出版社,2003,第 102、205 页.

第七章　向新时代高等教育强国迈进

1 714 054 人；学校数从 1960 年的 525 所增加到 1970 年的 921 所。① 尤其是理工科人才的培养更为世人瞩目，1960 年大学理工科在校生数为 108 778 人，占学生总数的 18.09%；1965 年为 201 875 人，占比 22.54%；1970 年则为 325 745 人，占比 24.23%，大学理工科在校生数 1970 年比 1960 年增长了 2 倍。1960 年短期大学工科在校生数为 9 200 人，1965 年为 14 887 人，1970 年为 21 799 人，1970 年比 1960 年增长了 1.40 倍。此外，在日本产业界的要求下开办了高等专门学校以培养中级技术人员，到 1973 年便由初建时的 19 所增加到 63 所，增长了 2.32 倍，在校生人数也由 3 375 人增至 48 288 人，增长了 13.30 倍。为适应经济发展的需要，日本高等教育机构大量增招理工科学生，以保证科技人才的数量。日本的这一举措不但实现了高等教育的大发展，同时也大大地促进了经济的发展。较之 1959 年，日本 1970 年的 GNP 增长了 4 倍多，达到 2 019 亿美元，便是最好的证明。

随着日本高等教育的迅猛发展，各个职业的学历水平显著提升，同时全体国民的学历水平也得到了显著提升，国家公民的整体文化水平得到大幅提高。20 世纪末，日本工厂企业的职工中，具有大学毕业学历、高中毕业学历和初中毕业学历的职工比例分别为 33.6%、39.3% 和 9.1%。从 25 岁以上人口中大学毕业生所占比例来看，1970 年时，日本为 5.5%，联邦德国为 3.2%，美国为 10.7%。其中，在男子中所占的比例，日本为 10.1%，美国为 13.5%，联邦德国只占 4.8%。然而，日本只用了 10 年时间(1960—1970 年)就上升到 10.1%，而美国则用了 20 年。② 可见，20 世纪 60 年代日本高等教育发展速度是世界上最快的，这与日本同时期经济高速发展急需大批的科技、管理人才直接相关。90 年代日本政府提出"科技创新立国"战略，将高校建设成为国家创新体系中重要的基础

---

① 陈武元. 日本高等教育与经济发展的关系[J]. 清华大学教育研究，1999(3)：58-68.
② 瞿振元，王建国. 建设高等教育强国的意义与使命[M]. 北京：高等教育出版社，2016：50.

创新基地。日本政府提出要建设一批世界一流的大学和研究所，提高基础研究的能力与水平，培养具有创新性的研究人才。日本政府还提出建设世界一流大学的"TOP30"计划，对学术领域内前30名的高校进行重点建设。产业界也强烈要求加强高校科研，发展创新研究，培养独创性人才，日本高校的创新性科研更加制度化和规模化。

二、国外高等教育强国建设促进科技进步的经验

（一）德国经验

德国在依靠发展高等教育促进国家科学技术进步方面表现得十分出色，在这方面积累了丰富的实践经验。德国的科技和教育特别是大学教育在该国建设发展特别是现代化过程中发挥了重要的作用。早在200年前拿破仑军队入侵德国的时候，德国两个最大的邦之一——普鲁士的国王威廉三世就指出了德意志的出路："这个国家必须以精神的力量来弥补躯体的损失。正是由于穷困，所以要办教育。我从未听过一个国家办教育办穷了，办亡国了。"普鲁士在普及全民教育的同时建立起教学与科研并重的现代大学，彻底影响了这个国家其后几个世纪的走向。

19世纪初期，德国教育部部长洪堡创办了著名的柏林大学，该校创办的一项基本原则就是"教育与科研相结合"，以此原则创办的柏林大学被认为是科学研究成为高等学校的主要社会职能和主要任务之一的标志，影响着德国其他大学并使之蔚然成风。德国大学发展科学职能的做法直接使德国大学成为德国科学研究的中心，促进德国的科学技术得以飞速发展，进入世界先进行列，而且使德国成为19世纪30年代至20世纪初世界的科学中心。1840年以后，德国重大科学发现占世界同期重大科学发现总数的25%以上；于1850年开始产业革命并在世界上率先实现电气化，内燃机等大量新技术的发现和应用就是例证。1851—1855年，

德国境内在校大学生为 12 400 人,半个世纪后的 1913 年增加到 77 484 人,增加了 6.25 倍,平均每万名居民的在校大学生数为 1.6 人。德国高等教育的发达,推动了科学技术发展的进程,促进了经济和社会的发展。[①] 麦克莱尔在总结德国近代研究型大学对于科技进步的贡献时指出:"近代西方社会所有的大学中,德国的大学可能是最有意义的。它们首先将教学和研究结合起来,是大量近代学术和科学的源泉。"

德国在科学技术领域的发展与其高等教育发展具有密切联系,德国大学的发展为其科技发展提供了重要动力。据统计,1801—1900 年,德国取得了高达 356 项重要科学成果,高居世界第二位,在这方面比英国和法国更出色。德国始终重视科学研究,发展高等教育将科学研究作为重点方面,直到今天德国高等教育仍然将科学研究作为重点,这对其国家发展起到了重要作用。德国大学在 20 世纪培养出近 100 名诺贝尔奖获得者,这些科学研究成果不仅推动了德国进步,同时在推进世界进步上也起到了重要作用。在 1933 年前,德国是产生全世界诺贝尔奖获得者最多的国家。在此之后,第二次世界大战对德国高等教育造成了巨大打击,但过去高度发达的高等教育使德国具备充足的人才储备和扎实的科研基础,这也是德国可以在战后迅速崛起的重要原因之一。德国直到今天也是世界上首屈一指的科技大国,在科学研究领域处于领先地位。

(二)美国经验

当前,美国是世界公认的科技强国,而形成其在科学技术方面领先地位的一个重要原因,在于高等教育的充分发展与改革为其提供的基础支持。

美国具有十分发达的教育体系,这是美国集聚大批人才的根本原因之一,高水平高质量的教育为美国培养了一大批高素质的

[①] 赵琼.19 世纪德国高等教育改革对科学技术发展的影响[J].现代商贸工业,2007(7):168-169.

劳动力、科学技术人才和管理者。这些都直接作用于美国的经济。世界上获得诺贝尔奖人次最多的是美国。统计显示，从1949—1999年长达半个世纪的发展中，美国劳动力的整体素质一直在快速提高。从1901年到2001年100年间，美国大学获得207.5个诺贝尔奖，大学获得诺贝尔奖占81%，主要是大学里的教授获得的。哈佛大学曾有30位教授获得诺贝尔奖。美国在第二次世界大战后，科学技术创新促成50%左右的经济增长。同时，雨后春笋般发展起来的高新技术产业，主要的支撑是美国的高水平研究型大学的科研成果。[①] 在过去的20世纪，美国高等学校的教师在自主技术创新方面的研发势头持续高速发展，发明专利获准及授权执行的数量每年成倍增长，高等学校参与科学技术创新的实践对国家的经济社会发展做出了很大贡献。

美国高等学校十分重视科研工作，基本上实现了科学研究、工程研究与基础科学的同步发展，这些高等学校重视与技术先进产业的合作，积极寻求大学科学技术人员和实验室与技术先进产业之间的协同合作方式，出现了很多单个或一组企业资助大学实验室研究的现象，为大学科学技术创新成果及时运用到企业研发生产提供了非常便利的条件。根据美国大学技术管理协会的统计，近20年的高等学校技术转让为美国经济做出了300亿美元的贡献，科学技术成果转化率已达80%。

从发达国家的发展实际可以看出，发达国家科学技术的发展与其高等教育的发展存在密切联系。正如美国由33位大学校长和权威人士组成的迎接挑战委员会在一份致美国总统的建议书中所指出的："作为科学发现、发明和革新的主要场所的高等院校，毫无疑问能为美国先进的、以技术为基础的经济重展雄风，作出巨大贡献。"

---

① 刘念才,赵文华.面向创新型国家的高等学校科学技术创新能力建设研究[M].北京:人民大学出版社,2006:23.

三、国外高等教育强国建设促进文化发展的经验

(一)英国经验

英国是个十分重视传统文化的国家,英国高等教育在促进该国文化繁荣发展中起到了重要作用。7世纪,欧洲大陆文化生活已然衰落,英格兰和爱尔兰的修道院却还保持着古典学术传统。在西方几乎是荡然无存的希腊文化,在爱尔兰学校却得到如此广泛的传播。牛津大学早期以文学和神学闻名于世,文艺复兴时代又以神学、古代经典和政治科学声名远播,在英国传统文化保留与发展方面做出了极大的贡献。

英国高校图书馆和出版社在世界范围内享有盛名,在英国文化的保存与传承方面发挥了重要作用,是英国文化产业发展的重要基础。剑桥大学图书馆的藏书达300万册;牛津大学出版社建于1478年,是世界上最大、最著名的大学出版社之一;阿斯东日文图书馆的藏书、查尔斯·达尔文的文件和威妥玛中文藏书以及古代埃及和希腊的古物、中世纪和近代的手稿、欧洲大师的画作也十分令人瞩目。

实际上,高等教育是英国文化研究的发端地,高等教育在文化研究中发挥了重要作用。1964年成立的伯明翰当代文化研究中心是"文化研究体制化"的摇篮。约翰·柯林斯(John Collins)是伯明翰大学的第一位英国文学教授,他主张把英国文学放到欧洲文学宏观语境下进行考察,将文学教育置于"公民权"教育的核心,为伯明翰当代文化研究中心的建立、为创立文化研究学科、为伯明翰学派文化研究的形成奠定了坚实的校园基础。

(二)法国经验

巴黎大学是法国最早创办的大学之一,位于欧洲拉丁区,从

文化历史发展角度来看,这是欧洲"精神圣地"。巴黎大学的教学内容包括文法、修辞、逻辑、天文、算术、几何和音乐,基本囊括了人文教育的所有内容。教学方法方面以论辩为主导,教师定期公开论辩,学生旁观。巴黎大学的通识教育弘扬了人文精神,使法国很好地继承了古希腊和古罗马文化的传统,在西方文化的衍变中充分发挥了先锋示范作用。

众所周知,法国艺术享誉世界,而法国文化的传承和发展与高等教育之间具有不可分割的密切联系。17世纪中叶,油画和雕塑皇家学院创立,中世纪同业行会体系终结。学院实行开放性培养,提供奖学金,让学生到对口的机构实习。1747年起,皇家艺术学院更加对外开放,设立美术学校,扩建图书馆,开设画室,组织理论讲座,强化学生智力的培养。皇家行政部门在许多方面都进行了改革,人民群众要求历史画与道德教育相结合,形成了以法国画家大卫为代表的大卫艺术和大卫时代。大卫的艺术成就源于"学校制度"。此后近一个半世纪,法国的美术学校、沙龙,提升了本国的艺术鉴赏力和创造力。

随着国际化进程不断加深,法国高等教育在推动法国文化发展与传播中发挥了重要作用,同时,高等教育可以帮助法国文化吸收和借鉴优秀先进的国外文化。为推广本国语言和文化,自1993年开始,法国在各高校进一步加强欧洲意识,要求学生掌握一门通用的外语,鼓励高校教师和学生积极参与和推进欧盟"林瓜项目"(LIN-GUA)、推行教师外语进修、学生赴国外进行外语实习、企业开设外语课等项目在内的欧共体语言培训计划。同时,法国还鼓励本国学生到国外学习。目前,赴外国留学的法国学生数量仅占法国接受外国留学生数量的1/4,大部分法国学生选择发达国家,英国、美国和德国接纳了法国留学生总数的50%。

(三)德国经验

德国大学在德国思想文化发展中起到了举足轻重的作用,即使是在世界文明发展过程中,德国大学也发挥了重要作用。德国哲学的繁荣、马克思主义的诞生都与柏林大学紧密相连。哲学家费希特、谢林、黑格尔、叔本华、费尔巴哈都是在柏林大学成长起来的,并在这里成就辉煌。在柏林大学马克思学习了5年哲学,恩格斯则旁听学习哲学1年多时间,为马克思主义的产生奠定了思想基础。所以有人说,没有柏林大学就没有光辉灿烂的德意志文明。

大学不仅在国家文化发展中发挥了重要作用,从城市文化建设的角度来说,大学同样发挥着重要作用。科隆大学遍布城区,是德国最大的大学,有学生48 962万人,教授615人。① 此外,科隆市还有科隆体育学院、高等专科学校(应用大学)、媒体艺术大学,是著名的大学城。科隆的文化生活丰富,有10家电台、电视台,还有众多博物馆、展览馆和画廊,大学的文化艺术与城市的艺术文化得到完美融合。大学里各种学生组织和协会历史悠久、十分活跃,积极参与社会公益活动,丰富了城市的文化生活,使明斯特成为北莱茵州文化重镇。

(四)美国经验

美国是一个移民国家,这决定了美国的多族群结构,美国社会聚集着各种种族、国籍和宗教信仰的群体,但是在美国大环境影响下最终形成了共同的文化生活和社会价值观,美国高等教育在文化建设过程中起到了促进文化融合的重要作用。

独立战争后,美国高等学校明确了传播欧洲文明和文化的办学目的。而在今天,美国学校中1/3的学生是少数民族中的一员,而5个人则有1个其父母是出生在国外。20世纪90年代,学校注重创建多元文化教育,在教育中融入不同的文化信息和观点,并开展相关的活动,比如庆祝非洲裔美国人历史月、西班牙人

---

① 科隆大学百度百科[EB/OL]. https://baike.baidu.com/item/%E7%A7%91%E9%9A%86%E5%A4%A7%E5%AD%A6/2568105?fr=aladdin#reference-[3]-142278-wrap.

传统月,或者举办国际性节日展示学生原籍国家的歌舞和食物。加利福尼亚大学要求学生必须学习一门有关美国文化的课程,以便更好地理解美国的多样性。

美国高等教育具有很强的融合性,这也是美国文化如此开放的一个重要基础和原因。20世纪文化多元并存、对峙,科学主义与人文主义两大哲学思潮在欧洲大陆相持不下,美国却以开放包容的心态面对众多哲学文化思潮,按照自身需要梳理、判别和选择异域文化,并通过自我消化和自我调节,使自身固有的独立民族意识、自由民族精神得到强化。

(五)日本经验

日本文化的一个重要特征是具有多元复合性,呈现这一特征的原因在于日本文化是在广泛汲取中国文化和西方文化的基础上形成的。日本文化主要特点是在吸收异域先进文化的同时融入本土文化,从而生成一种新质文化,并使之持续发展,不断进步。

高等教育在日本文化的形成、发展和繁荣的过程中充分发挥作用,尤其是在引进和吸收外国文化方面效果十分显著,在引进佛教、儒教和西欧近代文明方面都有所体现。日本通过发展高等教育提升了国民的文化素养,满足了人们吸收学习异域文化的需求。日本吸收外来文化旺盛的需求推动了高等教育的发展,而教育的发展又促进了对外来文化的吸收。第二次世界大战后美国的"社会心理学""舆论调查""文化人类学"学科被日本高等教育机构引进国内,其学风也一改文献主义和训诂主义,开始向现实的实证性学风转变。20世纪60年代末以来,日本大学走上了国际化发展道路,加速了对别国文化的吸收。

日本高等教育在学习过程中模仿创新,形成了独特的日本文化,使本国文化在不断吸收中走上了创新发展之路。

第三节　新时代高等教育强国的建设路径

党的十九大确立了习近平新时代中国特色社会主义思想在我国政治和社会生活中的指导地位，提出了建设教育强国是中华民族伟大复兴的基础工程，必须把教育事业放在优先位置，加快教育现代化，实现高等教育内涵式发展。新时代高等教育强国建设是一个复杂且庞大的系统工程，必须从各个方面同时入手才可以推动高等教育的内涵式发展，才能实现高等教育强国的建设目标。

一、建成教育强国的标志

教育强国是国家意志，是强国之基。建设教育强国是新时代中国特色社会主义教育思想的重要组成部分，是党中央在社会主义新时代作出的重大战略部署，是国家意志和国家行动。习近平总书记提出了一系列具体的强国目标，包括加快建设制造强国、质量强国、海洋强国、航天强国、网络强国、文化强国、人才强国、科技强国等，建设法治中国、平安中国、美丽中国、健康中国，建设创新型国家等。建设教育强国，为社会主义现代化建设服务，为中华民族伟大复兴奠定基础，实现全体人民共同富裕和共同发展，是新时代中国特色社会主义教育的新要求、新标志和新特征。

（一）拥有世界最强大的教育体系

中国是一个近14亿人口的大国，建立了世界最大规模的教育体系。到2035年，中国不但具有世界最大规模的正规教育体系，也将具有世界最大规模的非正规教育体系，人人学习、处处学习、时时学习的学习型社会日趋成熟；充分发挥公共教育产品的非竞争性特质，为全体公民提供普及性、高质量、包容性的公共教育服务,具备高层次人才培养实力;中国的教育体系和教育制度将更加完善,更加先进,更具竞争能力,要建成世界领先的教育体系、教育制度和教育发展模式;中国教育发展模式,将更加深刻地影响世界,特别是发展中国家。

(二)新增劳动力受教育年限进入第一梯队

教育部教育发展研究中心《教育强国》课题组研究报告显示,未来10年至15年,是中国普及高中阶段教育的关键时期。2020年,高中阶段教育普及率大概要超过90%,2025年毛入学率达到95%,2030年保持在98%左右。通过持续提升普及率,以增量快速增长弥补我国教育存量不足的问题。2020年,中国新增劳动力受教育年限将达到13.85年左右,2035年达到15年左右,基本与2035年时发达国家新增劳动力受教育年限平均水平处于同一个起点。换句话说,中国新增劳动力人均受教育水平将进入世界第一梯队。

(三)高等教育文化程度者规模世界第一

高等教育进入普及化阶段。上海教育科学研究院《中国教育现代化2030》课题组研究报告显示,从学龄人口变化情况看,2020年至2035年,中国高等教育阶段学龄人口将从1.1亿减少到7 500万左右,进入退出比为68%,高等教育入学压力将明显减小。伴随中国高等教育培养能力和支撑服务能力的增长,高等教育的综合实力将持续增长。预计到2035年,高等教育毛入学率将达到60%以上,每年将有900万名至1 000万名大学毕业生。届时,中国接受高等教育的人口规模将超过所有国家,位居世界第一。

(四)人力资源开发进入高层次阶段

人均受教育年限是衡量一个国家人力资源开发层次的重要标准。未来很长时期内,中国人力资源总量将继续保持世界第一。教育部教育发展研究中心《教育强国》课题组研究报告显示，2035年，中国人力资源开发将进入高层次开发阶段，人均受教育年限有望达到12年以上。主要劳动人口中高等教育文化程度者的比例将以每年1%的速度提升，将从现在的19%提高到2035年的35%—40%。人力资源规模和质量优势，将持续为中国经济发展带来新一轮巨大的"人口红利"。

（五）中国将成为世界重要的教育中心之一

中国教育将更加开放，全面走向世界，实现几代人长期追寻的"中国教育梦"。与德、英、美、日一样，中国将成为世界重要的教育中心之一，成为世界最重要的留学生目的地国家，更加积极地参与国际教育事务管理、规则制定和国际化人才培养，在国际教育交流服务中发挥重要作用。

（六）教育体系和教育制度更加成熟

中国教育从学习借鉴到自信发展，形成了比较成熟的社会主义教育体系和教育制度，将更多地承担国际责任，中国教育发展经验、发展道路、发展模式和发展理论将为解决世界教育发展问题提供中国方案。

（七）教育科研成果大幅提升

在2015年10月，屠呦呦获得了诺贝尔生理学或医学奖，她是第一位获得诺贝尔科学奖项的中国本土科学家和第一位获得诺贝尔生理医学奖的华人科学家。随着近些年中国科学技术的发展以及莫言和屠呦呦的接连获奖，中国本土在诺贝尔奖文学领域和自然科学领域均实现了零突破，相信在未来中国会有更多的华人科学家斩获更多的诺贝尔奖。

我国在国际顶尖学术期刊上发表论文数量排名前进到世界第4位。2017年被引次数超过10万次且影响因子超过35的国际期刊有 7 种:NEW ENGL J MED、CHEM REV、LANCET、JAMA-J AM MED ASSOC、NATURE、CHEM SOC REV、SCIENCE,这些国际顶尖学术期刊 2017 年共发表论文 10 803 篇,其中中国论文 699 篇,占总数的 6.5%,排在世界第 4 位。我国国际高被引论文数量、热点论文数量保持世界排名第 3 位。截至 2018 年 9 月,中国高被引论文为 24 825 篇,占世界份额的 17.0%;中国的国际热点论文数为 842 篇,占世界总量的 27.6%。

由此可见,中国高等教育成效正在日益显著,教育科研成果在国际社会影响力越来越大,在建成高等教育强国之后,这些数据必将还有大幅度攀升。

二、找准建设高等教育强国的薄弱环节

总体上看,中国特色社会主义进入新时代,高等教育的地位作用、发展阶段、类型结构、舞台坐标都呈现出新的格局、新的变化。高等教育的地位作用变了,对国家经济社会发展的作用从基础支撑转变为支撑引领并重,成为可持续发展的最大红利和牵引动力;发展阶段变了,高等教育即将迈入普及化阶段,开始成为每个人职业生涯的"基础教育";类型结构变了,按照国家主体功能区战略定位,多样化发展成为高等教育最显著的特点;舞台坐标变了,中国高等教育已经在世界舞台、国际坐标和全球格局中谋划发展与改革,参与竞争与治理。但如果从本科教育这一层面来看,却仍然存在一些具有普遍性的突出问题,必须引起高度重视,因为这些问题都是影响高等教育强国建设的突出薄弱环节和重点、难点问题,是与高等教育地位作用、发展阶段、类型结构、舞台坐标呈现出的新变化、新格局不相适应的问题。

(一)理念滞后问题

面对扑面而来、汹涌澎湃的新一轮世界范围的科技革命和产业变革,一些高校仍然因循守旧,办学治校的理念思路跟不上时

代的步伐,模式和方法创新不够,内容更新不及时,滞后于时代变革。如一些高校还存在一些内容陈旧、轻松易过的"水课";一些高校在推进学分制过程中同时设置了重修与补考,补考之后还可以再补考,再补考之后还会有"清考"。厦门大学原副校长邬大光教授在一篇论文中曾提到:根据 2014 年对全国 145 所高校(含 18 所"985"高校、35 所"211"高校、92 所地方本科高校)调查,各高校总体"清考率"为 68%,"985"高校"清考率"为 66.7%、"211"高校"清考率"为 65.7%、地方本科高校"清考率"为 70.6%。2017 年再次调查 129 所高校(含 20 所"985"高校、26 所"211"高校、83 所地方本科高校)中,总体"清考率"为 45%,"985"高校"清考率"为 20%、"211"高校"清考率"为 46.2%、地方本科高校"清考率"为 68.7%。试想,如果我们本科教育的理念还停留在这样一个层面上,缺少强烈的危机感、紧迫感和使命感,我们又将如何紧紧把握高等教育发展的历史机遇?这是一个关键的人才战略问题,也是一个可能会影响国家发展的问题。

(二)投入不到位问题

通过大量的调研、走访,我们不得不说,当前一些高校在本科教育上还存在领导精力投入不到位、教师精力投入不到位、学生精力投入不到位、资源投入不到位的问题,这四个不到位既有"硬件"方面也有"软件"方面的问题,但重点还是"软件"问题,说明本科教育仍处在艰难爬坡中,这些是我们必须着力解决的主要矛盾问题。

(三)评价标准和政策机制的导向问题

当前一些评价指标还没有充分体现立德树人的成效,高校人、财、物方面的一些政策机制还没有聚焦到人才培养上来。这些客观存在的问题,也要求我们必须在评价标准上加强引导,在体制机制上持续攻坚,强力疏通这些政策堵点。

三、创新中国特色高等教育理念

(一)遵循规律与观照实践相结合

推动高等教育的发展与创新,必须遵循教育规律,因为这是教育发展中的本质联系和必然趋势,高等教育理念创新必须将遵循规律与观照实践结合起来。以规律为依据,结合我国建设高等教育强国面临的根本问题和具体环境,切实尊重高等教育的内外部发展规律、尊重大学办学规律和人的成长成才规律,这是科学办教育、理性办大学的基本要求。

1. 遵循人才成长的阶段性规律,开展科学育人

人才的形成离不开高质量的教育,从本质上讲,人才成长是教育的结果与体现,但也有特殊的发展规律。与社会其他活动相比,人才培养活动周期长,效果滞后。这是由于教书育人是一项专业性、探索性、创造性极强的工作,人的身心成长与发展具有阶段性、连续性和复杂性,涉及多种因素,个体遗传、社会环境与人的主观能动性等都影响着教育效果。违背人才成长规律,必然会导致教育的失败,造成不可挽回的后果。面对不同的教育对象,高等教育理念要从尊重教育工作的特殊性和人才成长的规律性出发,考虑不同时代和民族的人才标准,既要体现教育活动的针对性和灵活性,又要体现人才成长的阶段性和超越性,整个高等教育强国理念体系都要从有利于成长成才这一目标进行建构。

2. 遵循大学办学的学术规律与经济规律,加强对教育的理解

教育并不等同于办学,但是二者又存在一定联系。办学的一个重要目标是开展教育,要体现教育性,但办学并不是教育本身,办学规律并不等同于教育规律,办学理念也不等同于教育理念。我们不能将办学中的问题与教育中的问题混为一谈,以办学中出

现的问题来否定教育,关键在于能否从实践中理解和把握教育。大学办学理念要遵循两大规律:一是学术规律;二是经济规律。首先,大学是以人力与智力积累为目的的学术机构,遵循学术规律是大学的属性使然。其意义在于,在教育资源有限的条件下集中力量加强教育与科研。其次,经济规律反映了大学内部经济管理运行的内在要求。办学中的很多方面,都应按市场规律办事,但这不等于教育市场化。这是因为,大学不再是单纯职能的学术机构,在实际运行中已具备了经济组织的诸多特征,办学涉及资源配置、管理、人才需求等各个方面,这些都与市场息息相关,能否遵循竞争、价值、效益等经济规律办学,关系到大学办学的成败。

3. 尊重高等教育理念运行的知识逻辑,重视学术自主性

大学是一个具有特殊性的自助团体,具有显著的知识品性与文化品性,相较于其他社会组织机构具有独立的特殊身份。高等教育理念的学术逻辑反映了大学对社会以及人类真理无止境的探求。大学是围绕学科组织起来的"学问之府"和"知识加工厂",知识性是大学教育体系的实质与核心,也是高等教育理念的本质特征。作为以献身科学真理的探索和传播为志业的学术共同体,对教育内部学术事务的决策与管理享有自由和尽可能小地受外界干涉的权力是大学发展的基本规律。尽管学术自由从来都不是绝对的,但在学术事务的范围内维护必要的学术权力,处理好自由与自律的关系,保障科学研究的独立自主性,是大学必须坚守的最高原则。

(二)内生性与外源性相结合

不论是哪个国家在建设高等教育强国时秉承的理念都存在共同的渊源,但同时又尊重了本国的实际情况和需求。在不同的社会基础与文化背景下,人们对教育理念的意义、功能认识程度不同,所偏好的知识类型与思维方式不同。我国高等教育强国理

念的建构要明确所处的历史特殊性,坚持内生与借鉴相结合。

相较于欧美发达国家的"先发内生型"高等教育不同,我国现代高等教育属于"后发外生型",因此直接套用欧美发达国家的高等教育发展道路是行不通的。但是在我国现代高等教育的发展历程中,不断吸取其他国家和地区的经验,日本、欧洲、苏联、俄罗斯、美国都是我国高等教育发展经验的借鉴对象,这体现为"横向移植"到"有选择地借鉴"的变迁过程。我国教育理念随着时代发展不断更新,并且随着教育发展出现了越来越多自发内生性理念,这些理念不同于政治嫁接和外生转换性理念,这些理念具有鲜明的民族特征,具有极强的主动性、内适性、灵活性,内生性理念经过一定人为选择,以此更适应我国教育发展实际,更理性更科学,引导高等教育不断实现理念创新。一方面,这些自发内生性教育理念继承了高等教育发展积累的传统基因和优秀经验;另一方面,又适应本国发展实际需要,具有民族化特征,是可以解决具体问题的先进理念。教育一直是人类社会发展的重要动力,世界高等教育发展历史长达上千年,我国推动高等教育发展,建设高等教育强国,必须有选择地吸取和借鉴那些高等教育发展的优秀经验,要实现自发内生与外源转换相结合的发展方式,推动高等教育的长足发展与改革。

陈宝生部长勾勒出的2049年也就是中华人民共和国成立100年时中国教育发展的展望图景中,一项重要内容就是,中国将成为世界上人们最向往的留学目的国,各国将有意愿和中华文化实现交流融合,大批希望学习中国发展经验的教师、学生来中国交流,在交流过程中实现共同进步。随着中国教育领域的不断发展,中国教育将更加开放,全面走向世界,实现几代人长期追寻的"中国教育梦"。与德、英、美、日一样,中国将成为世界重要的教育中心之一,成为世界最重要的留学生目的地国家,更加积极地参与国际教育事务管理、规则制定和国际化人才培养,在国际教育交流服务中发挥重要作用。中国教育更加积极地融入世界。持续推进"留学中国计划",提出到2020年接受外国留学生的规模达到50万人次;2030年,达到80万—100万人次;以"一带一路"倡议引领和推进教育对外开放,培养出适应"一带一路"沿线各国和地区经济社会发展需要的人才;展示中国教育发展成就,促进中国教育国际化进程;承担与中国强国地位相适应的国际责任,提供包括政策产品、资源产品和服务产品等方面的全球公共教育服务。

(三)多样化与个性化相结合

一个国家高等教育理念的先进性与其是否包容、吸收概括了原有的文化和理念,并在此基础上进行了适应本土文化的个性化创新具有直接联系。从这个意义上讲,真正有价值的教育理念应是体现了多元文化与个性特色的统一、彰显了大学"整体观"的哲学思想。

通过研究西方高等教育强国的教育理念可以看出,这些国家的教育理念都是历史和实践积累的结果,是进步思想和现代文化的统一体,体现了多元与个性相结合的特点。西方的高等教育理念基本上是围绕着大学存在的合理性、存在的价值及发展道路而展开的,可概括为认识论与政治论的高等教育哲学的论争,体现了理性主义与功利主义的冲突、消长与融合。这种多元并存、相互激活的局面为教育的发展提供了多种选择,它意味着知识和研究不囿于现实功利,而是对真理的无私追求。在人才培养上,世界一流大学往往抱持这样一种理念:大学的目标是开发、激活学生的个性化思维而不是统一思想。正是多样化的思维造就了他们的卓越,正是在打造个性与特色的过程中提升了各自的优势。今天,高等教育的多样化已经与地区化、职业化等共同成为"重建"现代高等教育过程的三大主题。多元化理念所蕴含着的对社会的影响力、对人才的吸引力以及对各种资源的竞争力是推动高等教育强国战略目标的重要因素。我国高等教育强国之路也必然伴随着一系列内质性重大变化:高等教育办学理念与模式的多样化、评价体系与资源筹措的多元化、院校的个性化、人才素质的综合化等,使教育理念呈现出一种"高级有序结构"。

四、建立高等教育结构动态调整机制

高等教育结构形成机制的影响因素可以分为两部分,即外部因素和内部因素。外部因素是社会环境的刺激和引导,包括国家政策导向、社会经济和科学技术的发展对于高等教育的客观需求、高等教育供需市场的现实需要等。除了高等教育对客观环境和条件的适应之外,结构的形成还依赖于高等教育系统内部的自适应,即高等教育系统的自我调节、协调与完善。高等教育结构的调整和优化,既受高等教育系统外部诸多因素的影响和制约,同时也离不开高等教育系统内部的自我调节。因此,高等教育结构的动态调整依赖于三种相互联系和制衡的力量实体——政府、市场和高等学校。政府是高等教育结构形成的资源提供者,市场是高等教育结构形成的资源传导中介,而高等学校则是高等教育结构形成的直接作用者。三者共同结成高等教育结构调整的基本力量,基于各自所处位置、力源和生成范式,共同作用于高等教育系统,影响和改变着高等教育结构。

(一)政府在高等教育结构动态调整机制中的作用

随着时代发展,当前的高等教育早已突破"象牙塔"的界限而对国家和社会的发展有着举足轻重的作用。政府的职能决定了它必然要关注高等教育,不能无视与国家政治、国民经济、社会稳定与发展息息相关的大学的存在与作用,不能不谋求建立某种它认为对自身统治和职能发挥最有利的政府与大学的关系。

在高等教育结构动态调整中,政府起到了重要的主导作用。对我国高等教育发展而言,政府投入是高等教育资源的主要来源,同时政府也通过法律法规的制定保障了高等教育的合法性。高等教育具有公益属性,作为准公共产品,高等教育资源大部分是由政府来提供的。政府为高等教育提供必要的资源投入,如办学经费、办学空间等,同时也提供必要的法律保障和政策支持,规定了高等教育在国家社会生活中的地位和作用。政府的资源投入决定了我国不同类型、不同区域、不同层次、不同形式的高等教育的资源分配，决定了高等学校的布局和办学问题。政府的法律保障和政策支持确认了高等教育的合法属性，也决定了高等教育的发展战略和方向，引导高等教育为社会主义建设培养各种类型与层次的专门人才。作为资源投资者，政府有权力和责任根据国家和社会发展需要的变化对高等教育资源进行合理的配置和调整。政府作为高等教育结构动态调整的主导力量，主要通过财政拨款、整体规划、质量评估和制定相关政策法规的具体方法和手段来调整高等教育结构。

(二)市场在高等教育结构动态调整机制中的作用

市场经济时代，市场在各个领域的作用越来越显著，它已经成为资源配置中起基础性决定作用的重要主体，而价值规律则有机地联系起市场和大学。高等教育作为准公共产品，除了政府之外，市场也在其资源配置与调控方面起到不可忽视的积极作用。大学作为高等教育服务的提供者，与高等教育消费者之间的联系离不开市场这个中介。因而，市场对高等教育资源配置将不可避免地产生影响，甚至是一定程度的导向作用。市场的本性和大学的性质决定了"大学与市场"必然结成某种交互关系。市场的盲目性、滞后性、波动性与大学人才培养的前瞻性、公益性、稳步性相悖使两者的关系更趋于复杂。

开展高等教育活动需要一定资料，这些资料包括各种生产资料、物质资料和生活资料，而市场则是提供这些资料的主体，同时，市场还是高等教育人才输出的接纳地和价值实现的策源地。作为资源调节和配置的主要方式，美国经济学家保罗·萨缪尔森认为，市场要解决"生产什么、如何生产、为谁生产"这三个问题。市场机制对高等教育动态调整的作用实际上是指价值规律通过市场对高等教育系统内部的各种利益关系及其运行行为的调节，协调高等教育活动主体的利益冲突。市场作为高等教育资源分配的基础,通过生源竞争、供求信息、价格竞争、企业投入等机制形成"引导信号",对高等教育结构调整产生作用和影响。市场机制不是人为可以调控的力量,而是一种客观存在的环境。它对于高等教育结构的形成和变革具有重要的基础平台作用,高等教育结构调整离不开市场机制的介入。同政府"前馈性"的调节力量相比,市场机制则凸显出"后馈性"的特点。在市场经济中,市场调节是一种事后调节,即"供求不平衡—价格变化—作出决定—实现供求平衡",必然需要一个长短不同的过程。因此,更应建立高等教育结构动态调整机制,使高等教育发展积极适应市场要求,提高人才培养和科研建设的效益。

(三)高等学校在高等教育结构动态调整机制中的作用

高等教育系统是一个复杂的系统,在这个系统中有不同层次、不同类型的高等学校,这些高等学校在这个系统中发挥着不同的作用,高等教育系统在自身不断发展变化的同时制约着高等教育系统整体功能的发挥和结构的形成。高等学校是高等教育结构形成的直接作用者。如果说,独立的高等学校是一个平面,高等教育结构则是由众多平面组成的多维立体,每一所高等学校都在高等教育结构形成中发挥作用。

在高等教育结构动态调整中,高校必须充分发挥自身的主体力量,单纯地依靠政府和市场的外部力量并不能实现有效的动态调整。一方面,政府和市场都要通过作用于高等学校来完成对高等教育结构的调整;另一方面,高校遵循自身发展的需要对获得的高等教育资源进行分配操作,个体高校的调整组合起来形成了对高等教育结构的宏观调整作用力。政府、市场的作用力只有通过高校才能对高等教育结构形成影响,政府和市场的作用在于最大限度地给高等学校的自组织发展创造条件,而真正对高等教育结构产生直接作用的则是高等学校本身的运行和操作过程。高等学校在政府政策法规的主导和市场中介信号引导的基础上执行具体的高等教育资源配置操作,通过激活高等教育存量资源并与其相适应地分配高等教育增量资源,对外适应国家与经济发展的客观要求,对内满足高等学校自身发展的主体诉求。具体来说,高等学校主要通过明确自身办学定位、调整学科和专业设置、调控招生数量以及合理进行资源配置等方式对自身的生存和发展状态进行调整和变革,而高等教育系统内部所有高等学校的自身调整和变革整合起来便成为高等教育结构调整的主体作用力。

五、加强"双一流"大学建设

建设"双一流"大学,必须进一步认识和遵循高等教育规律,坚持与世界高等教育发展同频共振,同时要保证大学的中国特色,要在"更国际"基础上"更中国"。这就要求我们必须走符合中国特色社会主义高等教育实际的发展道路,兼容并顾一流的价值取向和一流的发展品质,促使高等教育发展保持"攀峰"状态。

(一)坚持中国特色社会主义的"双一流"建设取向

建设"双一流"大学,必须明确价值取向,因为价值取向是选择发展方向和发展路径的重要基础和指导,价值取向是"旗帜"的问题。源于不同国家政治经济体制和发展阶段的差异化,均有不同的或者有所侧重的价值取向,在发展过程的实际验证中,都有其合理性和科学性,对推动"双一流"建设起到重要作用,但也存在一定的制约性和不可周全性。因此,面对国际竞争格局愈发复杂、国内发展动力和发展方式持续转化,判断大学或学科是否进入一流前列、行列,其一看建设性质,其二看发展逻辑。一方面,要坚持中国特色社会主义大学这个最根本的性质毫不动摇,科学处理好供给侧与需求侧、内部与外部、阶段与长期、质量与数量之间的关系,践行以人民为中心的问题,把人民要求放在第一位,突出人民性;另一方面,要坚持"双一流"建设规律,按照高等教育发展规律办好一流大学,办强一流学科,找准一流大学和一流学科的地位作用、发展阶段、类型结构、舞台坐标、发展格局,因时而进,因势而化,突出规律性。

(二)形成以一流学科为核心的一流大学建设重点

一流学科是"双一流"建设的核心和重点,但必须清晰地认识到,一流大学并不是一流学科的简单叠加。从整体部署看,要加大对现有重点、优势学科实力、潜力的预判,加强规划布局和结构优化,形成科学的"柱、梁"框架体系,推动优势学科登"高峰"、比较优势学科上"高原",在发展性、成长性上形成梯次结构,构建布局合理、高峰凸显、高原崛起的学科体系。从个体发展看,一流学科建设是一个复杂的生态运行系统,涵盖内部发展系统和外部衍生系统,要遵循学科内部发展规律,从"立柱架梁"进入"全面施工内部精装修",聚焦一流学科主干方向,聚焦一流人才培养,聚焦一流师资队伍,聚焦一流科研平台,聚焦一流国际合作,环环相扣、相辅相成,形成学科良性生长的生态环境;外部系统强调打破学科体系壁垒,推动学科分化、交叉和融合,生成一批新兴学科、交叉学科或复合学科。通过"高峰""高原"学科的增长化、质量化发展,强化标杆引领和"样板房"建设,以一流学科建设带动一流大学建设,根据拥有量、建设量或潜力情况,推进高校分层分类合理选择建设一流大学或一流学科。

(三)拓宽国际一流教育交流合作的渠道与路径

随着经济全球化和改革开放程度不断加深,开放教育成为必然趋势,对于"双一流"建设来说也是如此,国际化已经成为我国高等教育建设不可逆的趋势和方向。教育作为一种重要的软实力,国际交流过程中更具有亲和力与兼容性。"双一流"建设应当坚持"走出去、引进来"的战略思维,以输出的视角立足于国家对外合作战略实施的需求,主动融入、参与战略实施大局,在宏观层面为"一带一路"实施及深化周边国家关系提供"大学智慧",成为构建"人类命运共同体"的重要支撑;在中微观层面,强调突出区位独特优势和拓宽原有国际合作渠道,通过有效嫁接、移植、黏合国际化和本土化优势,扩大输出效益,提高高等教育对外竞争力和影响力,增强教育外交领域话语权,于潜移默化中强化认同感,在服务过程中提升"双一流"的建设力和发展力。把引进国际优质高等教育资源作为"双一流"建设的重要战略手段和新增长点,推动国际优质资源在国内"水土相服""开花结果",推动高等教育知名品牌与"一带一路"沿线国家、地区或合作国家、地区开展多种形式的海外办学,以内外结合、携手并行的方式,不断完善共建共享共赢的机制,突出同步发展性。

(四)营造"双一流"建设特有的"质量文化"与"大学精神"

2017年10月18日,习近平总书记在党的十九大报告中指出,"文化自信是一个国家、一个民族发展中更基本、更深沉、更持久的力量"。对于大学建设来说也要重视文化建设的重要意义,一所大学的发展不仅仅是看可量化的数据变化,还应该看它树立起了什么样的质量文化与大学精神。"双一流"建设要牢牢抓住质量这个"纲",以质量为导向,确立独有的质量文化,从追求扩规模、增指标向高质量内涵式发展转变,突出内涵"式"的质量模式建设,在形成规则体系、完成流程再造、建立特色标准等方面有所突破。大学精神是一所学校的品质,不会因时代变化或困难挫折而发生变化,具有恒久性的特质,是对学生和大学竞争力的根本性支撑,可以说是最重要的办学资源之一。"双一流"建设应当坚持自身应有的精神,以更高的眼界、责任,更加恢宏的时间、空间,更加宽厚的学术、文化基础,正确认识改革发展的意义和价值,把大学精神贯穿于"双一流"建设的始终,体现在一流人才培养方面,成为促进一流大学和一流学科建设持续健康发展的重要精神力量。

参考文献

[1]中国高等教育学会组.高等教育改革发展专题观察报告2017[M].北京:北京理工大学出版社,2018.

[2]郑山明.地方本科院校教师队伍建设研究[M].北京:光明日报出版社,2017.

[3]黄建雄.转型与提升:地方本科院校教师队伍结构优化研究[M].武汉:华中师范大学出版社,2017.

[4]钱小龙,孟克.美国高等教育国际化概论:进展分析与经验借鉴[M].南京:南京大学出版社,2017.

[5]邵光华,晏成步,徐建平.地方本科高校转型发展研究[M].杭州:浙江大学出版社,2017.

[6]徐权,王玉玲,成宝芝.地方本科院校转型发展瓶颈问题及对策的研究[M].哈尔滨:哈尔滨工程大学出版社,2017.

[7]吴开松,等.高校少数民族大学生应用型人才培养模式研究[M].北京:科学出版社,2017.

[8]严欣平.地方本科院校教学质量保障体系研究——以重庆科技学院为例[M].重庆:西南师范大学出版社,2017.

[9]宋作忠,刘兴丽,洪亮.地方应用型本科院校校企合作机制研究[M].徐州:中国矿业大学出版社,2017.

[10]代静.高等教育管理与教学研究[M].西安:西安交通大学出版社,2017.

[11]建设高等教育强国发展战略研究课题组.建设高等教育强国[M].北京:高等教育出版社,2016.

[12]王保华.变革中的高等教育[M].济南:山东大学出版

社,2016.

[13]瞿振元,王建国,周远清.建设高等教育强国的意义与使命[M].北京:高等教育出版社,2016.

[14]刘江栋.构建应用型本科人才培养模式:地方本科高校转型发展之路[M].天津:南开大学出版社,2016.

[15]郭丽君,李尚群,刘辉.地方高校产学研合作研究[M].北京:中国社会科学出版社,2016.

[16]黄东显.应用型人才培养改革研究[M].北京:科学出版社,2016.

[17]高延龙,许静洪.地方本科院校转型发展思考与探索[M].西安:陕西科学技术出版社,2016.

[18]孙惠敏.应用型人才培养的新探索[M].杭州:浙江大学出版社,2016.

[19]刘汉成.地方本科院校转型发展的实践探索[M].北京:中国经济出版社,2015.

[20]李克军,等.在服务地方中凸显特色:新建本科院校发展战略研究[M].北京:清华大学出版社,2015.

[21]梅友松,黄红英.地方高校转型发展研究[M].北京:光明日报出版社,2015.

[22]王崇举,郑旭煦.中国西部高校产学研合作研究[M].北京:科学出版社,2015.

[23]马志强,等.江苏高校服务社会:理论、模式与对策[M].镇江:江苏大学出版社,2015.

[24]胡弼成.高等教育学[M].长沙:湖南师范大学出版社,2015.

[25]李奎良,王守忠.新建本科院校顶层设计研究[M].上海:上海交通大学出版社,2014.

[26]张忠家,黄义武.产学研合作提升人才培养质量研究[M].北京:教育科学出版社,2014.

[27]刘海峰,史静寰.高等教育史[M].北京:高等教育出版社,2010.

[28]杨德广.高等教育学概论[M].上海:华东师范大学出版社,2010.

[29]吴坚.当代高等教育国际化发展[M].北京:人民出版社,2009.

[30]潘懋元.中国高等教育大众化的结构与体系[M].广州:广东高等教育出版社,2009.

[31]司玉笙.高等教育[M].北京:东方出版社,2008.

[32]傅树京.高等教育学[M].北京:首都师范大学出版社,2007.

[33]刘雅静,孙世明.高等教育理论与实践[M].济南:山东大学出版社,2005.

[34]谢安邦.高等教育学[M].北京:高等教育出版社,1999.

[35]邱代宇.论新时代背景下我国高等教育面临的新形势[J].中国校外教育,2019(3).

[36]刘国瑞.在新起点上推进高等教育强国建设[J].中国高教研究,2018(11).

[37]刘方.基于数字化环境的高校信息资源共享服务[J].开封教育学院学报,2018,38(10).

[38]尹中华,赵建有.高校与行业、企业、科研机构合作共建体系探析[J].中国管理信息化,2018,21(24).

[39]张振雄,计红梅,王加成.苏州市大中型企业产学研合作创新发展的问题、瓶颈及对策分析[J].山东纺织经济,2018(9).

[40]段春莉.地方高校产学研合作教育模式创新研究[J].现代商贸工业,2018,39(34).

[41]周昕,任百利.关于高校产学研合作的思考[J].西部素质教育,2018,4(23).

[42]王国强.高校产学研合作教育的模式探索及其运行机制[J].南方农机,2018,49(16).

[43]张丽.高校学科专业结构优化的实现途径[J].天津市教科院学报,2018(5).

[44]伍宸,宋永华.改革开放40年来我国高等教育国际化发

展的变迁与展望[J].中国高教研究,2018(12).

[45]宋永华.改革开放40年高等教育国际化回顾与展望[J].世界教育信息,2018,31(24).

[46]孙微,郭飞君.我国高等教育大众化进程中存在的问题与对策[J].长春师范大学学报,2018,37(5).

[47]赵恒,舒杨.浅析我国高等教育大众化发展模式的转变[J].才智,2018(11).

[48]刘旭东,赵文慧,乜蓉峰,等.大众化背景下中国高等教育结构问题分析——基于公平与效率的角度[J].华北理工大学学报(社会科学版),2018,18(1).

[49]于东超.高等教育供给侧结构性改革的国际经验及其启示[J].黑龙江高教研究,2018(1).

[50]卢玉萍,刘智慧.高等教育强国建设与新时代创新型人才的培养路径[J].武汉理工大学学报(社会科学版),2018,31(5).

[51]马安格.我国高等教育后大众化阶段的战略选择[J].当代教育实践与教学研究,2017(9).

[52]张端.高等教育质量保障的国际经验及启示[J].黑龙江高教研究,2016(11).

[53]马陆亭.高等教育强国的政策路径选择[J].探索与争鸣,2016(7).

[54]崔丹,汪栋.美国高等教育大众化体系及其对我国的启示[J].江汉论坛,2012(11).